中国经济
文库
应用经济学精品系列

中国经济文库 · 应用经济学精品系列（二）

U0993724

曹玉娜◎著

东盟五国汇率制度研究

The Study on Exchange Rate Regimes in ASEAN-5

中国经济出版社
CHINA ECONOMIC PUBLISHING HOUSE
北 京

图书在版编目（CIP）数据

东盟五国汇率制度研究／曹玉娜著．—北京：中国经济出版社，2022.11

ISBN 978-7-5136-7052-4

Ⅰ.①东… Ⅱ.①曹… Ⅲ.①汇率-货币制度-研究-东南亚国家联盟 Ⅳ.①F823.301

中国版本图书馆 CIP 数据核字（2022）第 150092 号

责任编辑　张利影
责任印制　马小宾
封面设计　华　子

出版发行　中国经济出版社
印 刷 者　北京力信诚印刷有限公司
经 销 者　各地新华书店
开　　本　710mm×1000mm　1/16
印　　张　15.25
字　　数　235 千字
版　　次　2022 年 11 月第 1 版
印　　次　2022 年 11 月第 1 次
定　　价　80.00 元
广告经营许可证　京西工商广字第 8179 号

中国经济出版社 **网址** www.economyph.com **社址** 北京市东城区安定门外大街 58 号 **邮编** 100011

本版图书如存在印装质量问题，请与本社销售中心联系调换（联系电话：010-57512564）

CONTENTS 前言

在国际经济、金融联系日益紧密的今天，汇率问题一直是各国关注的焦点。只有妥善解决汇率问题，才能为经济发展扫清障碍，推动经济健康可持续发展。而选择与本国政治、经济条件相适应，尤其是与现存制度系统相容的汇率制度是妥善解决汇率问题的前提。

东南亚国家作为中国的近邻，尽管在社会制度、经济规模等方面与中国差异甚大，但是作为发展中国家，与中国存在诸多相似之处。东盟五个创始成员国，即印度尼西亚、马来西亚、菲律宾、泰国和新加坡，经济开放及市场制度的建立与完善，起步早于中国 20 年，且取得了较好的发展成绩。研究东盟五国汇率制度的演变，可以为中国完善汇率形成机制改革提供重要的参考。

首先，本书以 1997—1998 年亚洲金融危机和 2008 年国际金融危机为界点，分阶段考察了东盟五国法定汇率制度和事实汇率制度的演变及其特征，认为在东盟五国的汇率制度演变过程中长期存在“法定与事实汇率制度不一致”的现象。除印度尼西亚外，其他四国事实汇率制度为重度干预汇率制度，属于中间汇率制度，与法定浮动汇率制度存在差异。本书对 2008 年国际金融危机前后东盟五国汇率制度实施情况进行了考察，发现这段时期事实汇率制度呈现出多边性、实用性和汇率窄幅波动的特征。

其次，本书以新制度经济学的制度变迁理论与制度演化学派分析框架为基础，从制度演化角度分析了东盟五国“法定与事实汇率制度不一致”长期存在的原因。笔者认为，正式规则与非正式规则的特性及其相互关系导致制度演变过程具有路径依赖性与缓慢性，从而“法定与事实汇率制度不一致”

在一国汇率制度变迁过程中是长期存在的。除此之外，“原罪”（Original Sin）[①] 长期普遍存在，货币合作进展缓慢，以及各国间紧密的经济联系都是导致“法定与事实汇率制度不一致”长期存在的因素。

在考察汇率制度演变进程之后，本书利用协整与误差修正技术检验了东盟五国汇率波动性对出口贸易的长短期影响。实证结果表明，汇率波动性对五个国家出口影响甚小，其长短期影响系数要么在统计上不显著，要么数值非常小。只有印度尼西亚卢比的汇率波动性对其出口的影响程度稍高一些。国内外经济增长和汇率水平是长短期内影响出口的主要因素。

最后，本书简略概括了研究的主要结论，并在此基础上进一步分析了东盟五国汇率制度存在的问题以及对中国汇率制度改革的启示，提出了相应对策，并对未来的发展趋势进行了展望。汇率制度改革是一项复杂的系统工程，在战略上、原则上要坚持独立性、主动性，要对汇率制度转变的长期性有充足的心理准备；在具体操作上要注意配套制度的改革，提升政府经济管理能力，同时不能放松对经济运行风险的监管。

① “原罪”为基督教神学伦理学概念，此处借用，指一国货币不能用于国际借贷（外国银行或其他机构不能用该国货币提供贷款），甚至在本国市场上也不能用本币进行长期借贷。这种现象在发展中国家非常普遍，本质是金融和经济制度发展不完善。

CONTENTS 目录

1　汇率制度及其理论分析

汇率制度研究一直是经济学研究的重要课题，不同学者从不同角度运用不同的分析工具对这一问题展开了深入的探讨，但尚未形成一致的结论。随着时间的推移，各国面临的政治、经济条件，以及国内外环境都发生了变化，这些变化给相关研究提出了新的挑战，衍生出了新的研究焦点。

1.1　主要术语介绍

汇率是指一国货币与他国货币间交换的比率。汇率制度是关于这一比率确定、维持、调整和管理的一系列制度安排。合适的汇率制度对于维持汇率水平稳定、促进经济增长以及保持国际收支平衡非常重要。

1.1.1　汇率基本知识

汇率作为一种经济现象，具有丰富的内涵。不同类型的汇率有不同的计算方法。为了更好地说明问题，经济学研究在不同条件下往往采用不同的汇率概念。

1.1.1.1　汇率和研究中使用的汇率

汇率最初的定义与名义汇率有关，即汇率是不同货币之间的兑换比率，它是用一种货币表示另一种货币的价格。与名义汇率相对应的是实际汇率，是指国与国之间商品或者劳务交换的相对价格或交换比率，剔除了国内外通货膨胀的影响。相对于名义汇率，实际汇率更能反映一国经济增长和贸易商品的竞争力，在文献研究中的应用比名义汇率广泛得多。

实际汇率（External Real Exchange Rate，ERER）分内部实际汇率和外部实际汇率。内部实际汇率是指国家内部各经济部门间产品价格比，如贸易产品与非贸易产品间的比价关系。由于数据不可得性，内部实际汇率在研究中使用较少。外部实际汇率是指国与国之间的汇率，计算途径通常有双边方式和多边方式两种。将两种货币间名义汇率剔除双方货币价格水平后可得到双边实际汇率。多边实际汇率代表性指标为贸易加权实际汇率，又称实际有效汇率。在得到一国和其主要贸易伙伴国之间的双边实际汇率后，使用该国与其贸易伙伴间的双边贸易额与该国的贸易总额，计算每一国家占该国贸易总额的权重，然后把该国与其他国家间的贸易权重与对应的双边实际汇率相乘并累加得到实际有效汇率。

双边实际汇率是以某年为基期，计算得出的两国之间货币相互兑换的比率，是计算其他各种汇率指数的基础。由双边汇率得到多边汇率，需要用到各种类型的权数和各种加权方法。常用的权数是贸易权数，常用的加权方法如简单算术平均法、双边贸易加权法、世界范围贸易加权法、多边汇率模型（MERM）加权法等（详见相关文献）。实际有效汇率是一种多边汇率，也是外部实际汇率的一个种类。

学者对汇率进行研究时，往往根据需要选择要采用的汇率类型。如在分析汇率对贸易等实际经济变量的影响时，经常采用实际汇率，包括双边实际汇率和实际有效汇率。实际汇率也是研究中使用最多的汇率类型。由于名义汇率波动是反映一国汇率制度特征的重要指标，本书涉及汇率制度及其汇率波动的测量时主要使用名义汇率。但在进行实证分析时，本书主要使用国际清算银行测量的各国实际有效汇率数据。

1.1.1.2　汇率计算

名义汇率是指两国货币兑换的比率，往往由外汇市场或者官方根据本国国内外实际经济情况来确定，主要包括本国货币与世界上主要货币如美元、特别提款权（SDR）等的比率，又称基准汇率；而本国货币与其他国家货币的比率则通过基准汇率套算求得。名义有效汇率的计算与实际有效汇率类似。根据汇率的定义，下面给出各类实际汇率的计算方法。

实际汇率分为双边实际汇率和多边实际汇率。前者是指本国和另一国家之间货币的实际汇率，后者是指本国与主要贸易伙伴国或者主要经济联系国加权计算的实际汇率。双边实际汇率计算公式为：

$$EER = EP^* / P \tag{1.1}$$

式（1.1）中，EER、E 分别代表本国的实际汇率和名义汇率，名义汇率 E 采用直接标价法；P 和 P^* 分别代表本国和外国的价格水平，一般由一国消费价格指数或者劳动力成本指数等来度量。

多边实际汇率可以代表一个国家相对于其经济关联国家的竞争力，又被称为实际有效汇率（Real Effective Exchange Rate，REER）。本币直接标价的实际有效汇率，计算公式如式（1.2）所示，其中 m 表示本国主要贸易伙伴国的数量，w_i 是国家 i 在本国贸易份额中所占的比重，$\prod$ 表示对相应内容执行连乘运算。

$$REER = \prod_{i=1}^{m} (E_i P_i^*)^{w_i} / P,\ 且 \sum_{i=1}^{m} w_i = 1 \tag{1.2}$$

国际货币基金组织（IMF）和国际清算银行两大国际金融机构定期测算并公布其成员的实际有效汇率指数。IMF 对实际有效汇率指数的定义为：实际有效汇率指数是经本国与所选择国家间的相对价格水平或成本指标调整的名义有效汇率。也就是说，实际有效汇率指数是本国价格水平或成本指标与贸易伙伴国价格水平或成本指标加权几何平均的比率及名义有效汇率指数的乘积。计算公式为：

$$REER_i = \prod_{j \neq 1} [P_i R_i / P_j R_j]^{W_{ij}},\ 且 \sum_{j \neq 1} W_{ij} = 1 \tag{1.3}$$

式（1.3）中，$REER_i$ 表示第 i 个国家的实际有效汇率，W_{ij} 表示第 i 个国家赋予第 j 个国家的竞争力或贸易权重，R_i、R_j 分别表示第 i 国、第 j 国货币以美元标价的名义汇率，P_i、P_j 为 i 国和 j 国的消费价格指数。

国际清算银行公布的各国实际有效汇率指数计算方法与上面类似，且根据所选取的贸易伙伴的数量多少分为较广范围计算的实际有效汇率和小范围加权计算的实际有效汇率。

内部实际汇率（Internal Real Exchange Rate，IRER）可以基于两种商品或者多种商品宏观经济模型来计算。这里仅介绍两部门商品（贸易品和非贸易品）的内部实际汇率定义。内部实际汇率定义为一国贸易品与非贸易品的相对价格。

$$IRER = P^t / P^{nt} \quad (1.4)$$

式（1.4）中，$IRER$ 是以本币计价的内部实际汇率，P^t 是用本币计价的贸易品价格，P^{nt} 是用本币计价的非贸易品价格。Dornbusch（1980）① 认为，在小国开放经济、要素自由流动、价格可变和产品市场自由竞争等假定条件下，存在一个内部实际汇率，在该汇率水平上，内外经济均衡同时实现。对小国开放经济来说，非贸易品价格和贸易品的国际价格是外生的，内部实际汇率调整，使非贸易品市场均衡且贸易收支平衡，直至两个市场同时达到均衡。内部实际汇率关注国内资源在贸易和非贸易品部门之间的流动和配置。在实证研究中，一般根据需要来决定使用哪一种实际汇率指数，但由于数据可得性等的限制，往往使用外部实际汇率代替内部实际汇率。

1.1.1.3 汇率制度

汇率制度是一国政府对本国汇率值、波动水平以及波动方式等进行管理的一套规则。从制度经济学角度分析，一般人们所指的汇率制度，其性质为正式制度，其实施依靠国家机关强制执行，对经济个体有外在的惩罚性，变迁主要以强制性制度变迁形式完成。相关研究一般称这类汇率制度为名义汇率制度或法定汇率制度。事实汇率制度用来指一国经济运行当中汇率等经济变量之间的关系，是对经济主体行为具有约束力的一套规则（规律）。事实汇率制度既是一种非正式规则，又可以理解为是对法定汇率制度实施结果的反映。

1.1.2 法定汇率制度与事实汇率制度

关于汇率制度，其不同时期的分类不尽相同。早期的研究以各国政府颁布的内容为主，因此相应分类主要是针对法定汇率制度进行的各种划分。20世纪末，学者开始更多地关注汇率的实际运行状况，事实汇率制度分类得到发展。

① Dornbusch R. Exchange Rate Economics：Where Do We Stand［J］. Brooking Papers on Economic Activity，1980（1）：143-185.

1.1.2.1 法定汇率制度及其分类

所谓的法定汇率制度，是指一国政府宣布并由国际货币基金组织分类公布的汇率制度。作为正式制度，法定汇率制度对经济主体具有强制约束力，其构成内容主要包括：确定合理的汇率水平的依据；汇率波动的界限；维持汇率采取的措施；必要时对汇率水平做出调整的手段和途径①。由于早期国际货币体系的特征，以及国际经济发展的特点，在金本位制和布雷顿森林体系两种国际货币体系时期，各国的法定汇率制度和事实汇率制度是基本一致的。学者主要通过分析各国法定汇率制度来对汇率制度进行分类研究，如IMF1982年给出的分类。

1999年，IMF新的汇率制度分类法注意到许多国家法定汇率制度和事实汇率制度不一致的现象，并据此做出了修正，但其内容主要仍是反映各国的官方汇率制度。新的分类法有8小类，包括：①无独立法定货币的汇率制度；②货币局制度；③其他传统的固定钉住制度（包括管理浮动下的实际钉住）；④水平（上下1%）调整的钉住汇率；⑤（目标不变的）爬行钉住汇率；⑥（目标可变的）爬行带内浮动；⑦不事先公布干预方式的管理浮动；⑧单独浮动。新的分类法覆盖范围比较广泛，可获取的观察值的时间比较长，更新频率也比较高（Bubula and Otker-Robe，2002）②。

为了研究的需要，学术界对汇率制度进行了分类。其中，最普遍的是将汇率制度按照汇率浮动的程度（弹性大小）划分为固定汇率制度、中间汇率制度和浮动汇率制度三大类。固定汇率制度包括无独立法定货币的汇率制度和货币局制度，中间汇率制度包括其他传统钉住汇率制度、水平调整钉住汇率制度、爬行钉住汇率制度和爬行目标区汇率制度，管理浮动和独立浮动汇率制度则属于浮动汇率制度。

法定汇率制度分类是基础的汇率制度分类法，它经历了一个不断细化的过程，新的汇率制度类型不断产生使国家汇率政策有更多的选择余地。其中，中间汇率制度类型不断创新。在传统的钉住制度外，爬行钉住汇率制度、爬

---

① 丁一兵．经济发展中的汇率制度选择［D］．长春：吉林大学，2004：11.

② Bubula Andrea，İnci Ötker-Robe. The Evolution of Exchange Rate Regimes Since 1990：Evidence from de Facto Policies［R］. IMF Working Paper 2002/155（Washington：International Monetary Fund）.

行带汇率制度、宽带浮动汇率制度等在 20 世纪 70 年代以后更好地满足了各国经济发展的需要。其中，宽带浮动汇率制度设定汇率在中心平价上下 10%甚至 15%的带状范围内自由浮动，便于政府灵活掌握汇率调控幅度，更利于经济发展。爬行钉住汇率制度经常被用来调节通货膨胀的偏差，一些发展中国家可以通过微小幅度的调整改变平价以反映巴拉萨—萨缪尔森生产力偏差，较为平稳地实现升值。

严格来讲，各学者从不同角度给出的汇率制度分类，在研究法定汇率制度和事实汇率制度上都是适用的。由于一国法定汇率制度会对未来汇率预期产生影响，进而影响汇率波动类型，法定汇率制度成为事实汇率制度的重要影响因素。实际上，许多事实汇率制度分类也是以法定汇率制度分类为基础建立起来的。

1.1.2.2 事实汇率制度及其分类

事实汇率制度是指一国经济运行当中汇率等经济变量之间的关系，是对经济主体行为发挥实际约束作用的规则。事实汇率制度分类是在学者日益关注各国事实汇率制度的基础上发展起来的，在学术界得到广泛讨论，对一国汇率制度选择实践有着重要的影响。该分类是对法定制度分类的修正，由学者通过综合考察汇率波动、国际储备、利率等经济运行指标而得出，更真实地反映一国汇率政策的实际状况。由于该分类真实反映汇率运行状况和汇率政策执行状况，被称为“事实”汇率制度分类法。

现实经济运行中，许多国家存在着实际汇率运行与法定汇率制度类型不符的现象。基于对这一现象的分析，形成了事实汇率制度分类法。Calvo 和 Reinhart（2002）指出，许多汇率制度不按照法定规制运作，所以以名义制度分类为基础对汇率制度选择与经济表现关系进行经验分析是有风险的，很容易导致误导性的统计推论①（Edwards and Savastano，1999；Rogoff，2004）。由于对 IMF 汇率制度分类不满意，许多学者或者通过对 IMF 法定分类法的修订（Gosh，Gulde and Ostry et al.，1997；Frieden，Ghezzi and Stein，2001；IMF，

① Guillermo A. Calvo，Carmen M. Reinhart. Fear of floating ［J］. The Quarterly Journal of Economiecs，2002，117（2）：379-408.

2003；Bubula and Otker－Robe，2002；Bailliu，Lafrance and Perrault，2003；Ghosh，Gulde and Wolf，2002；Reinhart and Rogoff，2003，2004；Eichengree and Leblang，2003；Dubas，Lee and Mark，2005），或者完全以实际经济中汇率等指标的变化为依据建立起“完全事实”汇率制度。Levy－Yeyati 和 Sturzenegger（2005）、Poirson（2001）、Shambaugh（2004）、De Grauwe 和 Schnabl（2005）、Bénassy－Quéré 和 Coeuré（2006）、George Tavlas 等（2006）对事实汇率制度分类及依据这些分类进行的实证研究进行了评述，将这些分类划分为两大类：混合分类和完全事实汇率制度分类。实际上，可以将那些混合分类视为早期的事实汇率制度分类法。随着考察指标的逐步完善、考察技术方法先进性的逐步提升，新的运用更复杂技术的分类法，如“完全事实汇率制度分类法”等也产生了。混合分类法是对政府宣布的汇率制度类型，分类法的设计者在统计计算、平行外汇市场等基础上针对一些异常现象如浮动汇率制度的汇率波动幅度过小，进行了调整得出的。完全事实汇率制度分类法与法定汇率制度分类以及混合制度分类则根本不同，纯粹根据汇率波动、国际储备等指标的变动来进行分类①。

最早试图建立事实汇率制度分类的是 Ghosh 等（GGOW，1997）。他们使用 136 个国家 1960—1990 年的样本，根据政府在某一年间是否经常改变钉住汇率值将法律上实施钉住制度的国家重新划分成事实上的钉住制度次分组——经常和非经常调整钉住制度。不过在这种分类中，法定中间汇率制度和浮动汇率制度被归入同一类②。Frieden 等（2001）也重新修订了法定汇率制度分类法，为 26 个拉丁美洲和加勒比地区的国家重新划分了汇率制度。利用 IMF 在《汇率安排和汇率限制》中提供的信息，他们将汇率制度重新划分为四大类，划分的依据是汇率制度提供可信性和竞争力的能力③。IMF

① George Tavlas，Harris Dellas，Alan C. Stockman. The Classification and Performance of Alternative Exchange－rate Systems［J］. European Economic Review，2008（52）：941－963.

② Ghosh A.，Gulde A. M.，Ostry J.，Wolf H. Does the Nominal Exchange Rate Regime Matter?［R］. NBER Working Paper，1997（5874），no.

③ Frieden J.，Ghezzi P.，Stein E. Politics and Exchange Rates：A Cross Country Approach to Latin America［M］. Baltimore：The Johns Hopkins Press，2001.

(1999, 2003)①、Bubula 和 Otker-Robe (2002)② 根据汇率和官方储备变动，以及是否复汇率，是否存在平行市场等，对 190 个国家货币当局 1990—2001 年自我描述的汇率制度重新进行了分类。即使法定制度为钉住制，假如货币在短期内常常经历贬值，那么这种制度也会被重新划分为管理浮动汇率制度，而旨在对冲汇率长期趋势的干预则被用来区分管理浮动和独立浮动。从 1999 年开始，这种事实汇率制度分类取代了 IMF 出版物里发表的法定汇率制度分类，相关分类信息从 1990 年开始每月都会重新公布。

混合分类研究为研究者提供了统计计算方面的判断标准。Bailliu 等 (BLP, 2003) 和 Ghosh 等 (2002) 根据观察到的汇率波动对法定汇率制度分类法进行了修正。BLP 采用两步法对 1973—1998 年的汇率制度进行分类：第一步，如果汇率波动小于某一特定值，法定汇率制度分类下未被划分为钉住制度的汇率制度将被 BLP 划归钉住制度。当然根据这一原则，一些被法定分类法划为钉住制的仍被归入此类。第二步，剩下的制度根据汇率波动被划分为中间制度或浮动制度。为了隔离浮动制度或中间制度下国内名义锚的影响，如膨胀制、货币制，作者使用哑变量来代表名义锚安排对 GDP 增长的影响③。Ghosh 等 (2002) 依据名义汇率和其方差的变化针对 150 个国家 1970—1999 年的汇率制度建立了事实分类法，称为“Z 分法”。这一方法根据法定分类相对频率的分布将其转变为具体的三大类——钉住、中间和浮动分类法。事实分类和法定分类的共同代码形成了可对比的共同分类，剩余观察值被剔除④。

完全事实汇率制度分类与法定分类法完全独立。对于这一分类，RR 分类法和 LYS 分类法最具代表性。Reinhart 和 Rogoff (RR, 2003, 2004) 建立了一个与法定分类根本不同的分类法，称为自然分类法。这种方法根据 153 个国

① IMF. Exchange Rate Arrangements and Currency Convertibility: Developments and Issues [J]. World Economic and Financial Surveys, 1999, Washington: IMF.

② Bubula Andrea, Inci Ötker-Robe. The Evolution of Exchange Rate Regimes Since 1990: Evidence from de Facto Policies [R]. IMF Working Paper 2002/155 (Washington: International Monetary Fund).

③ Bailliu J., Lafrance R., Perrault J. F. Does exchange rate policy matter for growth? [J]. International Finance, 2003, 6 (3): 381 - 414.

④ Ghosh A., Gulde A. M., Wolf H. Exchange Rate Regimes: Choices and Consequences [M]. MIT Press, 2002, Cambridge, MA.

家 1946—2001 年的数据建立起来，包括以下几个要素：①以 5 年为时间段评估汇率制度长期灵活度，当满足以下三个条件时，该制度就是自由落体制度：如果 12 个月膨胀率变化超过 40%，或者汇率危机后 6 个月内出现了从固定或准固定汇率制度向管理浮动汇率制度或是独立浮动汇率制度的转变。②对存在官方复汇率或是活跃平行汇率市场的国家的汇率制度进行单独分析。③如果一国政府宣布实行钉住不公布“一篮子货币”制度时，将对这种钉住是否是事实上的单一钉住做出检验。④计算 5 年内，汇率月度变化维持在上下 1% 范围内的概率。如果概率为 80%或更高，把这一时期这种制度分为事实钉住或事实爬行钉住。⑤关于事实上的波动区间，或者政府宣布的区间的处理与第四步相似。⑥经前面五步后仍未归类的汇率制度将被分为管理浮动汇率制度或独立浮动制度，可以通过统计检验计算汇率灵活度来区分这两类制度。RR 分类包括五大类：钉住、有限浮动、管理浮动、自由浮动和自由落体浮动。按照这五种分类，Reinhart 和 Rogoff（2004）发现，1970—1999 年，只有一半观察值在事实分类和法定分类下被归为同一类型的汇率制度，每一观察值相当于某一年某个经济体的制度①。

Levy-Yeyati 和 Sturzenegger（LYS，2005）采用聚群分析为 180 个国家建立了一个汇率制度三分法，即将汇率制度分为钉住、中间制度和浮动三种类型。在聚群分析下，只要制度类型在研究之前被确定，经济就被归入相似行为的国家所在的那一类。LYS 使用 1974—2000 年的样本，分析了三个变量的行为：名义汇率的变化、名义汇率变动的变化、净储备或基础货币的波动。研究固定汇率制度国家的货币汇率时，LYS 使用法定钉住货币或一国货币将其汇率波动最小的那种货币作为基础货币②。Poirson（2001）也采用了类似的方法，使用 93 个国家 1990—1998 年的样本在外汇对储备波动指数基础上建立了一个黏性指数，并利用这一指数对汇率制度进行分类③。

---

① Carmen M. Reinhart, Kenneth S. Rogoff. The Modern History of Exchange Rate Arrangements：A Reinterpretation［J］. The Quarterly Journal of Economics, 2004, CXIX（1）.

② Levy-Yeyati E., Sturzenegger F. Classifying Exchange Rate Regimes：Deeds vs. Words［J］. European Economic Review, 2005, 49（3）：1603-1635.

③ Poirson H. How Do Countries Choose Their Exchange-rate Regime?［R］. IMF Working Papers, 2005.

Eichengreen 和 Leblang（EL，2003）、Dubas 等（DLM，2005）使用概率模型对汇率制度进行分类，其中法定汇率制度类型为因变量，用固定值来代替事实汇率制度，并假定事实汇率制度反映了实际经济运行对国家宣布汇率制度类型的偏离。在这一方法下，汇率制度被设定为经济、政治变量，以及固定效应的函数。样本包含了 21 个中等和高收入国家 1870—1997 年的年度数据，对这些国家的汇率制度以 5 年为一周期的频率进行取值以使用增长方程得到事实汇率制度的类型。DLM 建模为：$R_{ijt}^{*}=x_{it}^{'}\beta_j+\varepsilon_{ijt}$，其中 R_{ijt}^{*} 表示法定汇率制度，$x_{it}^{'}$ 表示一国特征向量，ε_{ijt} 是误差项，i 表示国家，t 表示时期，j 表示汇率制度。国家特征是指汇率和储备波动。根据使用 Multinomial 逻辑模型计算的被确认为某一汇率制度的概率可以对 1971—2002 年 172 个国家的汇率制度进行六种细类或三大类汇率制度的分类①。

完全事实汇率制度的研究还有 Shambaugh（2004）、De Grauwe 等（DGS，2005）、Bénassy-Quéré 和 Coeuré（BQC，2006）、Shambaugh（2004），根据汇率变化是否在某一事前设定区间之内将汇率制度分为钉住和非钉住。DGS 以欧元和美元作为参考货币，采用 18 个东南欧和中欧国家 1994—2004 年的样本计算了 Z 分值。两大分类建立步骤为：相对固定和相对浮动率的两分法；包括硬钉住、中间制度和浮动制度的三分法。BQC 使用回归法来估计内在篮子钉住，即使用对美元、日元和欧元双边汇率波动的线性组合来分类。其样本包括 165 个国家 1994—2001 年的数据。当篮子中至少一个参数明显不为零时，将其归为固定汇率制度，其他所有都归入浮动制度②。

事实汇率制度分类研究的发展为了解真实的汇率运行状况提供了条件，许多文献尤其是新的实证文献以此为基础进行相关的研究，得出很多新的结论。更重要的是，事实汇率制度分类研究的发展也为我们了解法定汇率制度与事实汇率制度关系提供了机会。这一研究对于解释法定汇率制度与事实汇率制度不一致，对分析汇率制度选择研究来说都是非常重要的。

① Eichengreen B.，Leblang D. Exchange Rates and Cohesion［J］. Journal of Common Market Studies，2003，41（5）：797-822.

② Shambaugh J. The Effect of Fixed Exchange Rates on Monetary Policy［J］. Quarterly Journal of Economics，2004，119（1）：301-352.

1.1.2.3 法定汇率制度与事实汇率制度的关系

根据前文对于制度的分析，可以考察法定汇率制度与事实汇率制度的关系。其研究结论也是本书以后章节内容组织和计量建模的基础。根据法定汇率制度的定义和内涵，一国法定汇率制度本质上应该属于正式规则组成的正式制度，它同时具备了明文化（显化）和强制性（有明确的、有效的约束机制），因而其有效实施是得到有力保障的。而事实汇率制度是隐含于经济运行实践当中的，既是相关经济变量之间的关系，也是经济个体行为规则。事实汇率制度既然体现为经济运行的规律，其有效实施是既成事实，同时这一规则却是非明文化（显化）的，也不具备外在强制性这一特征。

法定汇率制度和事实汇率制度本质上是不同的，同时，法定汇率制度和事实汇率制度又密切相关。法定汇率制度是政府决定的，是事实汇率制度的重要决定要素，法定汇率制度的类型和特征很大程度上决定了事实汇率制度的类型。一国事实汇率制度又是其法定汇率制度在经济运行实践中和经济体其他各因素（如汇率传递、金融发展程度等）相互作用的产物。事实汇率制度是正式制度所含各项正式规则在实施过程中与现存各非正式规则相互作用的结果，是法定汇率制度实施的结果。考察一国事实汇率制度具有非常重要的意义，因为它反映了一国法定汇率制度的实施结果，有助于政府认清制度实施的效果和方向。同时，可以通过政府主导的强制性制度变迁将考察到的事实汇率制度所含内容由非正式规则尽快上升为正式规则，从而利用正式规则强制性约束的特性使它得到更有效的实施，更好地服务于经济发展。

1.2 制度演变的理论分析

汇率制度是有关汇率确定和汇率波动的规则。汇率及汇率制度一直是国际经济学和国际金融一个重要的研究领域。选择什么样的汇率制度才能在错综复杂的国际经济环境中更好地推动本国经济增长，以及汇率制度选择应该遵循什么样的原则对于一国经济增长意义重大。各学派对汇率制度选择的研究角度不同，结论也各不相同。无论是经济冲击论、经济结构特征论，还是政策搭配论抑或政策信誉论，都是从经济发展的某一方面考察汇率制度的选择。制度学派从汇率制度本身出发研究汇率制度选择需要注意的问题，将汇率制度看成一个随着时间推移不断变化的连续体，把汇率制度选择视为一个动态的过程。根据诺思的观点，不同国家在经济表现上的差异主要源于它们的制度差异和不同的演化方式①。因而，着重考虑汇率制度自身演变规律，对于国际经济环境瞬息万变背景下的各国，尤其是发展中国家选择汇率制度，具有重要的参考价值。

1.2.1 制度及其内涵

制度本质上是对人类行为的规范和约束，是由约束对象相同的一系列规则及制度实施构成的。因所含规则性质不同，制度分为正式制度和非正式制度两大类。正式制度由约束对象相同的正式规则、非正式规则及制度实施构成，非正式制度由约束对象相同的非正式规则及制度实施构成。正式规则和非正式规则的特征与相互关系决定了非正式制度和正式制度的性质与相互关系。但是制度并不完全等同于规则，一项制度往往由相互联系的不止一种规则构成。

1.2.1.1 制度的定义及其发展

制度本质上是对人们行为的规范或约束。关于“制度”这一术语，制度分析学者或者将其理解为有形的组织，如企业、技术社团、工会、大学甚至国家机关，或者将其理解为集体共享的行为方式，如从惯例到社会习惯、道德准则，还有的将其理解为行为规范和约束，如从道德规范到正式的法律规章等②。随着时间的推移，各派学者给出的定义越来越具体，越来越强调人的能动性，尤其是强调个人理性的作用。制度演化学派的兴起使动态演化成为制度主义新的研究角度。演化分析的兴起，影响学者对制度的解读，特别是习惯等非正式规则作为制度概念的内涵重新受到重视。

老制度主义学者定义制度时，侧重于对制度起源的研究；在这些研究中，习惯等非正式规则的重要性被特别强调。凡勃伦认为，制度是由人们的心理动机和生理本能所决定的思想和习惯形成的，制度不过是一种“思想习惯”

---

① 库尔特·多普菲．演化经济学：纲领与范围［M］．贾根良，刘辉锋，崔学锋，译．北京：高等教育出版社，2005：152.

② 陈劲，王焕祥．演化经济学［M］．北京：清华大学出版社，2008：222.

或“精神状态”。这类行为逐渐形成思想和习惯，进而形成制度。康芒斯认为，制度无非是集体行动控制个人行动。这里的集体行动包括从无组织的习俗到有组织的“运营机构”等，含义广泛。沃尔顿·汉米尔顿认为制度是“某种流行的和持久的思维或行为方式，它嵌入于人们的习惯之中”。①

现代制度主义者对制度的定义明确且具体。霍奇逊（1988）认为，制度是通过传统、习惯或法律约束的作用力来创造出持久的、规范的行为类型的社会组织。艾尔斯纳把制度定义为一种决策或行为规则，它控制着多次博弈中的个人选择活动，这为对决策进行预期提供了基础。尼尔则认为，广义上说，制度暗指一种可观察且可遵守的人类事务的安排，其中含有时间和地点的特殊性而非一般性。

新制度经济学将制度的定义进一步明确、细化，强调制度的功能，并强调个人主义的分析方法。新制度经济学的“制度”是指人与人之间关系的某种“契约形式”或者“契约关系”。根据制度制定的目的，这种契约关系可分为如下几类：①界定两人在分工中责任的规则；②界定每个人可以干什么和不可以干什么的规则；③关于惩罚的规则；④“度量衡”规则，交换各方需要约定如何度量每个人的物力投入和物理产出，并以此确定交换的价值量；⑤习惯，即某种被当作“标准”的行为。②诺思认为，“制度是为决定人们的相互关系而人为设定的制约”。舒尔茨从制度经济功能的角度将制度分为四类：一是用于降低交易费用的制度（如货币、期货市场）；二是用于影响生产要素所有者相互间分配风险的制度（如合约、分成制、合作社、公司保险、公共社会安全计划）；三是用于提供职能组织与个人收入之间联系的制度（如财产，包括财产法、资历和劳动者的其他权利）；四是用于确立公共品和服务的生产和分配的框架的制度（如高速公路、飞机场、学校和农业试验站）。

演化分析方法再次流行并成为制度研究新视角。20 世纪 80 年代后期至 90 年代，一批新制度经济学家通过对生物进化概念进行隐喻来构建制度理论，

① 盛昭瀚，蒋德鹏．演化经济学［M］．上海：上海三联书店，2002：128.

② 杰弗里·M. 霍奇逊．制度与演化经济学现代文选：关键性概念［M］．贾根良，徐尚，王晓蓉，等，译．北京：高等教育出版社，2005：6.

如用生物进化观理解人生、文化、组织、经济增长和经济制度的变迁。演化理论中一个重要的概念是惯例，这里的“惯例”或“重复的行为方式”与前面所说的“习惯”类似。纳尔逊和温特认为制度即“日常惯例”，“日常惯例”是经济变迁的基因，其作用与基因在生物演化中的作用类似，表现为一种重复的行为方式，控制、复制和模仿着经济演化的路径和范围。演化分析方法里，非正式规则作为制度内涵的重要性得到强化。

从制度定义的演变来看，制度和规则、组织及契约关系等概念密切相关，本质上是对人类行为的规范和约束。制度就是对人类的某种行为发挥规范和约束作用的一系列规则的有机构成物。

1.2.1.2 制度与规则

规则的定义是对人类行为的规范和约束。一项具体规则针对人类行为的某个方面或某个特征做出规定。制度从本质上说，就是人类行为的规范和约束，但制度不完全等同于规则。首先，一项制度可能包含多项规则，即约束对象（人的某类行为）相同的一系列规则。一项制度从起步到完善，其包含的规则越来越多，越来越详细。制度不变，但其所包含规则的种类和数量是不断变化的，各种不同的规则随着时间的推移发生变化。其次，规则是指对人类行为的规范和约束。而制度本身除了那些规范和约束，还包含制度执行与实施。制度实施，即一项制度所包含的各项规则的实施方式、实施程度和执行效果及各项规则间的相互关系。要考察一项制度，必须研究其制度实施。这一点是制度与规则的重要区别。

尽管制度不同于规则，但这两个概念紧密相关。首先，它们本身都是对人类行为的约束。其次，一些规则既是一项制度的内容，也可以是另一项制度的内容。例如，《中华人民共和国公司法》和《中华人民共和国证券法》都规定了虚假陈述对受害人经济赔偿的条例。更重要的是，规则的性质及规则间相互关系决定其所构成的制度的性质。制度与规则是两个既紧密相关，又有明显区别的概念。

1.2.1.3 正式规则、非正式规则和正式制度、非正式制度

制度是对人类某种行为起到规范和约束作用的一系列规则的有机构成物。这里的规则既包括正式规则，也包括非正式规则。正式规则是指对受它管束的成员有一定强制约束力的安排，如法律、内部规章等。强制约束力表现在

对于违反规则的成员，正式规则往往有外在惩罚措施。非正式规则是指在正式规则没有约束的地方（也叫作“正式规则的边际”）对人们行为起到规范和约束作用的规则。非正式规则对相关成员没有硬性约束力，在非正式规则发挥作用的地方，人们自发地、自觉地遵守其约束，并且认为这种遵守符合其个人利益①。非正式规则的存在体现在人们的行为当中。正式规则区别于非正式规则的另一个重要特征是，其建立必须经过相关组织和成员协商一致或博弈来完成，而非正式规则完全是个人行为，其形成是自然演化的结果，其实施依靠个人自觉执行。

与规则类似，制度也分为正式制度和非正式制度两大类。正式制度由正式规则、非正式规则及其实施构成。其中，正式规则对于正式制度最重要，它决定正式制度的特征和内容。非正式规则也是正式制度必不可少的一部分，它们在正式规则的边缘发挥着规范经济主体行为的作用，往往决定了正式制度的实施效果和未来的演化方向。非正式制度由非正式规则及其实施构成。正式制度与非正式制度的主要区别，即“有字规则与无字规则的区别”。前者具有一定的载体，是“成文”的制度；后者则主要体现在人们的行为当中，没有明显可见的载体，不是明文规定的。如婚姻法与婚配习俗的区别。

正式制度与非正式制度的另一重要区别在于，正式制度的主要特征派生自正式规则，正式制度对受其约束的成员具有强制约束力，如法律、规章等。非正式制度的特点由非正式规则决定。与非正式规则类似，非正式制度对相关成员同样没有硬性约束力，有的可能只是自己良心的不安或者遭到社会舆论谴责等，有的甚至连这些都没有②。习俗、惯例、意识形态、价值观、道德等都属于非正式制度。

制度研究的主要内容就是研究正式规则和非正式规则的特征及演变。正是由于正式规则对于正式制度以及非正式规则对于非正式制度的绝对重要性，许多学者在研究的时候将正式制度等同于正式规则，将非正式制度等同于非正式规则。事实上，这两对概念是有差异的。另外，以往的制度研究主要以

① 罗昌瀚．非正式制度的演化博弈［D］．长春：吉林大学，2006：54.

② 段文斌．制度经济学［M］．天津：南开大学出版社，2003：337.

正式制度为研究对象，过度忽略非正式规则是不合理的，有时会严重影响研究结论的正确性。

1.2.1.4　非正式规则与正式规则的关系

正式规则和非正式规则，除了定义不同，其特征也不相同。正式规则必须同时具备强制性（存在明确的约束机制）和明文化（显化）两个特征，可能得到实施或未得到实施。非正式规则不具备强制性和明文化两个特性，但非正式规则是得到实施的规则。特征的差异可以作为判断一种规则是正式规则还是非正式规则的标准。

随着世界各国联系日益紧密，经济交易和社会交往日益复杂，正式规则对于人类社会的正常运行日益重要，从而正式制度由于其对成员行为具有强制约束性，能够补充和强化非正式约束的有效性、能够降低信息监督以及制度实施的成本。一个国家只有建立了完善的正式制度体系，才能更有效率地运作，才能取得更好的经济发展成绩。

随着时间的推移，一种行为规范会从非正式约束明文化，成为正式规则，此时，可以说正式规则对非正式规则进行了修正、替代。正式规则有时候会考虑驱除或取代现存的非正式约束中那些不能满足交易要求的部分。一般地，由演化形成的，作为正式规则补充部分的非正式约束在正式规则稳定时期将持续存在，在其变迁时期也会发生变化，甚至在其推动下能形成新的、完全不同的非正式规则。也可以说，正式规则对非正式规则产生修正、替代作用，成为非正式规则发生变化的原因。

正式规则的许多优势更加契合市场经济发展的要求，市场经济的良好运作必须有一套完善的、运作良好的正式制度体系作为基础。这也是大多数发展中国家积极改革，致力于建立完善的市场体系和法治体系的原因。然而，在进行具体经济分析的时候，不能因为正式规则的这些优点而忽略了非正式规则的重要性。因为它们才是构成一个国家和另一个国家制度差异的根本原因，才是一项制度最终运行效果及其未来留存的决定因素。

首先，作为正式制度主要内容的正式规则即便是在那些最发达的经济体中，也只能形塑行为人做出的选择束中很小的一部分[①]。在正式规则不完善及没有定义的情况下，非正式规则发挥着约束人们关系的作用。尽管正式规则及其构成的制度越来越完善，受其约束的人类行为也越来越广泛，但是随着社会经济的发展，正式规则建立和完善的速度远远赶不上社会经济生活的变化。非正式规则及其构成的非正式制度仍然是人们做出选择的重要依据。

其次，非正式规则是正式规则的来源。凡勃伦认为制度不过是一种“思想习惯”或“精神状态”，即强调了非正式规则是制度的各项规则的来源，即正式规则的来源。沃尔顿·汉米尔顿将制度视为“某种流行的和持久的思维或行为方式，它嵌入于人们的习惯之中”。制度演化分析更是强调了非正式规则的作用。当习惯、习俗等非正式规则的内容得到验证为人们所公认并被推举为一定范围内人们行事的公认规则时，这种非正式规则便具备了强制约束的特征，成为正式规则。

以上足以说明非正式规则对正式规则的重要性。非正式规则不仅在正式规则尚未形成的地方发挥着规范和约束人们行为的作用，作为正式规则的一个补充，它还规定了正式规则变迁的方向。诺思认为，非正式规则的演变为正式规则变迁指明了方向，即向着边际成本小的方向变化[②]。

不仅如此，非正式规则的特性决定了正式制度的完善只能是一个逐步变化的过程，并且不可能达到百分之百的完善程度。也就是说，非正式规则的特性决定了制度，无论是正式制度还是非正式制度的演变都只能是一个漫长的、渐进的过程。这一特征表现为制度惯性或“惰性”。

人不是纯粹生理意义上的人，人总是生活于特定的文化、社会背景中，受某种价值观念和思想信仰的指导。人总是具有某种行为习惯的人。即使在某种制度约束下做选择，那些早已产生且持续存在的行为习惯（非正式约束或规则）也总是发挥着一定的作用，影响甚至决定正式规则的执行效果。非正式规则总是存在于这些正式规则留下的空白地带，对人的行为产生影响，同时与正式规则相互作用，不仅影响正式制度的实施，而且影响正式制度进

① 王文贵．互动与耦合：非正式制度与经济发展［M］．北京：中国社会科学出版社，2007：35.
② 盛洪．现代制度经济学［M］．北京：中国发展出版社，2009：127.

一步变迁的方向，决定其演变的特征。

1.2.2 制度变迁与演化的理论研究

针对制度演变，不同学派的学者都给出了自己的分析，但比较系统的属新制度经济学的制度供求分析、制度演变的博弈分析及制度演化分析。新制度经济学家将制度视为可以提供服务的产品，认为制度的变迁由其供给和需求共同决定，认为制度变迁的根本动力在于追求利润。制度博弈论分析则将制度视为一种博弈均衡，肖特等认为制度演变是各博弈方不断重复博弈的结果。这两种方法互为补充，博弈论从微观角度分析了制度演变的机制，而传统供求方法则从宏观角度对制度演变进行了分析。两种不同的分析方法都认为，追求利润最大化始终是制度演变的最终动力，不足的是，他们都没有注意到非正式规则作为制度组成部分在制度演变中的重要作用。

除此之外，这两类不同的分析方法似乎始终处于相对立的状态，这种对立主要是方法论的差异，具体体现为假设前提的不同。新制度经济学的制度变迁分析和博弈分析仍然遵循传统经济学的理性人假设和利润最大化原则（最优原则）；而制度演化分析则更多采用演化经济学的方法论、假设有限理性、满意原则，追求更优的结果即可。现实生活当中，人们进行各种决策有时候遵循“完全理性和利润最大化”原则，但在某些条件下则“听天由命”（只要新的决策结果好于当前状况即可）。这两种决策过程是同时存在的。综合起来，制度变迁更偏向于一种演化过程。

本书将这两种过程进行融合，认为选择过程不同不过是由于行为人决策时面临的条件不同而已。在此基础上，本书对假设前提进行了修正，作为后续分析的前提和基础。

1.2.2.1 制度分析的假设前提：有限理性

经济分析往往以一定的假设前提为基础。这些假设前提旨在简化现实，便于经济分析的进行。不同学派在进行制度分析时，其假设前提不尽相同。

（1）制度分析的有限理性：一个综述

从方法论角度来看，制度分析分为整体主义和个人主义两大类，其中从整体主义角度进行制度分析的主要是老制度学派和使用马克思主义方法进行制度分析的一些学者。制度分析的其他主要派别，如新制度经济学派和演化学派，均使用个人主义分析方法。个人主义认为个体层次上的解释才是具有根本解释力的[①]。整体主义方法从社会演进角度整体分析人类社会制度演进，无须对整体中的个体行为进行假设。而个人主义方法因为坚持从个体角度来解释整体，以及个体行为多样性和复杂性，必须将理论分析建立在对个人行为的简化假设上。前提假设的不同是形成制度分析不同流派和分析内容差异化的根源。尽管这些假设不尽相同，但是它们都是建立在对新古典经济学“完全理性经济人”进行修正或批判的基础上。

第一，新制度经济学对新古典经济学“完全理性经济人”假设进行了修正，承认有限理性、信息不完全和交易成本不为零，并在此基础上开辟了独特的“交易成本”分析方法。诺思将经济主体“最大化”目标函数的内生变量进行了丰富和修正，认为人不仅追求利益最大化，其希望最大化的内容还包括其他目标。譬如，将利他主义引入经济主体的目标函数当中。尽管新制度经济学对假设前提进行了完善，且更加贴近现实，但它仍然坚持了新古典经济学假设的内核——“最大化”，并且使用供求分析工具分析制度变迁。因此，新制度经济学使用“新古典经济学方法对制度进行分析”。

第二，制度分析的另一重要流派——制度演化学派采用演化经济学工具分析制度演变。它对新古典经济学假设进行了更彻底的批判。批判的内容主要分为三点：①演化学派承认有限理性，并且将其作为建立经济模型的基础。然而，与新制度经济学不同，该学派的有限理性包括两个内容：一是信息有限性（信息是不完全的），由于世界是千变万化的，人们在做出选择前不可能获取所有的相关信息；二是演化学派认为有限理性的另一个重要含义是行为主体处理信息的能力是有限的，这两个内容缺一不可。②演化学派将新制度经济学视为“正统经济学[②]”的一部分，认为其将有限理性仅仅理解为信息不完全，“把‘有限信息’模型类似地当作一个认识能力有限的模型，没有考虑处理信息能力有限的情况，这是不恰当的”。“在正统理论里，行为者处理

① 张旭昆．制度演化分析导论［M］．杭州：浙江大学出版社，2008：16.

② 纳尔逊，温特．经济变迁的演化理论［M］．胡世凯，译．北京：商务印书馆，1997：10-13.

信息的能力被一成不变地视为无成本的和数量不受限制的。”正统经济学家假定“经济人是一个极好的数学家，其完全依靠预先充分计划好的行为，甚至在复杂程度压倒地球上计算机总能力的情况下也是如此”。① 事实是，事物总是以不能完全预测到的方式变化，现实生活的决策问题太复杂而不能被理解，人们必须不断进行调整以适应那些变化，即认识的能力也是不断变化的，是有限的。③演化理论认为，正统理论从其有限理性的内容出发，推导出最大化与有限理性并不冲突，这是不恰当的。

第三，演化经济学对新古典经济学“最大化”假设，分别从全面目标函数、明确界定的选择集合和企业行动最大化选择的理性三个方面进行批驳。演化学派认为，新古典经济学的“完全理性经济人利润（效用）最大化”表明，“经济人”是在明确给定的选择集合上使利润（效用）最大化。通俗来说，经济行为者在做出选择前能够了解所有可能的选择，能计算出这些选择的成本和收益，并通过比较，最终选择能够带来最大利润（效用）的做法。这里的最大化不仅是一种行为的指导原则，也是一种行为结果。

在以上分析基础上，演化经济学则认为，第一，行动目标上，企业并非一定要达到最大利润。企业是被利润推动的，并寻求途径去提高其利润，但它们并不一定非要达到最大利润不可。换句话说，只要新的方法或选择获得更高的利润，企业就会满意。第二，企业并非在一个明确界定的选择集合中进行选择，企业面临的选择集合也是不断变化的，即市场环境是不断变动的。这一分析与有限理性假设密切相关，由于信息不完全，以及企业认识能力的局限或者认识成本问题，企业做选择所面临的是一个不断变化的选择集合。第三，企业在行动时，并不总是以实现最大利润为行为宗旨或行为方式，企业并非在做每一个选择时都通过比较所有可能选择的成本、收益从而选择能带来最大利润的决策，即“在明确界定的和外在给定的选择集合上是利润最大化”。实际上，企业日常行为中，“惯例”往往是企业行为的指导原则或行为方式。演化经济学的“惯例”是指“一切规则的和可以预测的企业行为方式”，包括“从明确规定的生产物品的技术惯例，经过雇佣和解雇、订购新商

① 纳尔逊，温特．经济变迁的演化理论［M］．胡世凯，译．北京：商务印书馆，1997：76.

品或逐步增加高度需求的物品的生产这些程序，一直到关于投资、研究与开发或做广告的政策以及关于产品多样化和海外投资的商业战略等”。[①] 总之，演化经济学彻底放弃了“最大化”这一正统经济学理论的核心假设，使用完全不同的分析方法来分析制度演变。

此外，演化经济学放弃了“均衡”分析——使用供求工具分析经济现象。根据正统经济学假设，既然经济行为者时刻以“最大化”来要求自己，来做出选择，同时，行为者这种行为必然导致“最大化”的实现，也就是说，经济人任意时刻的选择都是合意的，那么必然存在同时满足供给方和需求方的那组选择，即均衡是前两个假设的必然结果。由此，纳尔逊和温特认为，正统理论把均衡当作一种常态，认为均衡是一定会实现的，并将供求分析作为分析经济现象的普适工具。演化理论通过批判正统经济学“有限理性”和“最大化”，得出均衡实际上只是暂时的，不能是长期的，应该放弃供求分析方法采用其他更合适的方法来分析制度演变。演化经济学借用了生物学“自然选择”的基本思想和熊彼特的创新思想，类比组织遗传学里“组织”的特点（包括那些为实现生产和赚取利润而产生的能力），将其作为制度演化分析的支撑。其基本分析框架主要是以系统内部新奇创生作为出发点和立足点而展开的，通过对新奇创生、增加和消失一个循环链的机制描述，来分析制度演变[②]。

还有一些学者根据自己的理解和制度分析的需要，借鉴和吸收演化经济学、新制度经济学以及博弈论等学科知识，对制度分析的假设前提做出了相应的规定，并且做出了自己的分析，如张旭昆（2007）[③]、吴倩（2007）[④] 等。虽然各学者对制度分析的假设前提不同，但是大体上仍可以归为新制度经济学的范畴，同时借鉴了演化经济学观点对之进行完善。这里就不再详细列举。

（2）制度分析的有限理性：继承与完善

人的理性是有限的，这里的“有限”表现为人们拥有的关于选择决策的

① 纳尔逊，温特．经济变迁的演化理论［M］．胡世凯，译．北京：商务印书馆，1997：19.
② 蒋德鹏，盛昭瀚．演化经济学动态与综述［J］．经济学动态，2000（7）61-62.
③ 张旭昆．制度演化分析导论［M］．杭州：浙江大学出版社，2007.
④ 吴倩．金融发展进程中的汇率制度变迁与选择［D］．济南：山东大学，2007：2-5.

信息是不完全的。有限理性是大多数制度分析的前提，因为有限理性是制度存在的必要条件，制度的建立本身就是为了减少不确定性，降低成本。很多学者以有限理性为依据抨击新古典经济学的“完全理性”假设，认为由于人自身的生理极限和个人实践的局限（包括学习能力和已掌握的知识等）以及环境的复杂性，任何个体都不可能获取决策所需要的全部信息①，称为“绝对有限理性”。

不得不承认，由于主客观条件的限制，人的理性从绝对意义上来说是有限的，不存在不受任何情景制约的“完全理性”。但如果一味地坚持绝对有限理性，容易陷入不可知论的“泥坑”，这不利于发挥人的积极性和主动性。事实上，人们要做出一项选择，不需要获取所有相关信息。针对绝对有限理性，本书提出“相对完全理性”的概念。在一定条件下，人们可以获取足够的用于抉择的信息，即信息是充分的。在信息充分的条件下，可以假定人是具备完全理性的，为了和绝对意义上的完全理性相区分，本书称之为“相对完全理性”。总之，根据有关选择的信息是否充分，可以将有限理性分为相对完全理性和非理性（有限理性）两种情况。本书所提到的完全理性均指相对完全理性。

相对完全理性和有限理性（又称非理性）条件下，人们的行为方式是不同的，从而制度演变的具体过程也不尽相同。相对完全理性条件下，行为者采取“成本—收益”比较的行为方式，这种方式即新制度经济学的分析思路。有限理性条件下，行为者采取遵照或模仿的行为方式。这两种行为方式都是“最大化”的表现形式。“成本—收益”比较的行为方式，详细来讲，就是分别比较不同选择的成本、收益，选择利润或效用最大的那个，亦即“在明确界定的或外在给定的选择集合上实现利润最大化”。“遵照或模仿”的行为方式指行为者遵照惯例、习俗或者模仿他人（前人）的做法来完成选择。

（3）制度分析的有限理性：总结

制度分析假设前提的分歧实际上也是相关经济学流派前提假设的分歧。尽管这些分歧各不相同，但都建立在对新古典经济学“完全理性经济人”批

① 熊辉．制度的自发演化和设计［D］．武汉：华中科技大学，2008：34.

判或修正的基础上。总而言之，可以将它们分为两大类：一类是对“完全理性经济人”的完善，仍然坚持其基本的理论内核，如新制度经济学经济分析前提；另一类则是根本不同于或是完全推翻了这一假定的存在基础，从完全对立的角度建立学科模型和分析方法，如演化经济学和老制度主义。

其中，演化经济学的批判最为彻底，这一批判过于强调人类理性的绝对有限性，弱化人类理性的作用。根据演化经济学，人们面临的选择集合是不断变化的，人们了解这些选择的能力也无法百分之百应对每一个选择场合。人们无法完全认识面临的每一个事物、每一种选择，不能获取关于某一事物或某种选择的完全信息。绝对意义上，人类在做出任意选择时，其理性都是有限的。但是，是否在做出任意选择时，人们都需要或必须获取有关的所有信息，而不考虑这些信息对于做出选择是否必要呢？答案很明确，无论获取信息的成本是否为零，这种做法都是不必要的。在现实中，这种做法不可取，也基本不存在。事实上，只要能够获取充分的信息，就可以认为行为人在做出某种选择时具备完全理性——当然，这种完全理性是相对的。绝对的完全理性是不存在的，同时要求人们做选择时具备绝对的完全理性是不明智，也是不必要的。

演化经济理论还对包括新制度经济学在内的正统经济理论对于有限理性的分析进行了批驳，认为其将有限理性仅仅理解为信息不完全，“把‘有限信息’模型类似地当作一个认识能力有限的模型，没有考虑处理信息能力有限的情况”。“正统理论假定行为者从未被日益复杂的现实所迷惑，从未被小事所分心，也从未被对问题的系统的错误看法所禁锢，从未犯过一个明显的老错误。”① 演化经济理论认为，应当将信息不完全和行为者能力有限作为有限理性的不同，同时又是缺一不可的两种类型。演化经济理论的这一批驳是有偏差的。事实上，人类处理信息的能力和解决问题的能力会随着人类获取事物信息量或者人类认识的增加而增强。作为纯粹生物个体的人类能力固然有限，但计算机以及机械类工具，乃至各种科学知识实际上是人类能力的延伸，

---

① ［美］理查德·R. 纳尔逊，悉尼·G. 温特. 经济变迁的演化理论［M］. 胡世凯，译. 上海：商务印书馆，1997：23.

只是表现形式不同而已。把计算机计算能力和人类计算能力进行对比是荒谬的，因为计算机计算能力本身就是人类计算能力发展的一个表现，计算机是人脑的延伸。人们对世界了解得越多、越深，其解决问题的能力就越强。因此，将有限理性理解为信息不完全是可以接受的。

鉴于制度分析演化方法在假设前提下的上述不足，本书仍然坚持新古典经济学假设前提核心，借鉴了制度演化分析的内容，对其进行完善并作为研究的基本前提。

1.2.2.2 制度变迁的动力：利润最大化

无论是正式制度演变还是非正式制度的演变都来源于人们追求最大化的行为和动机。制度演变是在人们追求利润的过程中实现的。诺思认为，制度变迁的动力在于行为主体期望获得最大的潜在利润，即一种在已有制度结构安排中行为主体虽然已经观察到，但是无法获取的利润①。

最大化原则既是正式规则演变，也是非正式规则演变的动力。正式规则的建立本身就是各参与方进行“成本—收益比较”，并相互博弈的结果。非正式规则最初形成以及被越来越多的人自觉遵循，也是因为能给人们带来更多“便利”。非正式规则最终改变的推动力也是原来的做法阻碍了经济主体更多利润的实现。

一些文献以有限理性为由反对利润最大化原则。他们认为，由于有限理性，人们无法获取完全信息，不可能实现利润最大化。事实上，有限理性和利润最大化并不矛盾。绝对完全理性根本不存在，只要信息充分，就可以认为完全理性条件成立。在完全理性条件下，人们可以按照“成本—收益比较”，实现新古典经济学中所描述的利润最大化目标。

当信息不充分时，行为个体面临的是“有限理性”条件。在有限理性条件下，经济个体由于计算能力等主观因素，或者客观上无法获取进行选择所需要的足够的信息，不能采用新古典经济学“成本—收益比较”的行为方式，但他们仍然以追求利润最大化为原则，只是实现这一原则的行为方式发生了变化。具体来讲，在相对完全理性条件下，人们遵照新古典完全理性假设和

---

① 贺卫，伍山林．制度经济学［M］．北京：机械工业出版社，2003：161.

效用最大化原则，通过“成本—收益比较”对各种选择进行筛选。在有限理性条件下或者运用理性精确计算各种制度选择成本、收益代价过高时，人们往往放弃“成本—收益比较”的行为方式，转向“模仿和遵循”的行为方式。这一行为模式的改变并不意味着人们放弃了“最大化原则”，反而正是人们遵循这一原则的表现。此时的“模仿与遵照”行为方式恰恰是最有可能实现“最大化”的。

1.2.2.3 制度变迁的方式

制度变迁实现的方式有两种，即诱致性制度变迁和强制性制度变迁。1989年林毅夫在《关于制度变迁的经济学理论：诱致性变迁与强制性变迁》中提出诱致性制度变迁和强制性制度变迁两个概念，后来发展成为制度变迁的两个重要模型。

诱致性制度变迁是指个体响应由制度不均衡引起的获利机会而自发倡导、组织和实施的制度变迁。由于人们知识、信息有限，并且经验、经历不同，对制度变迁的认识不同，期望收益不同，因此，诱致性制度变迁一般以不同个（群）体之间反复博弈的形式来进行。一般的原则是：只有当制度变迁预期收益大于预期成本时，有关群体才会推动制度变迁。诱致性制度变迁具有以下特征：一是自发性，即有关群体对制度不均衡和新制度可能的盈利机会自发做出反应推动制度变迁；二是渐进性，即这种制度变迁是一种自下而上、从局部到整体的制度变迁过程。

强制性制度变迁完全不同，它是由政府命令和法律引入来实现的，主体是国家。国家是在一定地区范围内合法地、垄断性地行使某些权力的制度安排[①]。由国家提供制度的制度变迁，即强制性制度变迁，需要通过国家强制实施。首先，制度作为公共产品，其供给本身就是国家的一项功能。制度安排的公共产品性质决定制度由政府提供要比私人提供更有效。其次，鉴于制度安排外部性所导致的制度供给不足，需要通过强制性变迁来弥补诱致性制度变迁的不足。理由是诱致性制度变迁经历的时间长、变迁的速度慢，不足以达到社会需要的最佳数量，难以满足人们对新制度安排的需求。强制性制度

① 段文斌．制度经济学［M］．天津：南开大学出版社，2003：342.

变迁可以快速、有效地实施制度变迁，弥补制度供给不足，实现制度均衡。

强制性制度变迁是正式制度变迁的主要方式，非正式制度变迁采取强制性制度变迁来完成只存在于个别例子。诱致性制度变迁既是正式制度变迁，也是非正式制度变迁的重要方式。正式制度起源于非正式制度，在“行为习惯”上升为正式制度的过程中，诱致性制度变迁是主要的演变方式。即使通过国家强制执行实现或引入的正式制度变迁，其执行效果也依赖于该制度内涵中“强制建立”的规则与已存在的制度环境中正式、非正式规则的融合。在这一融合过程中，两者互相影响，直到相互适应。正式制度只能约束经济主体行为中的很小一部分，非正式制度在大部分场合都能发挥作用。由于非正式制度不具有较强的约束力，其实施与变迁都依赖于个人自觉的行为和决策。绝大部分非正式制度是通过诱致性制度变迁方式实现的。因此，诱致性制度变迁是人类社会制度变迁的主要方式。

1.2.2.4 制度变迁的初始状态和结果

制度变迁是一个持续不断的过程，同时在这个过程中存在相对平稳的状态。从特定的分析角度，可以将其划分为制度变迁的初始状态和制度变迁的结果。

（1）制度均衡与非均衡

当人们对既定安排和制度结构达到满足或满意状态，没有动力改变现行制度安排时，实现制度均衡。制度均衡是指外界已不存在可以通过制度变迁而获得潜在利益的机会，也就没有制度变迁的可能性。制度均衡不是永久不变的。如果下述情况之一发生变动，制度均衡就会被打破。它们是：生产技术方面的变化；制度方面出现新的发明，或产生新的组织形式和经营管理方式；等等[①]。当制度均衡存在时，其他条件不变，制度变迁将不会发生。因此，也可以认为制度均衡是制度变迁的一个起点，只是在这一起点，制度变迁不会发生。

当人们对现存制度不满意或不满足，意欲改变而尚未改变时，称这一状态为制度非均衡。制度非均衡条件下，制度变迁可能发生，也可能不发生。

① 盛昭瀚，蒋德鹏．演化经济学［M］．上海：上海三联书店，2002：251.

制度变迁并非只要变迁成本小于收益就会发生，这只是制度变迁发生的必要条件。也许对于从事某种特定交换的人来说，制度安排还不够理想或有效，但同样的一套制度对另一些个体或群体选择来说，可能是有效的。真正起决定作用的是个人与组织的谈判力量对比。只有当正式制度对那些拥有充分谈判能力的人有利时，正式制度变迁才可能发生。同时，正式制度变迁成功与否，还取决于该制度与现存制度环境中各种正式、非正式规则的融合和适应结果。

总之，制度变迁发生前，制度状态既可能是制度均衡，也可能是制度非均衡。制度均衡与制度非均衡是制度变迁的两个初始状态。

（2）制度理性与“制度悖论”

制度变迁发生后，结果可能是均衡，也可能是非均衡。前一种情况称为出现制度理性，也就是说，新制度条件下个人最大化行为既与他（她）的预期净收益相吻合，又同整个社会的资源配置并行不悖，并且不存在通过改善或调整现行制度来增进个人福利并节约社会资源的机会①，即出现帕累托最优。反之，将制度变迁的结果称为“制度悖论”，即在既定制度约束下人的最优行为，即个人理性，并未实现制度理性，也并未导致最适宜制度的产生。新的制度变迁的诱因仍然存在，在条件成熟时成为新的制度变迁的起点。

由于导致制度变迁的各因素是动态的、不断变化的，以及制度的“公共品”属性，制度非均衡是常态，或者说常常存在着“制度悖论”。针对制度变迁当中的“制度悖论”现象，不同的学者给出了不同的解释。诺思提出用路径依赖假设来解释“制度悖论”，从正式规则和非正式规则变迁的特点出发来解释“制度悖论”的存在，认为正式规则对经济发展的作用是连续的和累积的，其影响长期难以消除。法律和法令尽管可以修改，但其修改速度往往落后于实践。非正式规则对经济发展的作用持久难衰，导致制度变迁在很大程度上受制于人们过去的习惯、信念、意识形态等。制度演变的结果往往取决于它的历史，存在着路径依赖。制度演变最后的结果往往是那些并没有效率

---

① 张宇燕．个人理性与“制度悖论”：对国家兴衰的尝试性探索［M］//盛洪．现代制度经济学．北京：中国发展出版社，2009：284.

优势的制度成为最后的胜利者。

非正式规则影响制度变迁的另一个证据是，预期的变迁收益超过预期的变迁成本是制度变迁的必要条件，个人和行动集团的经济计算并非制度变迁的唯一动力。如果人们对现有制度持支持和认可的态度，那么即使个人可以从制度变迁中获利也不会去打破现有制度。导致这一局面出现最常见的原因是意识形态、信念等非正式制度的存在。反之，如果对现有制度不满，怀疑它的公正性和合法性，那么即使个人在制度变迁中遭受损失也会去参与制度变迁[①]。意识形态使人们按照某种观念行事而不是计算成本—收益（诺思，1998）。许多人自觉地使自我利益服从社会规则，自愿从事无明显报酬的活动，或自发参加一个组织等，都可以由意识形态来解释。因此，制度变迁结果并非“那些最有效率的制度将会在制度进化中生存下来”，许多无效率的制度长期持续，即“制度悖论”往往成为一种常态。

对于“制度悖论”，段文斌（2003）认为，从制度供求角度来说，制度非均衡存在，即长期存在“制度悖论”的现象，既可能是由于制度供给不足（推动创新者的个人净收益小于维持旧制度的收益），也可能是由于制度需求不足（因为新制度给人们带来的净收益小于原有制度）。盛洪从公共选择时的“少数服从多数”原则的角度进行分析。他认为，公共产品与一般商品不同，在公共领域，存在着交易双方交易成本转嫁第三者或者他人凭空受益的可能。追求最大利益或最小成本的个人理性与集体理性发生冲突。理论上，“少数服从多数”往往成为解决这一冲突的原则，但由于少数人往往比多数人更有力量，更容易团结形成一致意见，结果“少数人把有利于自己的制度强加给多数人”的现象是普遍存在的。此时“多数人”则“合乎理性地容忍”，即不反对或者默认。这样，人们通过自己的选择把不利于自己的制度安排强加于自己，“制度悖论”得以持续存在。另外，由于制度的公共品性质，即相对于制度供给的社会成本和社会效益，个体成本往往较大，个体收益往往较小。对新制度需求的产生往往先于该制度实际供给的形成，从而造成制度有效供给的不足。制度非均衡因此会持续相当长一段时间。

---

① 段文斌．制度经济学［M］．天津：南开大学出版社，2003：330.

（3）评述

制度均衡与非均衡是制度演化中的两种状态，制度理性和“制度悖论”则是制度演变的两种结果。制度是个内生变量，制度在个人与组织的互动中实现变迁。新制度经济学依照经济理性的假定，认为个人是在成本—收益的比较中做出选择的。但由于制度变迁引发的成本—收益变动对同一社会系统不同的个体而言并不一致，以及公共选择过程中“少数人把有利于自身利益的制度强加在多数人身上”现象的存在，制度变迁有可能增加一部分人福利的同时使另一部分人的福利受损，甚至是以多数人利益受损的代价来换取少数人利益的增加。总之，社会整体上的制度变迁并不必然是帕累托最优，“制度悖论”是制度常态。

1.2.2.5 分析制度变迁的两种理论

分析制度变迁的理论有两种，分别是诺思的制度创新理论和哈耶克的制度演化分析模式（自发秩序演化理论）。这两种理论分别描述了正式制度变迁和非正式制度变迁的过程。

（1）制度创新理论

制度创新理论以完全理性为前提，借鉴熊彼特的企业家理论，将“广义企业家”（制度企业家）作为制度变迁的主体。将制度变迁中起主导作用的个人、团体和政府都视为追求利润最大化的企业家，将制度创新行为等同于企业家的经济行为，并以此建立了制度变迁的一般模型①。这个模型事实上是关于正式规则变迁的模型。笔者将这一模型看成制度变迁的第一种模式，根据这一分析，制度变迁包含以下五个步骤：

第一步，形成所谓“第一集团”，即预见到潜在利益，并认识到只要进行制度创新便可获得潜在利益的决策单位。第一集团由个人或团体形成，在他们当中，至少有一个人是熊彼特所定义的那种企业家。他们启动制度创新的过程，影响制度变迁的方向。

第二步，“第一集团”提出创新方案。创新方案的提出和评估需要时间，如果没有可行的方案，这一过程仍会延续一段时间。

---

① 熊辉．制度的自发演化与设计［D］．武汉：华中科技大学，2008：38.

第三步，创新方案形成之后，“第一集团”理性选择其中一个方案并实施。创新方案不同，其创新前景和战略也会不同乃至差别巨大。优胜者往往是制度收益更高的方案，即过渡性的和新的制度收益之和大于原制度净收益和制度创新成本之和。

第四步，“第二集团”形成，这里的第二集团指在制度创新过程中助“第一集团”一臂之力的人或机构（立法机构）。“第二集团”帮助获取收入，但不增加收入总量，在某些制度变迁中，也可能不存在该集团。

第五步，第一和第二集团一起促成制度创新。或者由于创新方案选择不当，或者创新行动集团组织不力，所选创新方案的实施无法改变原制度的基本构造，创新活动归于失败或停滞。① 制度变迁实践中，往往后一种可能性更大。

以上是制度变迁的主要步骤，具体的制度变迁过程则根据变迁发生的条件有所不同。可以肯定的是，无论是行动集团，还是参与制度变迁的个体，其选择行为都是依据“成本—收益比较”做出的。

（2）哈耶克的自发秩序演化理论

制度变迁的供求分析假定，制度变迁发生在相对完全理性条件下，人们可以根据充分信息通过“成本—收益比较”来选择自己的决策行为。当信息不充分，或者人们的能力有限时，参与制度变迁的个体则不再采纳“成本—收益比较”的行为模式，而是选择“遵循或模仿”。

在制度变迁过程中，人们由于信息不充分，或者因各种选择损益的计算成本过高而放弃采用“成本—收益比较”模式，选择模仿前人或他人的决策作为自己的选择。当然，首先，这一能够被更多个人采纳的选择一定是收益大于成本的。其次，在多个满足“收益大于成本”的选择里，究竟哪一个能最终被更多的个体采纳则是具有偶然性的。正是这种偶然性决定了世界文化的多样性。在很长一段时期，各种不同的非最有效选择持续存在，制度状态表现为“制度悖论”或非均衡。

采纳这一模式，并不意味着人们放弃了“最大化”。从微观角度来看，遵

---

① 盛昭瀚，蒋德鹏．演化经济学［M］．上海：上海三联书店，2002：257.

照模仿是最大化的另一种表现。信息不充分使得经济个体无法根据“成本—收益比较”来实现最优化选择。唯一可行的就是观察前人的选择或者他人的选择，然后采取遵照或模仿的行为方式。在信息不充分或各种选择的成本—收益计算成本过大时，人们选择遵照或模仿可以省去计算成本，同时消除了不确定性。这实际上正是最大化在特定条件下的一种表现。那么人们在观察前人或他人选择后决定是否采纳这一决策，其判断依据也不再是“最大化”标准，而是“满意”标准。“满意”意味着新的选择比过去的选择要有利，并非相悖于“最大化”，而是特定条件下“最大化”的具体实现形式。

从整体上来看，制度演变过程呈现出自然选择的特性。某一时间段内，一定存在与某种特定条件相适应的选择，即最佳选择。随着时间的推移，只要条件不变，人们的选择就会向这一最佳选择转变。届时，最大化得以实现。反之，随着时间变化，选择条件发生了变化，那么最佳选择来不及成为现实，而是被另一与变化后条件相适应的选择所替代。也就是说，制度演变是否导致制度理性有一定的偶然性。这一过程类似于演化经济学的分析框架，有达尔文自然选择的意味。但根本不同的是，变化的起点既不是危机也不是好奇心，而是利润驱动。

值得注意的是，演化经济学将这一机制发挥作用的范围夸大了，认为所有经济现象的分析，包括制度分析都应当且唯一采纳这种框架。事实上，只有在有限理性条件下，这一过程才发挥作用。因此，这一分析机制是分析非正式规则演变的工具。

（3）两种分析框架的统一

自然选择框架和供求分析机制可以统一起来。以信息充分为界点，可以将制度演变发生的条件区分为完全理性（相对完全理性）和有限理性。完全理性（相对完全理性）条件下，经济个体和群体通过“成本—收益比较”选择满足“最大化”[①] 的那个决策。有限理性条件下，人们不能够通过“成本收益比较”来做出决策，只能采用遵照或模仿的决策方式。这两种行为模式不矛盾，是“最大化”在不同条件下的表现形式，并且都是利益驱动的。

① “最大化”的内容不仅可以是利润，也可以是其他。具体内容要视选择发生的具体背景而定。

1.2.2.6 正式制度变迁和非正式制度变迁

制度有正式与非正式之分，制度变迁也包括正式制度变迁和非正式制度变迁。由于占主导地位的规则性质不同，两种制度变迁存在明显的差别。非正式制度里，非正式规则发挥主导作用。非正式制度变迁由占主导地位的非正式规则演变决定。

正式制度由约束对象相同的一系列正式规则、非正式规则及制度实施构成。正式制度变迁既包括正式规则的变迁，也包括非正式规则的演变。正式制度变迁是一个缓慢的过程，其变迁方向取决于非正式规则。正式规则偏离非正式规则所指示的方向程度，决定正式规则边际的大小。在这一边际上，正式规则是不起作用的，非正式规则发挥规范、约束人们行为的作用。非正式规则为正式规则演变定出了成本变小的方向，那就是沿着非正式规则演变的方向走①。制度演变往往始于边际处，经过非正式约束不断演变，渐渐积累到某个发生质变的“度”，然后正式的规则开始产生变化（诺思，1990）。正式规则与非正式规则的紧张程度则决定了制度变迁完成所需要的时间长短。一般地，这是一个缓慢的过程。正式制度变迁是一个包含正式规则变迁、非正式规则演变及制度实施在内的复杂的过程。正式制度变迁的成败取决于正式规则和非正式规则间的关系。这正是很多国家制度引入不成功的原因。

另外，正式制度变迁具备以下特征：一是正式制度变迁涉及相关组织和个人的协商与博弈的过程，其最终完成需要有关各方协商一致才能达成。这是正式制度变迁过程独有的特点。二是存在外部性和“搭便车”的问题。由于制度创新没有专利保护，新制度又很容易被他人模仿，模仿者可以大大降低自身的制度变迁成本，而创新者承担了大部分成本②。由于外部性的存在，即使制度变迁收益大于成本，也会导致制度变迁者放弃制度变迁的实施，因为收益大部分被“搭便车”者获取。这是制度供给不足的重要原因。

相较于正式制度变迁，非正式制度的演变完全依靠个体决策来实现，其经历的过程更加漫长。不过，非正式制度变迁同样存在外部性，但由于是个

① 汪丁丁．再论制度创新的一般过程［M］//盛洪．现代制度经济学．北京：中国发展出版社，2009：220.

② 段文斌．制度经济学［M］．天津：南开大学出版社，2003：339.

体决策的结果，不存在“搭便车”问题。非正式制度变迁区别于正式制度变迁的另外一点在于非正式制度一旦形成，就已经得到实施，其实施和建立几乎是同时发生的。而正式制度的实施从正式规则的建立到整个制度切实执行，即变迁成功，存在一定的时滞性。

正式制度和非正式制度的存在都是社会良好运转不可或缺的基本前提。但由于正式规则强制性约束的特性，正式制度在规范、约束人们行为方面更有效率。正式制度变迁也可以通过组织成员协商一致在较短时间内建立，从而大大减少正式制度变迁的时间。因此，正式制度成为人类社会关注较多的制度类型，正式制度变迁成为制度分析的主要研究对象。

1.2.2.7　制度变迁的路径依赖

由于非正式规则及其演变的特性，无论是正式制度还是非正式制度变迁，“制度悖论”较制度理性更为常见，并且都呈现出路径依赖的特征。不同的是，非正式制度变迁的这一特性更久、更明显。而在正式制度变迁中，人们可以发挥主观能动性通过强制性制度变迁来改变或降低路径依赖，如苏联经济制度改革。

（1）路径依赖的含义

“路径依赖”指一个具有正反馈机制的系统一旦在偶然因素的影响下被采纳，便会沿着特定路径演进，很难被其他系统替代。人们最早在技术研究中发现了“路径依赖”这一现象，即已被采用的技术因先占优势收益递增，不断强化。更优良、更有效率的技术因为“晚到”一步而步步皆晚。技术应用中的报酬递增是路径依赖的重要原因。先被采用的技术非效率最高者，但因先占优势，应用市场越来越广泛，规模不断扩大，应用成本随之降低，学习效应和协同效应也促进了技术的进一步流行。这些都大大增强了该技术的竞争力。相反，即使相对先进的技术，因为后到的关系，市场份额低，应用成本高，不易扩大市场份额，甚至会陷入恶性循环，终遭淘汰。路径依赖过程中，把技术引入特定轨道的常常是一些很小很偶然的事件，如出现时间先后等。现在是什么往往取决于过去是什么，不同的路径则会导致不同的结果。

诺思借用术语“路径依赖”描述制度变迁。他认为，报酬递增和自我强化同样存在于制度变迁中，制度变迁路径一旦形成，就会沿着该路径不断强化。但这一过程最终可能导致制度变迁进入良性循环，也可能使之陷入恶性循环，从而导致“制度悖论”持续存在。当制度变迁被锁定到无效率状态无法自拔，只有强大的外力冲击或者政权更迭才能破局。“路径依赖”意味着今天的选择受历史的影响，一些偶然因素可能改变整个制度变迁的方向。总之，人们过去的选择决定了他们现在可能的选择。

（2）路径依赖的成因

关于路径依赖的成因，诺思强调非正式规则的作用。由于非正式规则及其演变的特性，无论是正式制度还是非正式制度变迁，都呈现出路径依赖的特征。

非正式制度由约束对象相同的一系列非正式规则构成，包括习俗、惯例等。非正式规则与个人生存的社会、文化等因素紧密相关，其本身具有“顽强的生命力”，具有很强的遗传性，其演变所需时间大大超过正式规则变迁。再加上非正式制度变迁往往是个人行为，由个体独立决策实现，其实现要经过长期、反复的博弈过程。只有当社会上大多数人放弃了原来的制度安排，接受了新的制度安排时，制度变迁才正式完成。这些都决定了非正式制度变迁是一个长期的、累积性的过程，并且具有路径依赖的特性。

正式制度变迁的路径依赖首先源于正式制度的作用具有连续性及累积性的特征。如法律、规章尽管可以修改，但其实际变更的速度总是落后于实践。其次正式制度变迁是一个正式规则、非正式规则以及其实施相互作用、互相适应的复杂过程。非正式规则及其与正式规则的关系在这一过程中发挥了重要作用。正式规则演变起源于其边际上非正式规则的演变。与非正式规则的紧张程度决定了制度变迁的时间，甚至决定正式制度变迁的成败。结果正式制度变迁在很大程度上也受制于人们过去的习惯、信念、意识形态等，其变迁成功与否，取决于与经济体中其他现存的正式、非正式规则的关系。

（3）路径依赖的运行机制

路径依赖的运行机制包括前提条件、启动、状态达成和退出四个阶段。路径依赖形成的前提条件具有偶然性，如某一偶然发生的随机事件。路径依赖的启动，指整个路径依赖的正反馈机制随着前提条件的达成而开始运行。这一机制的内容丰富，主要包括大笔投资的投入、制度的建立、制度相生的组织产生，并在制度框架内相互学习，通过学习效应、协同效应以及组织之间的互动（如缔结契约）进一步巩固制度的实施等。因为流行性、协同效应以及学习效应，正反馈效应减少制度存续的不确定因素，该项制度进一步得到维持和巩固。

路径依赖实现的整个过程中，其正反馈机制的运行会导致几类状态的产生，分别是多重均衡、闭锁、制度悖论以及路径依赖。“多重均衡”是指同一系统演进结果可能不止一种；“闭锁”是指系统演进可能由于某一偶然因素导致某种方案被采纳，继而收益递增机制阻止它受到外部因素的干扰或被其他方案替代，从而被采纳方案得以长期存续而难以退出；制度悖论指系统演进的最终结果并非最有效率的方案，产生非帕累托最优状态；路径依赖，即整个制度演进路径敏感地取决于系统的初始状态，演进过程呈现前后连贯、相互依赖的特点。退出“闭锁”阶段是指制度自发演进系统由于政府干预和一致行动，最终实现路径替代，摆脱上述路径依赖。

1.3 文献评述

汇率是一国货币对另一国货币的相对价格，是一国国内外经济联系的纽带。如何维护和调节这一相对价格，对一国经济发展具有重要意义。汇率制度是关于汇率确定、维持、调整和管理的一整套习惯和规则，它直接决定了汇率的波动幅度和波动方式。选择什么样的汇率制度对一国经济发展意义重大。

1.3.1 汇率制度选择研究

汇率是开放经济条件下国际金融和宏观经济的核心变量，汇率制度是国家发展对外经济关系和实施宏观调控的重要制度。在全球经济、金融高度一体化背景下，如何确定一个恰当的汇率水平和构建一个合理、有效的汇率形成机制，不仅是一国汇率制度选择的重要内容，而且对于维护世界金融稳定、经济发展都是极为重要的。早期汇率制度选择理论的内容主要限于固定汇率制与浮动汇率制孰优孰劣之争，随着各国经济市场化和开放程度的不断加大，汇率制度选择的多种影响因素不断地耦合。20 世纪 90 年代以后，新兴市场经济体货币危机频繁爆发引发现代汇率制度研究的热潮。

1.3.1.1　传统汇率制度选择研究

汇率制度选择研究文献浩繁复杂。很多学者分别从研究内容、分析方法、理论产生的背景等角度对其进行了详细的综述。本书依据文献研究着眼点的不同对大量文献进行分析综述，进而形成本书的研究出发点。从研究着眼点来看，可以将传统汇率制度选择研究文献归为四大类：早期的固定、浮动汇率制度之争，从国家具体特征出发的汇率制度选择研究，从汇率制度经济效应出发的研究，从汇率制度本身特性出发的研究。

（1）早期的固定、浮动汇率制度之争

20 世纪 50 年代至 70 年代，汇率制度的主要衡量标准是宏观经济均衡目标的实现，能更好地实现经济发展目标的汇率制度就是最好的汇率制度。这一时期的汇率制度之争分为两派。

以蒙代尔（R. Mundell）、金德尔伯格（C. Kindleberger）为代表的固定汇率支持者认为固定汇率制能使各国经济连成一个稳定的经济体系，规避汇率风险，有助于贸易与国际投资，提高资源在世界范围内的配置效率，有利于世界经济的协调发展。固定汇率制度还有助于保持一国物价水平稳定。而浮动汇率制下，汇率波动增加了国际贸易和国际投资活动的不确定性，引致各国滥用货币政策，导致货币贬值、世界性物价水平上升，损害国际合作，不利于整个世界经济的发展。

以弗里德曼（Friedman，1953）[①] 为代表的一派赞成浮动汇率制度，他们认为，浮动汇率不一定是不稳定的，即便不稳定也是由国际贸易经济条件的基础不稳定造成的。固定汇率虽然名义上稳定，却可能使经济中其他因素不稳定性持久化和强化。汇率作为一种相对价格，其变动将能够代替国内劳动力市场和产品市场价格变动，提供一种更有效的调节体系，以避免产生损失。通过这一相对价格的调整，基础性的经济结构失衡问题得以解决，同时汇率自由变动可以防止国内外汇储备被动性调整，缓冲国内货币市场受到的冲击，

---

① Friedman Milton. The Case for Flexible Exchange Rates [M] // M. Essays in Positive Economics, Chicago: University of Chicago Press, 1953: 157-203.

降低甚至避免通货膨胀传递。双方观点各异，长期争执不下。

（2）从国家具体特征出发的汇率制度选择研究

很多经济学家注意到汇率制度选择应该与一国具体国情相结合。这方面的代表理论主要有最优货币区（OCA）理论、经济结构特征论等。

最优货币区理论以固定汇率的最佳实行范围为主要研究内容，该理论认为，对于那些通过国际贸易和要素流动紧密联系的地区，固定汇率最适用。经济学家蒙代尔最早提出了最优货币区理论，他认为不能抽象地讨论汇率制度的选择，应当结合某一种经济特征对汇率制度选择进行分析。他将生产要素自由流动作为形成最优货币区的必要条件，认为如果这一条件不存在，则应实行浮动汇率制度。一国最终是否决定加入固定汇率区，取决于它所获收益和所付代价之间的比较，一个国家在金融交易、生产要素流动或商品贸易上与外部世界一体化程度越高，成员国之间实行固定汇率制所带来的收益就越大，成本就越小。此后，麦金农（Mckinnon，1963）[①]、凯南（Kenen，1969）、英格拉姆（Ingram，1969）和哈伯勒（Haberler，1971）等分别从不同角度补充和发展了最佳货币区理论。麦金农注意到，一国经济对外开放程度越高，汇率变动对国内经济的冲击越大，政策当局就越倾向于实行固定汇率制度。汇率制度选择应该将经济开放程度作为一个参考标准。凯南从产品多样化角度研究形成最优货币区的标准，认为一国出口产品多样化程度越高，采用固定汇率制度的可行性越大，反之则反是[②]。英格拉姆认为一国经济社会金融特征对于汇率波动的影响较大，在一国资本市场与国际金融市场高度一体化条件下，资本流动可以迅速抵消小幅国际收支失衡，只要利率发生微量变动，就可以避免汇率波动。因此，一国国内金融市场越完善，与国际市场一体化程度越高，浮动汇率就越合适[③]。哈伯勒（Haberler）提出通货膨胀相

---

① Mckinnon Ronald I. Optimum Currency Areas [J]. American Economic Review, 1963 (53): 717-725.

② Kenen Peter. The Theory of Optimum Currency Areas: An Eclectic View [M] // R. A. Mundell and A. K. Swoboda eds: Monetary Problems of the International Economy. The University of Chicago Press, Chicago, 1969: 41-60.

③ J. Ingram. The Currency Area Problem [M] // R. A. Mundell, A. K. Svoboda eds: Monetary Problems of the International Economy [M]. Chicago: The University of Chicago Press, 1969: 95-100.

似性也是形成固定汇率的一个条件。由于通胀差是导致国际收支失衡和汇率波动的一个重要原因，较小的通胀差以及通胀率波动趋势一致可以避免经济体间汇率的大幅波动。[①] 美国学者雷曼把相关研究进行了综合，认为建立最优货币区要综合考虑经济规模、开放度、相对通胀率以及一国金融发展特征等具体因素。除此之外，宏观经济政策的协调与政治一体化等也成为判断最优货币区的指标。OCA 理论不再笼统而抽象地谈论汇率制度的优劣，而是考虑到不同国家不同地区的具体经济特征与经济关系，提出各国应当根据具体国情选择汇率制度。

1973 年，麦金农和肖提出金融抑制论和金融深化论，发展中国家汇率制度选择成为新的研究焦点。发展中国家汇率制度选择更应该考虑具体国情。肖（Edwards Shaw，1988）提出，如果想用小型经济更好地对付通货膨胀，只有浮动汇率才是正确的选择[②]。布莱克（1976）进一步提出用“贸易加权的有效汇率来考察发展中国家汇率制度选择”[③]。汇率制度选择理论得到进一步发展。

经济结构特征论是在最优货币区理论基础上发展起来的。该理论认为，经济规模、经济开放程度、进出口贸易的商品结构与地域分布、相对通货膨胀率以及与国际金融市场一体化程度等均是一国汇率制度选择的影响因素。一般地，小型开放经济或者进出口较集中的国家实行固定汇率制或“钉住”汇率制。综合经济实力强大，经济开放程度低，或者开放程度高但进出口商品多样化以及地域分布分散，国际金融市场联系密切，资本流动较为可观和频繁，或者与其他主要国家通胀差较大的国家，倾向于实行浮动汇率制。

尼尔森等（2000）认为，由于发展中国家自身的一些特征，如出口产品主要是原材料和农产品、市场调控能力缺乏等，政府无法获取市场控制力，

---

① G. Haberler. Reflections on the Economics of International Monetary Integration ［M］. W. Bickel, ed. Verstehen , Gestalten der Wirtschaft, Tübingen, 1971：269.

② Edwards Shaw. The Determinants of the Choice between Fixed and Flexible Exchange Rate Regimes ［R］. NBER Working Paper, 1996.

③ Black S. W. International Money and International Monetary Array ［J］. Handbook of International Economics, 1985, 45（2）：1153-1194.

不得不依靠“钉住”来规避汇率波动给出口带来的风险①。Aizenman 和 Hausman（2000）考察了一国金融结构与汇率制度选择，得出汇率制度选择与金融结构交织在一起的结论。国内资本市场与国际金融市场一体化程度越高，浮动汇率制度就越合适。其研究表明，发展中国家应根据本国金融发展程度来选择合适的汇率制度。另外一些学者则以经济开放度为基准，分析发展中国家对外开放程度与对外经济依存度的差异对汇率制度选择的影响②。

一些发展中国家学者根据发展中国家所处的国际经济环境，对“依附论”的汇率制度选择进行分析。他们认为，对于发展中国家来说，其对外经济、政治、军事联系对选择什么样的汇率制度起重要的决定作用，而该国对外经济、政治关系中的主要伙伴最终决定采用哪种货币作为“参照货币”。进一步地，美国经济学家格雷厄姆·伯德列出了发展中国家是否采用浮动汇率制度的 10 个参考标准：一国经济波动主要来自国外；经济开放程度高；商品多样化；贸易分布广；资金市场一体化程度高；相对通货膨胀率差异大；进出口价格弹性高；国际储备少；社会更倾向于收入增长；存在完善的远期外汇市场。只要具备这些因素中的多数，才适宜选择浮动汇率制度，反之则反是。

在分析汇率制度选择的研究中，一部分学者还将注意力集中到汇率制度选择的长期决定因素上，讨论一国经济长期特征如经济规模、开放程度等在较长时间内保持不变的经济变量对一国汇率制度选择的影响。Juhn 和 Mauro（2002）利用 IMF1999 年公布的新汇率制度分类系统对汇率制度选择的长期决定因素进行了详尽的分析，认为经济规模大、对外贸易占 GDP 比重较低、高通货膨胀、政治稳定、处于转轨经济时期的国家更宜采用浮动汇率制度；资本控制程度较低的国家更宜采用硬汇率钉住的汇率制度。发展经济学家将发展中国家的经济特征以及经济发展进程中这些特征的变化引入了传统的汇率制度成本—收益分析。此外，汇率制度的选择同一国的经济体制和历史因素也有关③。

---

① Nilsson K. , Nilsson L. Exchange Rate Regimes and Export Performance of Developing Countries [J]. The World Economy, 2000, 23 (3): 331-347.

② Aizenman Joshua, Hausman Ricardo. Exchange rate Regimes and Financial Market Imperfections [R]. The NBER Working Paper, 2000.

③ Juhn and Mauro. Long-Run Determinants of Exchange Rate Regimes: A Simple Sensitivity Analysis [DB/OL]. IMF WP/02/104.

总的来说，相关研究所考虑的变量可以分为以下四类：最优货币区因素、资本开放因素、宏观经济因素和历史与制度因素。最优货币区因素包括贸易开放程度、对外贸易的分散化程度、经济规模、人均 GNP、TOT 波动率、石油出口等；资本开放因素是指资本控制、实际资本流动的开放程度和新兴市场经济国家；宏观经济因素涉及通货膨胀和官方储备等方面；而历史与制度因素则考虑了各国的经济政治独立性、政治局势和国家体制对汇率制度选择的影响。这些研究均是从一国具体特征出发来考虑汇率制度选择。

（3）从汇率制度经济效应出发的研究

随着时间的推移，国际经济环境的新变化对汇率制度选择提出了新的挑战。学者针对经济发展中出现的新问题，考察了汇率制度选择问题，形成了名义锚理论、经济冲击论、政策搭配论、政策信誉论等内容。

由于 20 世纪 80 年代许多国家出现高通货膨胀现象，Bruno（1991）等提出了“名义锚”理论。该理论借鉴理性预期和动态一致性理论的内容，主张一国应使汇率有较大的刚性甚至完全固定，使名义汇率起到驻锚（Anchor）的作用。这样政府可以从中获得政策信誉和财政纪律，实现低通货膨胀。名义锚理论主张一国选择固定汇率制度①。

20 世纪 90 年代以后，货币金融危机频发考验着各国的汇率制度，也使人们在选择汇率制度时更加关注汇率制度抵御内外冲击的能力。经济冲击论重点考虑汇率作为自动稳定器在吸收货币性与实质性冲击方面的作用。学者发现，不同类型的经济冲击下，汇率制度的应对效应不同，若实际冲击和货币冲击同时存在，应根据不同汇率制度下的损失大小来选择汇率制度；若只有实际冲击，没有货币冲击，则浮动汇率制度更好；若只有货币冲击，没有实际冲击，则钉住汇率制度更合适；长期冲击与短期冲击的比率越大，浮动汇率的收益越大（Boyer，1978；Mckinnon，1981；Yoshitomi and Shirai，2000；

① Bruno Michael. High Inflation and the Nominal Anchors of an Open Economy［M］// Essays in International Finance No. 183. Princeton：Princeton University，1991.

Wolf，2001)①。可见，从经济冲击角度来看，汇率制度的选择应考虑经济体面临的冲击类型以及央行有无激励创造意外通货膨胀。然而，依据经济冲击类型考虑汇率制度的选择理论上是有用的，但在实际中由于很难区分冲击干扰源类型，并不能确定哪种汇率制度相对更优胜。

政策搭配论典型的分析框架是蒙代尔—弗莱明模型，该模型分析了四种假定条件下，不同汇率制度下财政、货币政策等政策搭配对经济内外均衡的影响。模型四种假定条件分别为：小国开放经济；经常账户、资本账户开放；资本自由流动，国内国外货币、证券资产可充分替代；国内供给弹性充足。上述假定条件下，该模型提出政策目标的"不可能三角"，即资本自由流动、固定汇率与货币政策独立性三者之间只能选择其中两个。研究结论表明，小国开放经济假定条件下，财政政策在固定汇率制度下有效，在浮动汇率制度下无效；货币政策在浮动汇率制度下有效，在固定汇率制度下无效。一国政府应根据所要实现的政策目标来选择汇率制度。

政策信誉论从政府信誉与公众预期角度研究了汇率制度的选择，认为公众的通货膨胀预期显著影响政府的工资和价格决策，如果一个政府实施旨在降低通货膨胀的货币政策，那么政策信誉对于政策目标实现将有非常大的影响。很多学者针对这一问题进行了分析，主要结论是中间汇率制度缺乏所需要的政府信誉来保证，因而难以维持。政府政策信誉对汇率制度选择有一定的作用：对于享有适度货币稳定和政策信誉的国家，浮动汇率制度是合适的选择；而当央行有意制造意外通货膨胀时，即政府信誉存在问题时，钉住汇率比浮动汇率更有利于经济；当政府信誉良好，实际冲击是经济面临的主要冲击类型时，则浮动汇率制度可能更合适（Kydland and Prescott，1977；Calvo，1978；Barro and Gordon，1983；Agenor and Masson，1999；Frankel，

① Yoshitomi M.，Shirai S. Policy Recommendations for Preventing Another Capital Account Crisis［DB/OL］. Technical Background Paper of Asian Development Bank Institute，2000.

Russell S. Boyer. Optimal Foreign Exchange Market Intervention［J］. Journal of Political Economy，1978，86（12）：1045-1055.

Ronald I. Mckinnon. The Exchange Rate and Macroeconomic Policy：Changing Postwar Perceptions［J］. Journal of Economic Literature，1981（6）：531-557.

Wolf H. Exchange Rate Regime Choice and Consequences［R］. NBER Working Paper，2001.

Sergio and Luis，2000；Wolf ，2001）。[①]

各种政策实施的终极目标不外乎推动本国经济目标的实现，如促进经济稳定增长、稳定物价、有助于贸易发展以及吸引外资等。大量学者从促进各国经济发展目标实现的角度验证了汇率制度的选择，这方面研究主要集中考察经济增长及通胀率两方面。Gosh 等（1997）研究发现，钉住制国家通胀率低，其波动也较小。“钉住”通过“纪律效应”和“公信力效应”两个渠道减弱一国通货膨胀及其波动。他们还发现，名义汇率制度弹性与产出、就业波动负相关，即“钉住制”国家产出、就业波动较其他类型汇率制度国家小[②]。

Levy-Yeyati 和 Struzenegger（2000，2001）的研究结论与 Gosh 等（1997）以名义汇率制度为基础得出的研究结论不同。他们在自己设计的事实汇率制度分类基础上考察发现，实施固定汇率制度和实施浮动汇率制度国家间的通胀率差异不大，实施中间汇率制度国家的通胀率相对较高。原因可能在于固定汇率制度虽然有助于“公信力”的获取，但是可逆因果关系也可能存在，即高通胀国家及容易遭受实体经济冲击的国家往往放弃固定汇率制度或积极干预外汇市场，转而选择中间汇率制度。Calvo 和 Végh（1999）认为，意欲控制高通胀的国家可能选择使用汇率作为名义锚。实行钉住制的发展中国家在人均经济增长方面表现较差，不仅增长低，波动也大[③]。Obstfeld 和 Rogoff（1995）研究认为，工资黏性假定条件下，当生产遭受冲击时，实际工资因为钉住不能及时调整，产出也无法及时得到调整[④]。

---

① Kydland F. E. , Prescott E. C. Rules Rather Than Discretion: The Inconsistency of Optimal Plans [J]. Journal of Political Economy, 1977 (85): 473-490; Agenor P. , Masson P. Credibility Reputation and the Mexico Peso Crisis [J] . Journal of Money, Credit and Banking, 1999, 31 (1): 82-83; Frankel J. , Sergio Schmukler, Luis Serven. Verifiability and the Vanishing Intermediate Exchange Rate Regime [R]. NBER Working Paper, 2000, No. 7901.

② Jonathan David Ostry , Anne Marie Gulde , Atish R. Ghosh, Holger C. Wolf. Does the Nominal Exchange Rate Regime Matter? [R] . IMF Working Paper, Nov 1995, no. 95/121.

③ Calvo Guillermo A. , Carlos A. Végh. Inflation Stabilization and BOP Crises in Developing Countries [M] // J. B. Taylor, M. Woodford . Handbook of Macroeconomics, Volume 1C, Amsterdam, the Netherlands, North-Holland: 1531-1614.

④ Obstfeld Maurice, Kenneth Rogoff. Exchange Rate Dynamics Redux [J] . Journal of Political Economy, 1995, 103 (6): 624-660.

（4）从汇率制度本身特性出发的研究

不同的汇率制度下汇率波动方式及波动程度不尽相同，汇率与其他经济变量之间的联系各异。固定汇率制度下名义汇率固定，根据蒙代尔—弗莱明模型，一国经济只能通过价格、利率以及货币供应量的变动等货币政策来调节经济。而浮动汇率制度下，汇率可变，一国除了采用固定制度下的各项政策外，还可以通过汇率浮动来维护内外经济平衡，推动经济发展。另外，在不同类型汇率制度下，实现同样的经济目标，其成本是不同的。因此，选择合理的汇率制度不仅要考虑国家的具体特征，也要关注制度自身的特性。

20 世纪 90 年代以来，货币危机频发，并且常以汇率制度崩溃为表现形式，人们将目光转向汇率制度自身的稳定性。从汇率制度本身稳定性出发的理论有“汇率目标区”（Exchange Rate Target Zone）理论与早期的货币危机理论等。

针对钉住汇率制度容易引发不稳定投机的压力和市场不完全性，以 Williamson（1965，1985）和 Krugman（1989，1991）等为代表的学者提出了“汇率目标区”理论。为了克服缺乏透明度及无中心平价的管理浮动汇率制度的缺陷，Williamson 主张设定一个中心汇率，在其上下设置幅度较大（如上下各 10%）的汇率目标区，在目标区内允许汇率自由浮动，当汇率接近目标区边界时，政策当局再施加选择性干预①。Krugman 在此基础上建立了完整的汇率目标区模型。奥布斯菲尔德和罗格夫（Obstfeld and Rogoff，1995）认为，汇率目标区可以使央行减少和避免面临单方面博弈的风险，也可以防止汇率极端波动，但这一制度同样只能推迟而非避免所遭受的汇率冲击。在汇率波动至目标区边界时，同样的问题仍然会出现②。

目标区理论形成和发展的同时，威廉姆森（1965）也提出了爬行钉住汇率制度。威廉姆森认为，如果钉住调整趋于降低人们对该制度未来可持续性

① Williamson J. The Crawling Peg［Z］. Princeton Essays in International Finance，1965，No. 50.
Williamson J. The Exchange Rate System［DB/OL］. Washington：Institute for International Economics，1985.

② Obstfeld Maurice and Kenneth Rogoff. Exchange Rate Dynamics Redux［J］. Journal of Political Economy，1995，103（6）：624-660.

的信心，那么可调整钉住不可能一直可行，需要采用不易被投机攻击的汇率制度，即爬行钉住汇率制度[①]。此后，经济学者还以此为基础提出了爬行带汇率制度。多恩布什和帕克（Dornbusch and Park，1999）将爬行钉住、目标区与爬行带统称为 BBC（Basket，Band and Crawling）制度[②]。

威廉姆森（Williamson，2000）还对各种类型汇率制度的稳定性进行了比较研究。他比较了角点汇率制度和中间汇率制度后发现，若采用角点汇率制度，货币局和完全浮动也可以导致危机形成，进一步比较各种类型汇率制度，如参照汇率（Reference Rates）、监控汇率带（Monitoring Bands）和 BBC 制度等后得出结论：①参照汇率制度最不易受冲击，但可能汇率失调；②BBC 制度易受经济冲击，但政府干预可保持汇率在汇率带内；③监控汇率带，当局虽然没有义务捍卫汇率带，却内含一种力量防止汇率偏离均衡；④管理浮动有两大缺陷，一是缺乏透明度，二是没有预期中心汇率[③]。相较而言，威廉姆森主张实行监控带汇率制度。对各种汇率制度优缺点的分析加深了人们对各类型汇率制度尤其是各类型中间汇率制度的进一步认识。两极论、“中间汇率制度消失”论和区域货币合作等观点的产生都来自对不同类型汇率制度优缺点的比较。这些观点及相应的实证文献为汇率制度选择提供了重要的依据。

1.3.1.2　更有针对性的以及动态的汇率制度选择研究

早期的汇率制度选择研究主要针对市场体系完善的发达国家，其假定前提并不符合发展中国家的实际情况，因而无法解释这些国家出现的汇率新现象。为了能够更好地解释发展中国家面对危机时的汇率管理问题，学者更有针对性地关注发展中国家的汇率制度，并且开始关注汇率制度的进入、退出以及动态演变问题。

（1）汇率制度选择新论

20 世纪 90 年代中期以后，包括新兴市场国家在内的发展中国家危机频

---

① Williamson J. The Crawling Peg［Z］. Princeton Essays in International Finance，1965.

② Dornbusch R.，Park Y. C. Flexibility or nominal anchors?［M］// Exchange Rate Policies in Emerging Asian Countries［M］. Stefan Collignon，Jean Pisani-Ferry，Yung Chul Park（eds）. Routledge，New York，1999：347-368.

③ Williamson J. Exchange rate Regimes for Emerging Markets：Reviving the Intermediate Options［M］. Washington：Institute for International Economics，2000.

发，成为汇率制度研究的主要对象。学者对这类国家偏爱固定汇率制但又容易发生货币危机的现象进行了分析，形成了“浮动恐惧”论、汇率制度退出战略研究等内容。

“中间汇率制度消失”论产生于20世纪70年代。布雷顿森林体系解体后，浮动汇率制度得到普遍应用，国际金融市场一体化程度加深为汇率制度研究提供了新的前提条件。在Obstfeld和Rogoff等“两极论”的基础上，许多学者认为，开放经济条件下，一国要么选择固定汇率制度，要么实行完全浮动汇率制度。这些论断被称为“中间汇率制度消失”论，认为资本自由流动假定不变，“三元悖论”变为“二元抉择”；政府在实现汇率稳定和货币政策独立性中，只能选其一。政府要么选择汇率稳定放弃货币主权，要么保留货币政策主权放弃汇率稳定。最后，可持久存续的只能是自由浮动制或是具有强承诺机制的固定汇率制（如货币联盟和货币局制度）。介于两者之间的各类中间汇率制度（Intermediate Regimes），如“软”钉住汇率制、可调整钉住、爬行钉住、目标汇率制以及管理浮动汇率制都是不可持续的。

“中间汇率制度消失”论产生的原因有三个：第一，由于金融市场一体化是由国际和国内因素同时促成的，一国难以阻挡其发展（除非实行资本管制）（Summers，1999）①。因此，根据“三元悖论”，政府要么选择汇率稳定放弃货币主权，实施“硬”钉住汇率制，要么放弃汇率稳定而坚持货币政策的独立性，实施自由浮动汇率制度。第二，在汇率钉住情况下，汇率稳定会使银行和企业低估货币风险，持有过多未对冲的外币债务。当贬值发生时，本币收入不足以偿还这些债务，引致破产，并对经济带来破坏性影响。所以，在资本高度流动情况下，只有两种可行的汇率政策，一种是把汇率固定并锁住它，如阿根廷；另一种更常见的汇率政策是让其货币浮动，使银行和企业有动机去对冲外汇风险（Eichengreen et al.，1999）②。第三，采取钉住汇率制度的国家往往由于政治原因等，发现问题后很长时间才能实现汇率调整或者改

---

① Summers L. Testimony Before the Senate Foreign Relations Subcommittee on International Economic Policy and Export/Trade Promotion［C］. U. S. Senate, 106th 1th Session, Jan 27, 1999.

② Eichengreen Barry, Ricardo Hausmann. Exchange Rates and Financial Fragility［R］. NBER Working Paper, 1999, No. 7418.

变汇率制度类型。但因损失已经造成，调整代价过大。因此，转向硬钉住汇率制度并非唯一解决办法，政府可以尽早地改变汇率制度。

一些学者使用“可核验性”证明“中间汇率制度消失”论。他们认为具备公信力的汇率制度必须简单又透明，公众能立即检查政府所实施的制度就是所宣布的制度。“可核验性”指市场参加者能从所观察到的资料中或统计数据上推断出政府所宣布的汇率制度确实是实际上实行的制度[①]。只有具有公信力，才具有自我实施性，进而具有可维持性。完全钉住汇率制度或完全自由浮动汇率制度符合可核验性（Frankel，Schmukler and Serven，2000）[②]；Frankel，Fajnzylber，Schmukler and Serven，2000）[③]。

虽然“中间汇率制度消失”论的提出受到一时追捧，但是很快就受到质疑。很多学者发现，东亚等新兴市场国家汇率波动实际幅度偏小，存在高额的国际储备，呈现出“浮动恐惧”的特点。Calvo 和 Reinhart（2000）提出“浮动恐惧”论，指名义上实行弹性汇率制的国家，其货币汇率实际上维持在对某一货币（通常为美元）的一个狭小幅度内，反映出这类国家对大幅度汇率波动存在一种恐惧。“浮动恐惧”论的主要内容如下：

一是一些声称实行货币汇率自由浮动的国家，或按国际货币基金组织分类属于管理浮动制的国家，实际上其货币并未能真正浮动，而是实行一种不具公信力的钉住汇率制，实际的货币汇率变动率相当低。在经济体并未遭受实际或名义经济冲击条件下，其名义汇率仍然维持低波动性。实际上同美日等货币真正浮动的国家相比，这些国家遭受的经济冲击程度更大，也更频繁。“害怕浮动”现象普遍，甚至存在于一部分发达国家当中。

二是“浮动恐惧”国家的汇率的低波动性是政府有意为之，表现在这些国家外汇储备一般变动较大，其变动性远高于那些真正实行浮动汇率制度的国家。

---

① 苏应蓉．东亚地区钉住汇率制度与外向型经济发展［D］．武汉：华中科技大学，2006：112.

② Frankel J.，Sergio Schmukler，Luis Serven. Verifiability and the Vanishing Intermediate Exchange Rate Regime［R］. NBER Working Paper，2000，No. 7901.

③ Frankel J.，E. Fajnzylber，S. L. Schmukler，L. Serven. Verifying Exchange rate Regimes［J］. Journal of Development Economics，2001（66）：351-386.

三是“害怕浮动”国家中，实际和名义利率变动性也远远高于那些汇率真正浮动的国家。名义汇率和实际汇率变动性高的原因在于：①政府不仅在外汇市场干预，也利用利率干预；②政府可能存在长期公信力的问题。

当人们发现发展中国家及新兴市场国家普遍存在“浮动恐惧”现象时，很多人对此进行了解释，“原罪”论就是其中之一。Hausmann（1999）用“原罪”论来解释发展中国家无法真正放手让汇率自由浮动的现象。“原罪”指一国货币不仅不能用于国际借贷（外国银行或其他机构不能用该货币提供贷款），也不能在本国市场上用本币进行长期借贷①。本质是金融和经济制度发展不完善。“原罪”结果就是一国的国内投资出现货币错配（Currency Mismatch），或期限错配（Maturity Mismatch）的现象。由于市场发展不完善，缺乏风险对冲工具，国内企业无法进行长期借贷，货币可兑换条件下可能在国外市场借外币用于国内项目，导致货币错配。本币贬值将导致借款成本上升引发财务困境，甚至破产。如果借款时因为市场不完善等找不到合适的对冲工具，就会出现期限错配，利率上升可能使借款成本上升。较小的汇率或利率波动便会造成严重的后果。在预期机制等背景下，往往国际金融市场的贷款人未等货币贬值发生便事先逼债或抽逃资金，从而引发金融危机。

除“原罪”外，出现“浮动恐惧”还因为这些国家政府政策长期缺乏公信力。公信力不足使利率高且波动性大。国家主权评级低，较难获得国际贷款。与此同时，政府和企业对外债务均存在部分美元化现象。抵抗汇率浮动就成为共同目标。新兴市场国家中，货币贬值对国内物价传递效应要高出发达国家很多（Calvo Reinhart，2000），汇率波动传递快，汇率变动对贸易的影响比在发达国家中要大得多。当政策目标和政策信誉相冲突时，政府往往放弃汇率的浮动以追求政策信誉，实行事实上的钉住制。该论点认为“浮动恐惧”是发展中国家对自身经济特征的反映，其存在有一定的合理性②。

---

① Hausmann Ricardo，Michael Gavin，Carmen Pages-Serra，Ernesto Stein. Financial Turmoil and the Choice of Exchange Rate Regime［DB/OL］. Inter-American Development Bank，1999.

Eichengreen Barry，Ricardo Hausmann. Exchange Rates and Financial Fragility［R］. NBER Working Paper，1999，No. 7418.

② Calvo G. The Case for Hard Pegs in the Brave New World of Global Finance［R］. Mimeo，2000，University of Maryland.

（2）动态的汇率制度选择分析

在汇率制度选择的长期因素研究中，经济学家发现，不存在任何时候都适合一个国家的汇率制度①。不存在最优的汇率制度，人们应该根据经济条件的变动选择合适的汇率制度。20 世纪末，危机频仍使很多学者意识到，政府必须依据不断变化的经济环境，改变现行汇率制度，以推动经济增长。一国怎样退出现行汇率制度，转而采用一种更合适的汇率制度，成为当前国际汇率制度研究中的热门领域。

退出战略研究重点关注如何从钉住汇率制度中退出。首先要考察的是退出的动机。除了动机之外，退出战略还研究退出条件和怎么退，以及退出后的选择。根本上，一国应当基于成本收益考量选择退出钉住汇率制度。最佳做法是估计出钉住汇率的边际收益等于其边际成本的时间并在该时点上退出（Edwards，2000）②。Fisher（2001）则认为一国应当在本国货币处于“强势”，即存在升值压力时实行退出战略。还有许多学者认为，高通货膨胀的国家在实行钉住汇率制度后不久，便应改为采用较有弹性的制度（Dornbusch，1997；Goldstein，1998；Tornell and Velasco，1998）③。

国际货币基金组织 1998 年研究报告指出，一国应当在财政力量较强、政府公信力高的时候退出汇率名义锚，此时退出战略更容易成功。也就是说，在大规模资本内流情况下，退出较易成功，或者在试图退出前，政府应当改善财政和货币政策状况。如果退出后货币趋于升值，则意味着经济发展状况良好，当局的退出不会被认为是被迫之举，不会造成大幅度的货币贬值甚至危机。然而，大部分的退出钉住都发生在危机时期，所以有关政府应当制定一些政策以防止货币“过度贬值”，避免经济损失进一步扩大。

在退出具体战术上，面对不同条件应当采取不同的行动。如退出时外汇

---

① Frankel J. No Single Currency Regime is Right for All Countries or at All Times［M］. Princeton, NJ: International Economics Section, Princeton University, 1999, No. 215.

② Edwards S. Dollarisation: Myths and Realities［J］. Journal of Policy Modeling, 2001（23）: 249-266.

③ Goldstein Morris. The Asian Financial Crisis: Causes Cures and Systemic Implications［DB/OL］. Washington D. C.: Institute for International Economics, 1998.

Tornell A., Velasco. Fiscal Discipline and the Choice of a Nominal Anchor in Stabilization［J］. Journal of International Economics, Supplement, 1998, 46（1）.

市场平静和汇率趋于升值，可采取缓慢的步骤，逐步转向更有弹性的汇率制度。如是在压力或危机下被迫退出，政府应当迅速采取政策以防止“过度贬值”或者持续性“过度贬值”。譬如，采取一个加强货币和财政政策的计划，宣布执行一系列的经济改革，等等。新汇率制度建立后，政府应采取有关措施，确保公众对其政策目标有合理的预期，赢得公众对其汇率制度的公信力。一国应当从钉住汇率制转向何种制度应视具体情况而定。

汇率制度退出战略研究需具备一定的动态性，但焦点集中在一国内外经济条件的动态性。除此之外，汇率制度本身也是不断变迁的，一种汇率制度的建立并非以往经济学家分析的那样，可以瞬时实现，而是一个缓慢的、动态的过程。用博弈的语言来说，一种汇率制度的建立是一国内部各利益群体不断博弈的过程。新制度经济学的兴起为汇率制度的动态研究提供了新的思路，主要包括制度变迁的动因、过程，制度均衡与非均衡，以及制度变迁的特征等内容。从这一角度进行汇率制度选择研究的文献相对较少。吴倩（2007）从制度变迁的角度出发，分析了金融发展过程中人们对汇率制度的选择，认为汇率制度与金融发展水平及其他经济金融制度之间的适应性、协调性，即汇率制度变迁的配套性，决定了制度变迁的有效性及新制度的可持续性。在金融发展的初级阶段，即金融约束阶段，政府的合意汇率制度是钉住汇率制度；在金融发展的高级阶段，即金融自由化阶段，合意汇率制度是浮动汇率制度。如果政府急功近利，在金融约束阶段外汇市场及外汇产业尚未成熟时过快推行浮动汇率制，就会使汇率制度变迁缺乏系统性，或称为制度变迁不配套，结果是汇率制度对稳定经济所起的作用十分有限，浮动汇率平抑外部冲击的优势将小于可能带来的经济金融动荡，政府不得不重新选择钉住汇率制度以继续对外汇市场的管制。虽然利用了新制度经济学关于制度变迁的分析，但是该文主要从制度变迁的动因出发来分析汇率制度如何随着一国金融发展而不断变化。既有的研究大多将重点放在对制度内涵中正式规则的研究上，对“非正式规则”的注意非常少。或者只是将制度作为一个整体进行分析，没有细分、深化其中的组成部分，在某种程度上仍然停留在以前的研究思路当中。实际上，制度变迁包括正式规则变迁和非正式规则变迁两部分内容。“正式规则”变迁是从“正式规则边际”开始的，即从“非正式规则”变迁开始，同时以“非正式规则”变迁的完成而结束。本书在分析汇率制度选择时，将汇率制度作为一种经济制度进行挖掘，细分为正式规则和非正式规则两个组成部分，并重点考察非正式规则变迁对汇率制度变迁的意义。

1.3.2 东盟国家汇率制度研究文献综述

亚洲金融危机后，针对包括东盟五国在内的东亚国家汇率制度，产生了大量的研究文献。各学者观点有一个共同点，即危机后各国汇率制度与危机前不完全相同，主要表现为两点：一是各主要货币尤其是美元在各国货币价值决定中的权重不完全相等；二是危机后汇率波动的标准差的确比危机前增加。但各学者以此为基础得出的结论却差异甚大。

麦金农（2003）[①]、Mussa 等（2000）[②]、Akiyama 和 Kawai（2000）[③]、Fukuda（2006）等认为，危机后，东南亚各国事实汇率运行已经或是正向危机前的钉住美元制度回归。到 2002 年，东亚各国货币对美元日波动幅度非常微小，可以忽略不计；危机后各国的做法与危机前在统计上无法区分[④]。Fukuda（2006）分析了各国回归钉住美元制度的原因，认为各国的汇率政策，尤其是马来西亚钉住美元的汇率政策，以及相互间紧密的经济货币联系共同导致钉住美元制度的复归[⑤]。

以 Taimur Baig（2001）、Tony Cavoli 和 Ramkishen S. Rajan（2005），以及 Leonardez Hernάndez 和 Montiel（2001）为主的学者则持不同意见，他们认为，尽管与自由浮动货币相比，亚洲各国货币对美元汇率的波动性仍然比较小，

① 麦金农．东亚美元本位、浮动恐惧和原罪［J］．经济社会体制比较，2003（3）：3-20.

② Mussa M.，P. Masson，A. Swoboda，E. Jadresic，P. Mauro and A. Berg . Exchange Rate Regimes in an Increasingly Integrated World Economy［C］. Washington，DC：International Monetary Fund Occasional Paper No. 193，2000.

③ Masabiro Kawai，Shigeru Akiyama. Implicatings of the Currency Crisis for Exchange Rate Arrangements in Emerging East Asia［R］. World Bank Policy Research Working Paper 2502，2000.

④ Taimur Baig. Charactering Exchange Rate Regimes in Post-Crisis East Asia［R］. IMF Working Paper，2002，No. 152.

⑤ Shinichi Fukuda. Post-crisis Exchange Rate Regimes in ASEAN：A New Empirical Test Based on Intra-daily Data［Z］. CIRJE Discussion Paper CIRJE-F-441，Oct 2006.

但其波动性相对于危机前已大大增加，不能认为危机后的汇率制度和危机前是相同的。Hernandez 等（2001）[①] 研究表明，与危机前相比，危机后各国汇率开始了低频大幅度地波动。与危机前相比，各国汇率运行的灵活性尽管有所增加，但远未达到独立浮动的水平，类似于管理浮动。Kim（2004）[②] 则证明，有一些国家的灵活性已经达到独立浮动国家（澳大利亚[③]）水平（其研究所依据的数据期间与其他学者相比相对比较长），两极论[④]再一次得到支持。

经过分析发现，有关危机后东亚国家事实汇率制度的研究文献存在以下欠缺：第一，大多数文献研究的数据时期过短，许多学者在考察危机后汇率制度时，只取到 2000 年左右。麦金农（2003）和丁一兵（2005）将危机后时期分别限定为 1999 年 1 月至 2002 年 7 月和 1999 年 1 月至 2002 年 12 月。但本书研究对象——东盟五国，除新加坡外，均是危机的重灾区。对某些国家（如印度尼西亚）来说，危机的影响持续了相当长一段时间，数据期间过短不利于准确分析其汇率运行的实际特征，这也可能是各学者研究结论存在差异的主要原因之一。其他东盟国家尽管很快从危机中恢复，但制度的确立和巩固还需要更长的时间才能实现，如印度尼西亚、泰国，以及马来西亚先后在 2001 年和 2005 年改变了法定汇率制度。因此，延长危机后时期的考察时间，对汇率制度状况进行考察才能产生更准确的结论。

第二，结论具有开放性质。尽管各学者所持观点不完全相同，但主要可以归为两类：一类认为，各国汇率制度已经或正在回归危机前钉住美元制度；另一类则认为，危机后各国汇率波动的灵活性已经增加，不可能回归钉住美元的制度，而是会选择更加灵活的管理浮动或独立浮动汇率制度。这两种观

---

① Hernandez, Leonardo and Peter J. Montiel, Williams College. Post-Crisis Exchange Rate Policy in Five Asian Countries: Filling in the Hollow Middle? [C] // The High Level Seminar "Exchange Rate Regimes: Hard Peg or Free Floating", The IMF Institute, Washington DC, March 19-20, 2001.

② Soyoung Kim, Sunghyun H. Kim. Fear of Floating in East Asia [R]. Department of Economics Tufts University, Working Paper, 2004.

③ 作者以澳大利亚为基准国，因为澳大利亚是一个小型开放经济体，并且澳元并不经常被用作国际储备货币。

④ 汇率制度两极论者认为，在金融开放环境中，适合发展中国家的汇率制度只有自由浮动汇率制度和固定汇率制度。固定汇率制度包括美元化制度、货币局制度和货币联盟。两极论把其他介于两极之间的汇率制度安排归纳为中间汇率制度，这些中间汇率制度包括各种形式的钉住汇率制和管理浮动汇率制。

点本质上都只是对未来汇率制度类型的一种预测。

事实上，这两种观点并不矛盾。从高频数据出发，危机后的东亚国家确实呈现出钉住美元的特征，使用 Frankel 和 Wei（1994）的方法进行分析的结果显示，所有国家货币模型中代表美元权重的系数再一次接近于危机前的水平（接近于 1）。同时，使用 Wald 检验的结果也证明，在 5%的检验水平上，零假设（美元权重在危机前后是相同的）不能被任何一个国家拒绝，高频钉住以及各国大量外汇储备的积累意味着低频钉住终究会再次出现（麦金农，2003）①。而另一派的观点主要建立在低频数据分析基础上，认为危机后各国汇率的波动性相对危机前已经大大增加，两个时期的汇率制度存在差异，其检验方法基本类似于麦金农的检验。这一论点麦金农其实是认可的："在低频钉住，即每月或每季度钉住的基础上，各国货币对美元汇率与危机前相比都更具有漂移性。"（麦金农，2002）② 不同的是，这种论点进一步认为，汇率制度灵活性已经增加，未来回归钉住制度已不可能，而是会向更加灵活的浮动制度发展（Hernández and Montiel，2001）。综上所述，两派论点尤其是麦金农派的论点更带有预见性。而延长数据期间则是进一步求证的前提。

另外，现有东南亚汇率制度的研究并不全面。相关文献大部分将东亚国家或整个发展中国家作为分析对象。由于危机后经济恢复具有差异性等，以东南亚国家作为分析对象的研究没有完整地对东盟五国进行全面分析（Fukuda，2006）。另有一些学者甚至把韩国也纳入"东南亚国家"中作为研究对象。现有文献并没有完整地、有针对性地对东盟五国的汇率制度进行专门研究。因此，本书以东盟五个创始成员国新加坡、马来西亚、泰国、菲律宾和印度尼西亚为对象，分析其危机后事实汇率制度的演变与特征。

---

① 麦金农．东亚美元本位、浮动恐惧和原罪［J］．经济社会体制比较，2003（3）：3-20.

② Ronald Mckinnon. Optimum Currency Areas and the European Experience［J］. Economics of Transition, 2002, 10（2）: 343-364.

2 东盟五国汇率制度演变的过程及特征

在当今全球经济一体化趋势日益增强的背景下，汇率作为开放经济的核心变量，调整和影响着一国宏微观经济状况，也成为国民经济实现内外部均衡的重要变量。1994 年的墨西哥货币危机和 1997 年的亚洲金融危机，都直接体现在汇率水平的异动上，汇率水平的异动又往往与汇率政策紧密地联系在一起。汇率政策是一国货币政策的重要组成部分，汇率政策包括汇率制度的选择、汇率的控制以及汇率政策的协调。要深刻理解一国国内外经济是否均衡，须具体研究该国的汇率政策及其演变。

汇率制度是关于汇率水平决定、汇率波动幅度及波动方式、政府外汇干预等一系列规则的统称。在实际经济运行中，一国政府会对本国货币汇率变动进行相应规定，这些规定或者政策统称为汇率制度。从制度经济学角度来看，这种定义的汇率制度本质上是正式规则的组合，即正式制度，具有强制约束力。经济学者又称之为法定汇率制度。一般来说，报纸、新闻中以及日常生活中接触到的就是这种含义的汇率制度。不过，在学术界，汇率制度还有另一种含义——事实汇率制度，是指综合考虑一国各类经济指标后，由数据分析得出的汇率制度。这种汇率制度不能够完全由货币当局主观地决定，而是体现于经济运行当中，是各类货币金融政策以及一国国内外经济、政治乃至文化等条件相互作用的结果，具有内生性。

法定汇率制度和事实汇率制度的关系非常密切，首先，事实汇率制度是法定汇率制度在经济实践中的表现，法定汇率制度是决定一国事实汇率制度类型的主要因素之一。在某些条件下，譬如，金本位国际货币体系下，这两者是完全相同的。其次，事实汇率制度比法定汇率制度包含更多的内涵，更能说明一国经济运行的状态，对经济发展发挥实际调节作用。事实汇率制度不能完全由货币当局来制定，是政策和内外经济、政治、文化条件相互作用的结果，一般只能通过考察数据来揭示。要详细研究一国汇率制度的演变，不仅要研究分析其法定汇率制度的内容及其演变，更要深入分析其事实汇率制度的演变。

2.1 东盟五国法定汇率制度变迁

作为东盟五个创始成员国，新加坡、马来西亚、泰国、菲律宾、印度尼西亚的汇率制度随着整个世界经济制度的变化呈现出共性，同时还具有特殊性，对于研究新兴市场经济体汇率制度特征及其演变规律有重要的意义。

2.1.1 亚洲金融危机前东盟五国法定汇率制度及其变迁

东盟的五个创始成员国中，新加坡于 1967 年发行新加坡元，其货币历史相对较短。除此之外，马来西亚、泰国、菲律宾和印度尼西亚都具有悠久的货币历史，其制度变迁以整个世界经济货币史变迁为背景。由于历史原因，这些国家早期的汇率制度具有浓厚的殖民地色彩。

法定汇率制度，即国家颁布实施的有关汇率水平的确定、汇率波动方式等一系列正式规则的集合。分析一国法定汇率制度，主要考察该国政府有关本国汇率的规定。在第一次世界大战前的自发国际货币体系——金本位制时期，印度尼西亚、菲律宾、马来西亚实行金汇兑本位制，与英镑保持固定汇率，新加坡则尚未独立。20 世纪 20 年代，这些国家在主要国家实施金块本位制后仍然钉住其货币。1931—1940 年，国际货币体系处于管理浮动汇率时期，各主要国家转向纸币本位制，并竞相贬值。此时的东盟国家，除泰国外，菲律宾是美国殖民地，马来西亚是英国殖民地，印度尼西亚是荷兰殖民地。东盟主要国家附属于特定的货币集团，其货币分别钉住美元、英镑和法郎。

第二次世界大战后，布雷顿森林体系时期东盟各国通过钉住所属货币集团货币而钉住美元。马来西亚钉住英镑，菲律宾、印度尼西亚、泰国钉住美元。1965 年，新加坡从马来西亚联邦独立。1967 年 6 月 12 日以后，新加坡金融管理局行使中央银行除货币发行以外的其他职能，货币发行由新加坡货币委员会的常设机构——新加坡货币局（The Board of Commissioners of Currency，Singapore）

来行使。同年，新加坡政府发行了自己的新加坡元，并钉住英镑。11 月 18 日，英镑贬值，19 日新加坡宣布新加坡元含金量不变。同时，新加坡还维持着一项汇率控制政策，以严格限制资本流到它所属的“英镑区”之外的国家。在这一时期，英镑一直是新加坡政府的干预货币。

布雷顿森林体系崩溃后，国际货币体系进入了牙买加体系时代，其主要特征是浮动汇率制度占主导地位，且储备货币多元化。在 1971 年底、1973 年初美元出现两次大幅度贬值后，东盟主要国家货币兑美元出现了相应的升值。1973 年以来，东盟主要国家开始实施外向型经济发展模式，1980 年以后陆续放弃了单一货币钉住制，从长期的固定汇率制转向有管理的浮动汇率制①。

1972 年 6 月，英镑浮动后，马来西亚元不再钉住英镑，改与美元挂钩。1975 年 8 月，马来西亚政府正式将货币名称定为“林吉特”，同年 9 月宣布与美元脱钩，实行管理有效汇率，并改为钉住“一篮子货币”。林吉特的对外价值是以马来西亚主要贸易伙伴货币组成的“一篮子货币”的加权指数为基础来确定的。林吉特对美元、日元、新加坡元和英镑汇率在外贸供求等因素影响下自由波动，在吉隆坡形成以商业银行为主体的外汇市场，马来西亚中央银行通过信贷控制、短期贷款利率、法定准备金利率控制货币流量②。

泰国实行固定汇率制的时间最长，自第二次世界大战结束单方面钉住美元，直到 1978 年转为钉住“一篮子货币”，这一制度一直持续到亚洲金融危机爆发。自 1971 年起，随着美元停止自由兑换及贬值，泰铢也不断贬值。1973 年 2 月 12 日，美元再次贬值后，泰国政府于 1973 年 2 月 14 日宣布依然同美元官方汇率挂钩，即随美元贬值 10%。1973 年 4 月 10 日，政府公布泰铢含金量降为 0. 0354164 克，7 月 15 日再次宣布泰铢含金量升至 0. 0368311 克，官方汇率改为 1 美元等于 20 泰铢。1978 年 3 月 8 日，政府宣布泰铢同美元脱钩，改与“一篮子货币”挂钩；由外汇平准基金会宣布泰铢对美元的买入和卖出价，并对商业银行的外汇买卖价格加以限制。在新的钉住汇率制度下，泰国汇率由中央银行确定，以美元主导的“一篮子货币”为基础。

---

① 王学真，李平．东盟主要国家的汇率制度选择与汇率波动［J］．经济问题，2003（4）．

② 陈永山，陈亚温，黄建忠．亚洲“四小”汇率制度与外贸发展［M］．厦门：厦门大学出版社，1995：123.

自20世纪50年代后期开始，美国经济竞争力渐渐削弱，国际收支状况逐步恶化，全球性美元过剩情况出现，各国纷纷要求用美元向美国兑换黄金，美国黄金大量外流。1971年8月，美国被迫宣布放弃"35美元兑换一盎司黄金"的承诺，实行黄金与美元比价的自由浮动。

此后，菲律宾实行管理浮动汇率制度。从20世纪80年代至1997年3月31日，菲律宾则实施独立的浮动汇率制。其汇率管理机制在20世纪80年代特别是80年代后期的经济调整中向"减少政府干预，更多依靠市场调节"的方向发展。具体来讲，菲律宾比索的汇率由外汇市场供求决定。在必要时，菲律宾央行（BSP）直接参与外汇买卖，目的是维护市场秩序、减少过度的汇率波动，以保障通货膨胀目标的实现。BSP通过直接参与外汇买卖、调整外汇管理政策、改变政策利率水平等多种手段对汇率进行管理。银行与银行间、BSP与银行间的外汇交易主要通过菲律宾交易系统（Philippine Dealing System，PDS）进行，BSP鼓励银行在系统上进行自主的匿名双边报价，买卖价差通常为0.005比索。系统在每个交易日开始时会公布美元对比索的BSP参考汇率，该汇率是由前日所有交易价格加权平均得出的。商业银行可以代表客户或使用自有账户开展外汇的即期、远期和掉期交易。当银行使用自有账户进行外汇交易时，BSP设定了超买（卖）头寸的上限——不得超过银行资本的20%或5000万美元（取二者中较低值）。

1978年，印度尼西亚央行停止实施固定汇率制度，转向有控制的浮动汇率制度。印度尼西亚盾与美元和其他主要贸易伙伴国货币挂钩，通过发挥汇率灵活反应功能来保持盾币稳定①。政府开始利用汇率为国内经济目标服务，如为了应对20世纪80年代石油价格下跌导致的财政收入减少和国际收支困难，除了采取财政紧缩政策外，政府还通过汇率调整，即汇率贬值来调控经济。1983年3月30日，印度尼西亚盾兑美元的汇率由702.5：1变为970：1，贬值38.0%。1986年，印度尼西亚盾再次贬值44.9%。中央银行将汇率作为参与国际贸易竞争的有力工具和缓解国际收支压力的有效手段而使其充分发挥作用。

1971年12月18日美元贬值后，新加坡元含金量仍不变。1972年6月23

---

① 汤平山，马汝骏．发展中的印度尼西亚经济［M］．厦门：鹭江出版社，1995：172.

日，英镑浮动后，新加坡元不再钉住英镑，退出“英镑区”，钉住美元和黄金。随后，新加坡金融管理局决定以美元代替英镑作为干预货币，主要运用美元来参与外汇市场的调节和管理，以保证汇率的变动保持在目标区内。1973 年 2 月，美元贬值后，新加坡并没有马上执行浮动汇率制，当大量的美元涌入新加坡时，固定汇率制下的金融管理局不得不以“最低汇率”吸收过剩的美元，以维持汇率的稳定，承担引进他国通货膨胀、消化其他国家货币贬值的风险。在这一压力下，1973 年 6 月 20 日，新加坡转向管理浮动汇率制，这一制度一直持续到危机后。汇率水平根据主要贸易伙伴和竞争对手的货币篮子加权确定，这一过程并非公开进行。同时，新加坡金融管理局干预市场以使汇率保持在一个非公开的目标范围内，以实现低通胀率，保持强劲稳定的新加坡元为目标，形成了著名的 BBC 制度，即汇率参考货币篮子进行调节，在一定区间内波动，中心汇率可以爬行调整的汇率制度①。

亚洲金融危机前东盟五国法定汇率制度变迁见表 2. 1。

表 2. 1　亚洲金融危机前东盟五国法定汇率制度变迁

国家	起止时期		法定汇率制度类型
新加坡	“一战”前到 1929—1933 年资本主义世界经济危机		—
	1929—1933 年资本主义世界经济危机到“二战”前		—
	“二战”后到布雷顿森林体系崩溃前		1965 年至 1972 年 6 月　钉住英镑
	牙买加体系建立后亚洲金融危机前	1972 年 6 月至 1973 年 6 月	钉住美元和黄金
		1973 年 6 月至 1987 年 6 月	灵活钉住“一篮子货币”
		1987 年 6 月至危机前	管理浮动汇率制
马来西亚	“一战”前到 1929—1933 年资本主义世界经济危机		钉住英镑
	1929—1933 年资本主义世界经济危机到“二战”前		钉住英镑
	“二战”后到布雷顿森林体系崩溃前		通过钉住英镑钉住美元
	牙买加体系建立后亚洲金融危机前	1972 年 6 月至 1975 年 8 月	与美元挂钩
		1975 年 9 月至 1993 年 3 月	灵活钉住美元
		1993 年 4 月至危机前	“一篮子货币”的管理浮动汇率制

① 王仁言．中国与新加坡汇率制度比较分析［J］．国际贸易，2005（8）：41-42.

续表

国家	起止时期		法定汇率制度类型
泰国	“一战”前到1929—1933年资本主义世界经济危机		1902年2月由银本位制转向金本位制
	1929—1933年资本主义世界经济危机到“二战”前		钉住英镑
	“二战”后到布雷顿森林体系崩溃前		钉住美元
	牙买加国际货币体系建立后亚洲金融危机前	1977年1月至1978年2月	钉住美元
		1978年3月至1981年6月	灵活钉住“一篮子货币”
		1981年7月至1982年3月	管理浮动汇率制
		1982年4月至1984年10月	灵活钉住美元
		1984年1月至危机前	灵活钉住“一篮子货币”
印度尼西亚	“一战”前到1929—1933年资本主义世界经济危机		使用荷兰盾钉住英镑
	1929—1933年资本主义世界经济危机到“二战”前		使用荷兰盾
	“二战”后到布雷顿森林体系崩溃前		钉住美元
	1978年11月至危机前		有管理浮动汇率制
菲律宾	“一战”前到1929—1933年资本主义世界经济危机		钉住英镑
	1929—1933年资本主义世界经济危机到“二战”前		钉住美元
	“二战”后到布雷顿森林体系崩溃前		钉住美元
	牙买加体系建立后亚洲金融危机前	初期	管理浮动汇率制
		20世纪80年代至危机前	独立浮动汇率制

资料来源：根据文献资料整理。

2.1.2 亚洲金融危机后东盟五国法定汇率制度及其变迁

由上文可知，1997年亚洲金融危机爆发时，除泰国的钉住“一篮子货币”制度和菲律宾实行独立浮动汇率制度外，其他国家名义上都采取有管理的浮动汇率制度。危机爆发后，新加坡由于BBC汇率制度的灵活和良好的经济基础，得以继续保持危机前的管理浮动制度，菲律宾继续保持危机前单独浮动的汇率制度。其他三国的汇率制度都经历了变化。如表2.2所示，印度尼西亚在危机爆发后的1997年8月14日实行独立浮动汇率制度。马来西亚在1998年短暂地实施了独立浮动制度，随后于1998年9月转向钉住美元制度，到2005年7月转向管理浮动汇率制度。根据IMF数据，泰国汇率制度从危机爆发到2001年9月为独立浮动，之后才是管理浮动并持续保持到现在。与危机前相比，东盟五国官方汇率制度安排均朝着更为灵活的方向变化，至 2005 年 7 月，五个国家均已转向浮动汇率制度。

表 2.2　亚洲金融危机后东盟五国法定汇率制度变迁（1999 年 1 月起）

国家	法定汇率制度类型
印度尼西亚	管理浮动汇率制度（官方宣布为独立浮动汇率制度）
菲律宾	独立浮动汇率制度
泰国	1998 年至 2001 年 9 月独立浮动汇率制度；2001 年 9 月至今管理浮动汇率制度
马来西亚	1998 年 9 月至 2005 年 7 月传统单一钉住美元制度；2005 年 7 月至今管理浮动汇率制度
新加坡	管理浮动汇率制度

资料来源：根据文献资料整理。

1981 年以来，新加坡转向实行参照“一篮子货币”进行调节的有管理的浮动汇率制。新加坡汇率参照主要贸易伙伴和竞争者的货币进行管理，“一篮子货币”权重不对外公布；贸易加权的汇率可在一定区间内波动，汇率水平和爬行浮动每半年公布一次。新加坡定期对汇率区间进行评估和调整，使汇率能够爬行变动，防止出现对均衡汇率的较大偏离①。由于汇率参考“一篮子货币”进行调节，在一定区间内波动，中心汇率可以爬行调整。该制度又称 BBC 制度，它有诸多优点。新加坡汇率依据“一篮子货币”确定，保证了新加坡元名义有效汇率的稳定，并且使得新加坡元相对于日元、美元等硬通货的双边汇率比在钉住制度下有更小的波动性。汇率管理区间的设定使汇率政策既能够抵消外部冲击对本国货币的影响，又能为难以准确测定的新加坡元均衡汇率水平提供一定的缓冲区间。管理区间本身可以调整，又可以使汇率对经济基本面做出灵活的反应。新加坡金融管理局每 3 个月一次的区间评估并不完全依靠模型，而是注重中期经济发展目标，依据经济基本面、价值判断以及市场等做出综合评估。总之，BBC 制度在新加坡的实行使得新加坡元既能反映经济基本面的长期变化，又能应对短期的、临时性的内外冲击。

实践证明，BBC 制度适合新加坡经济运行特征。但每个国家都有其特殊

① 王仁言．中国与新加坡汇率制度比较分析［J］．国际贸易，2005（8）：41.

性，在一个国家运行良好的制度不一定适合另一国。BBC 制度能够在新加坡顺利实施并且发挥积极的作用，离不开以下条件：一是新加坡经济规模较小，这种条件下，BBC 制度不透明的汇率操作不会引起大的国际反应，同时有助于防范投机性经济冲击；二是完善的市场体系，尤其是发达的金融市场和外汇市场使得汇率作为价格机制能够灵活发挥作用，并且大大减轻对均衡汇率的偏离；三是良好的经济基本面、健康的财政状况和国际收支状况，一方面通过保持实际汇率的稳定，另一方面通过激发人们对新加坡经济发展和政府调控的信心而大大减轻新加坡政府调控经济的压力；四是“两头在外、大进大出”的经济模式也为减轻新加坡元汇率调控压力做出了贡献。新加坡出口产品的生产要素中进口成分很高，新币升值不至于使出口价格与汇率同步上升，因为国内生产成本随汇率上升而有所下降。进口用美元，出口也用美元，新币的增值不会对企业造成过大冲击。

值得关注的是，BBC 制度良好运行离不开良好的制度环境，包括稳健运行的货币财政制度、金融监管制度，以及公积金制度等。首先，新加坡政府财政充裕为政府干预外汇市场提供了财力支持。自 1951 年起，新加坡只有 1987 年有小额赤字，其余年份均为盈余，平均年财政盈余占财政收入的 1/4。这使新加坡政府干预外汇市场、保持新币币值稳定工作具备可操作性。其次，新加坡的中央公积金计划要求雇员和雇主每月必须按双方分摊的方式将雇员基本工资的 30%～40%上缴给中央公积金局，存于金融管理局。公积金上缴自然收缩了流动性，为金融管理局在新加坡元贬值时支持新加坡元提供了一个有效手段。同时，新加坡国民储蓄与国内生产总值比超过 10%，为其国际收支顺差和保持新币长期稳定坚挺奠定了基础。当银根过紧，新币被迫升值，不利于出口和长期投资，政府可以适量抛出新加坡元缓解汇率升值压力，调控流通中的新币和外汇资金。

新加坡的弹性工资制度也颇具特色。在新加坡，工资分为固定和可变两部分。1998 年亚洲金融危机后，政府两次扩大可变工资的比例。政府还会在经济困难时劝说员工减薪且一般会被接受，因为大多数民众都有一笔数额不小的公积金储蓄可以应对减薪或经济困难。相反，经济增势良好时，政府会调控工资以防止经济突然收缩。

总之，新加坡自 1981 年开始实行的参考“一篮子货币”的有管理的浮动汇率制度使新加坡元维持了名义有效汇率几十年来的基本稳定，有利于新加坡一直以来的低通胀和持续经济增长，为其经济发展做出了重要的贡献。

在亚洲金融危机中，菲律宾比索经历了大幅度的贬值，到 1998 年 1 月，其市场价值为危机前的一半，1 月末，比索才开始稳定。但菲律宾官方一直维持危机前独立浮动名义汇率制度，至今未变。该制度于 20 世纪 80 年代开始实施，当时菲律宾正处于进口替代向出口导向战略转变的阶段。为了促进出口，政府不仅继续实施《激励出口方案》和《投资鼓励法》，加大了对出口的刺激，而且根据这两个法案公布了相应的被鼓励的行业范围和投资优先计划。在经济制度方面，政府追求自由经济政策，由管理浮动汇率制度转向独立浮动汇率制度。在新制度下，汇率由市场上货币的供给和需求决定。BSP 参与外汇市场仅限于“熨平”汇率的剧烈波动，以维持一个有秩序的和稳定的市场。菲律宾央行公布了比索“一篮子货币”的构成。央行根据三个货币篮子计算的实际有效汇率来判断比索汇率是否适当。这三个货币篮子分别是：主要贸易伙伴货币构成的货币篮子，包括美元、日元、欧元和英镑；竞争关系国货币构成的广义货币篮子，包括新加坡元、韩元、新台币、马来西亚林吉特、泰铢、印度尼西亚卢比和港元；竞争关系国家货币构成的狭义货币篮子，包括马来西亚林吉特、泰铢和印度尼西亚卢比。

菲律宾官方宣布的独立浮动汇率制度伴随其经济发展至今。在这一制度下，菲律宾比索经历了 1997 年亚洲金融危机中的大幅贬值，兑美元汇率由危机前的 26.4∶1 降至 46.5∶1。2000—2004 年，比索维持平稳缓慢贬值态势，兑美元汇率由 50∶1 降至 56.27∶1，后逐步升值到 2006 年的 49.13∶1，汇率升值对菲律宾贸易造成一定的影响。加之国内政局不稳、政府政策失误及实施效果不佳、腐败严重等，其经济虽然在短期内得以复苏，但是增长效果相比其他东盟国家稍差，表现在日益恶化的财政和政府债务，以及日益严重的腐败问题上。2004 年，菲律宾政府债务占 GDP 的 73.4%，2005 年这一比例为 72.0%，其中利息支付占政府总支出的 1/3。另外，菲律宾国内腐败盛行，各级官员间关系错综复杂，对企业运营以及经济发展造成了伤害。不过，从数据上来看，菲律宾 2000 年后的债务负担逐步减轻，其外债与 GNI 之比逐步下降，已从 2002 年的 73.7%降至 2006 年的 57.3%。国际收支余额由赤字转向盈余，且盈余额逐步增大，到 2006 年国际收支盈余为 37.69 亿美元。总体经济增长也保持平稳，维持在 5%左右。

不同于新加坡和菲律宾，泰国、马来西亚和印度尼西亚在亚洲金融危机中受到严重打击，各国纷纷采取措施应对危机，其中就包括汇率制度的改变。

泰国的法定汇率制度伴随着 1997—1998 年亚洲金融危机的爆发和经济的恢复而转变。20 世纪八九十年代，世界经济正处于经济周期的扩张阶段。1985 年，西方五大国（美、日、联邦德国、英、法）财长、央行总裁会议后，日本、韩国等国家或地区货币被迫升值，导致这些国家或地区的中小企业大量外迁以寻求更加优惠的投资环境。泰国成为最先一批受惠国之一，借着有利的国际环境使经济得以迅速发展。为进一步鼓励外资进入，泰国政府加快了对外开放的步伐，分别于 1990 年和 1995 年实现经常项目和资本项目的完全开放。然而，急速增长的经济没有得到很好的调控，经济增长过度依赖外国市场，而以劳动密集型为主的产业结构更容易遭受国际经济冲击。此外，政府对大量引入的资本也没有进行良好的引导和管理。大量资本涌入泰国，其中包括数额巨大的短期资本和投机资本。这些资本以追求高额利润为目的，主要投向房地产和民间消费领域，而不是为经济长期增长服务，致使经济泡沫越来越大。1996 年，出现了各种衰退迹象，表现在 GDP 增长势头不再、逐步上升的通胀、日益扩大的国际赤字和外债，以及不合理的产业结构。到 1996 年，GDP 增长率已经从 80 年代末的 12.2%和 90 年代前半期的 8.0%左右降至 5.5%；通货膨胀率从 1987 年的 2.5%逐步上升并维持在 1996 年的 6.0%左右。商品出口增长率由大大高于进口增长率转变为低于后者，且差额逐步拉大。1996 年，这两个数据分别为-1.3%和 2.2%。国际收支经常项目余额为负，且赤字逐年增加，1996 年这一数据为-143.5 亿美元。外债累计总额也逐年增加，到 1996 年已经达到 908.2 亿美元，占 GDP 的 50.4%。

1996 年下半年，缺乏经济基本面支撑的泰铢呈现下跌趋势。1997 年 2—7 月，这一形势进一步恶化。泰国股市价格大幅下跌，出现资本外逃现象。为了维持币值稳定，泰国央行开始大量抛出美元，外汇储备短时间内剧减数百亿美元，但并未达到预期效果。1997 年 7 月 2 日，泰国政府被迫放弃钉住“一篮子货币”制度，转向独立浮动制度，泰铢当日贬值幅度高达16%。这既标志着1997年亚洲金融危机的爆发，也是泰国法定汇率制度转变的开始。泰铢在随后的一段时间持续大幅度贬值，到1998年1月12日，已经贬值56.6%。货币的这一态势对经济产生了不良影响。其制造业生产指数危机后持续负增长，1996年、1997年和1998年这一数据增长率分别为7.5%、-0.5%和-10.0%。商品出口贸易增长率这三年数据则分别为-1.3%、-3.8%和-6.8%。经济不景气导致失业率大幅上升，从1997年的1.9%增至1998年的4.0%。国内消费额和投资额增长率均大幅度下降，到1998年分别降至-14.0%和-40.7%。同样，政府财政状况和整个国际收支状况也持续恶化，1998年财政赤字和国际收支赤字占GDP比重分别增至27.8亿美元和2.1%。

1997年7月，泰国政府宣布开始实行独立浮动汇率制度，由市场决定汇率。IMF依据汇率波动及政府外汇管理状况将其分为两个阶段，1997年7月至2001年9月为实施独立浮动汇率制度阶段，2001年9月以后为实施管理浮动汇率制度阶段。第一阶段，泰国经济稍微好转后在1999年下半年再次遭遇了经济衰退。由于美欧日经济的衰退以及国际信息技术产品需求疲软等国际环境的恶化，泰国经济再次受到打击。加上危机之后，外汇储备几乎枯竭，政府无力干预外汇市场。从汇率走势来看，前一阶段，泰铢兑美元汇率的年度期末汇率分别是47.25、36.69、37.47、43.27和44.22。升贬值波动幅度较大，且无明显的汇率趋势，符合泰国经济遭受危机及初步复苏的状况。第二阶段，经济完全摆脱经济危机。泰铢兑美元汇率则呈现出波动中缓慢稳步上升的态势。泰国政府颁布的新汇率制度逐步得到实施。其内容主要包括取消钉住美元为主的钉住一篮子汇率制度，由市场供求决定汇率；泰国央行根据情况干预汇市以维护汇率基本稳定，并且定期公布参考汇率。新的汇率制度使泰铢汇率更好地反映外汇市场的供求状况，缓解国际收支不平衡，缩小泰国经常项目的巨额逆差；调节贸易商品价格和贸易量，促进生产效率的提高，并增加泰铢的稳定性和泰国金融市场的吸引力，为泰国经济的进一步发展奠定基础。在改革汇率制度的同时，顺应国际汇率制度发展的主流，克服了钉住汇率制本身所固有的脆弱性，是泰国为适应国际金融市场的变化和经济进一步开放而采取的一项卓有成效的措施。有管理的浮动汇率制度还可以增强泰国货币政策的自主性，有利于政府调低居高不下的存款利率，维持物价稳定，发挥对经济的推动作用。

新的汇率制度下，泰国经济自2002年起全面复苏。经济增长率在2002年至2005年平均为4.9%，位于东盟各国之首。外贸发展迅速，势头强劲。据《东盟统计年鉴（2006年）》统计，泰国2000年对外贸易进口、出口分别为619亿美元和687亿美元，对外贸易小幅顺差。2004年，泰国对外贸易总额超过1900亿美元，2005年则增至2283亿美元，比上年增长18.5%，高于东盟各国同期增长水平。

2000—2009年泰国的平均经济增长率为3.9%，虽然受次贷危机以及国内政治风波的影响，但是仍然保持平稳增长，到2010年经济增长率为7.81%。2011年，受水灾的严重冲击，国内消费明显下滑，出口连续走低，经济增长再次下降至0.05%。对外贸易依然是泰国经济增长的重要拉动力，但也受到水灾以及国际金融危机的影响，到2012年第一季度已经完全恢复。

当然，经济复苏不可能全部归功于汇率制度，政府采取积极的财政政策和宽松的货币政策也是推动经济复苏的重要力量。2001年，他信执政后提出“新思维、新方法”的口号，实施新战略，重塑泰国经济。财政政策方面，投入相当于GDP 1.3%的资金扩大内需，通过农村发展基金推行小额贷款以增加农民收入，延迟230万农民的还贷期限和扩大农村市场，增加高速公路、铁路等基础设施建设投资。货币政策方面，利用国有金融机构开展面向各级公务员的低息住宅贷款活动，降低利率，实施减税措施，向居民提供消费贷款和创业基金，等等。因此，考察一项制度是否有利于某国经济的增长，考察其所处的政策及制度环境也是非常必要的。

1997年亚洲金融危机，马来西亚也经历了股市大幅下跌，汇率短时间内迅速大幅度贬值。为了应对危机，1998年9月，在经历了过渡性质的制度安排后，马来西亚政府实行选择性资本管制，同时确立3.8林吉特兑1美元的钉住汇率制度。钉住美元制度虽然在初期遭到很多反对和指责，但是实践证明这一制度同样起到了促进经济复苏的作用。马来西亚危机后经济复苏在东盟各国中是最快的，2000年经济增长率已达8.2%。通货膨胀率则从1998年的5.2%降为2000年的1.5%，并在以后年份持续维持在2.0%以下。经常项目、资本项目以及国际收支保持盈余。

危机后的钉住制度持续良好运行，其原因有四：其一，马来西亚危机前经济状况良好，且因经济危机受到的经济损失较泰国、印度尼西亚轻。危机前，马来西亚国民储蓄率高达40%，且政府一直实施谨慎的财政政策，连年保持财政盈余。对外债务中的短期债务比例也大大低于其他东盟国家，1997年仅为27.8%。由于从20世纪80年代末已经开始加强金融监管，银行体系不良贷款比率也较低，危机前只有6%。马来西亚从1997年7月开始受到冲击，但由于外债规模和经常项目逆差较小，经济动荡主要表现为股市下跌和汇率水平的大幅下挫，避免了外债对经济的进一步拖累。其二，危机后，资本管制是马来西亚钉住制度运行的重要保障。资本管制隔离了国内外金融市场，增强了货币政策的独立性，使政府旨在推动经济复苏的各项政策能够得到切实的实施。其三，钉住制度要良好维持和运行，必要条件之一是政府具有较高的公信力。马哈蒂尔领导的政府以强势政府的形象示人，对政策的把握准确，且政策转变果断。基于安瓦尔政府紧缩性政策的失败，马哈蒂尔政府拒绝向IMF求援，采取下调准备金率、恢复呆账期限、增大财政支出等扩张性经济政策。其政策可信度高，市场对政策实施的信心形成了稳定的预期，并且这种预期随着时间的推移不断自我强化，为钉住制度的维持及经济增长提供了良好的基础。其四，最主要的是，钉住汇率制度基本符合马来西亚的经济状况。危机前后，美国始终是马来西亚最大的出口国，对美国出口占其制成品出口的24.3%，且两国贸易占对外贸易总额的18.7%。另外，马来西亚与其他贸易伙伴如东盟其他国家的贸易均以美元为结算货币。因此，选择钉住美元适合当时马来西亚的经济状况。加之，美元在国际货币体系中的地位和相对稳定的内在价值，有利于钉住制度下马来西亚经济的复苏。

亚洲金融危机后在其他国家纷纷转向浮动制度的情况下，马来西亚根据自身条件选择了钉住美元的汇率制度。上述分析表明，钉住美元的汇率制度基本适合当时的国情，推动了危机后马来西亚经济的复苏和增长。然而，随着时间的推移，改变这一制度的呼声越来越高。到2004年底，马来西亚外汇储备已达2535亿林吉特（约合667亿美元），相当于8.2个月的净进口额，为短期外债的6.1倍，比2003年增长了48.6%，这一增长率在东亚地区排名第二，仅次于中国的51.3%。激增的外汇储备，使马来西亚货币面临前所未有的升值压力。为使汇率改革平稳转轨，马来西亚国家银行于2007年初做了许多先期准备工作，开展了一系列风险管理的基础工作，包括允许居民和非居民与有资质的在岸银行签订套期保值协议、改革海外投资制度、允许居民开设境内外外币账户而无须中央银行批准等。2005年7月，马来西亚由钉住美元制度转向管理浮动汇率制度。新汇率体系下，林吉特汇率取决于潜在的经济基本面因素。央行对林吉特兑“一篮子货币”的汇率进行监视，同时考虑本国主要贸易伙伴的相对重要性、外债结构支付类型，以及区域货币的相对运行。保持汇率稳定，并使之反映马来西亚经济基本面仍然是货币政策的一个重要目标。汇率制度转变之后，林吉特兑美元汇率开始持续上升，从2005年底的3.78∶1上升到2011年的3.06∶1。但汇率上升过程是缓慢而平稳的，释放了经济发展的压力，且没有对经济增长造成损害。马来西亚从2005年起经济持续稳定增长，2005—2011年经济增长率分别为5.33%、5.85%、6.48%、4.83%、-1.51%、7.15%和5.08%。其中，2009年经济增长为1997—1998年金融危机以来最慢，受三大出口市场（欧盟、日本和美国）经济衰退的影响，马来西亚出口大受影响，从而导致该年度经济增长严重萎缩，为-1.51%。2010年，马来西亚经济在国内经济，主要是消费的推动下迅速复苏，增速高达7.15%。经济稳步增长的同时，马来西亚的物价也保持稳定，尤其是2009年以来，通胀率维持在3.5%以下。

印度尼西亚虽然不是首先爆发金融危机的国家，却是遭受经济损失最大的国家。1997—1998年亚洲金融危机前的20年内印度尼西亚的平均经济增长率保持在7%，人均收入达到了1000美元以上。但亚洲金融危机爆发后，印度尼西亚经济出现严重衰退，大批银行倒闭，人均收入降至400美元左右。在其他国家货币均出现稳定迹象的时候，印度尼西亚卢比兑美元汇率却持续大幅度下跌。1997年12月，印度尼西亚卢比兑美元汇率比1997年年中低了一半多。与其他国家相比，印度尼西亚的通货膨胀率不仅突破了10.0%，而且快速上升，1998年2月达到30.7%。卢比在危机发生后的1997年8月被迫独立浮动，直到2001年9月才恢复原来的管理浮动制度。但根据印度尼西亚央行官方网站文件，印度尼西亚从1997年8月14日开始实行独立浮动汇率制度。新汇率制度下，卢比汇率取决于市场动态，是对市场供给需求力量的反映。但为了保持汇率稳定，尤其是当汇率异常波动时，央行在外汇市场进行冲销干预。危机后相当一段时期，汇率波幅较大，反映了印度尼西亚内部发展问题深重。1999 年底，印度尼西亚经济才开始缓慢复苏，到 2004 年连续四年增长，已经完全摆脱经济危机的阴影。通货膨胀率到 2000 年降至 2. 7%。从 2007 年起，印度尼西亚进入一个强劲的增长时期，当年经济增长率为 6. 3%，高于过去 5. 5%的平均增长速度。2007—2011 年经济增长率分别为 6. 35%、6. 01%、4. 63%、6. 2%和 6. 46%，经济增长受次贷危机的影响在东盟五国当中最慢，2011 年经济增长在东盟五国中居首位。其中，私人消费成为出口之外另一大推动力，2007 年私人消费增长了 5%，对 GDP 增长贡献最大，占比约 60%。2011 年，私人消费对 GDP 贡献率约为 65%。对外贸易增长显著，2007—2011 年进、出口增长率分别为 14. 0%、18. 3%、-14. 3%、32. 1%、27. 5%和 15. 4%、36. 9%、-24. 0%、43. 7%、30. 3%①。政府债务下降 70. 0%，比 85. 0%的发达经济体债务水平都要低，通货膨胀也基本维持在 5. 0%左右，堪称东盟国家经济最稳定的国家之一。

2. 1. 3 评述

从法定汇率制度的演变来看，东盟五国汇率制度灵活性逐步增加。表现有三：一是汇率值的确定由单一钉住美元转向钉住与本国贸易经济联系紧密的国家货币组成的篮子货币；二是政府的干预方式由固定汇率制度时期随时准备入市干预以防市场汇率偏离钉住水平，发展到央行“参与外汇市场仅限于熨平汇率的剧烈波动，以维持一个稳定的和有秩序的市场”；三是汇率波幅逐步增加（见表 2. 3 和表 2. 4）。印度尼西亚卢比兑美元名义汇率波动由危机前的 0. 24 增加到危机后的 6. 09，菲律宾比索则基本维持不变，新加坡由 0. 91 增至 1. 11，泰国由 0. 50 增至 2. 11，马来西亚则由危机前的 1. 25 增至 1. 36（见表 2. 4）。总之，各国法定汇率浮动方式由传统钉住转向管理浮动或独立

---

① ADB, Fact sheet for Indonesia [EB/OL]. http://www.adb.org/sites/default/files/pub/2012/INO.pdf, 2012. 12.

浮动方式。其中，菲律宾和印度尼西亚的法定汇率制度灵活度最大，官方均宣布实施独立浮动汇率制度。其中，菲律宾危机爆发前后始终保持实行独立浮动汇率制度不变，印度尼西亚则在危机后转向实施独立浮动汇率制度。

表 2.3　东盟五国与基准国金融危机前后汇率波动情况

汇率波动	对美元名义汇率		对日元名义汇率		实际汇率		货币市场利率		净外国资产	
	危机前	危机后	危机前	危机后	危机前	危机后	危机前	危机后	危机前	危机后
印度尼西亚	0.24	6.09	2.87	6.42	1.57	4.88	1.97	2.67	23.74	14.31
菲律宾	2.24	2.17	3.82	3.11	2.33	2.05	5.68	0.60	11.83	7.23
新加坡	0.91	1.11	1.95	1.65	0.65	0.82	0.50	0.23	—	2.63
泰国	0.50	2.11	2.57	3.01	1.08	1.37	2.26	0.25	10.61	5.79
马来西亚	1.25	—	2.80	2.45	1.58	1.46	0.41	0.06	23.62	30.28
平均	1.03	—	2.80	3.33	1.44	2.12	2.16	0.76	—	12.05
澳大利亚	2.06	3.25	3.67	3.63	2.10	2.08	0.32	0.15	5.79	9.13
新西兰	1.57	3.55	3.20	2.94	1.43	2.15	0.71	0.16	43.43	22.63
加拿大	1.22	1.91	2.85	4.09	1.25	1.39	0.56	0.21	6.02	5.05
美国	—	—	2.87	2.45	1.64	1.78	0.18	0.21	1.25	0.38
英国	3.25	2.29	3.87	2.86	1.76	1.22	0.64	0.82	10.77	3.46
平均	2.03	2.75	3.29	3.19	1.64	1.73	0.48	0.31	13.45	8.13

注：危机前时期为 1990 年 1 月至 1997 年 3 月；危机后时期为 1999 年 6 月至 2004 年 6 月。

资料来源：Shin-ichi Fukuda. 金融危机后亚洲国家的汇率制度是否更加浮动——经验证据搜集［Z］. CIRJE 讨论稿，2006-10。

表 2.4　马来西亚汇率改革前后东盟五国与基准国汇率波动情况

汇率波动	对美元名义汇率		对日元名义汇率		实际汇率		货币市场利率		官方储备	
	2004.7—2005.6	2005.7—2009.12	2004.7—2005.6	2005.7—2009.12	2004.7—2005.6	2005.7—2009.12	2004.7—2005.6	2005.7—2009.12	2004.7—2005.6	2005.7—2009.12
印度尼西亚	2.14	3.5	1.90	4.78	2.08	3.09	2.95	1.1	1.92	4.07
菲律宾	0.76	1.86	1.67	3.47	0.93	1.79	0.08	0.29	2.14	2.30
新加坡	0.84	1.34	0.79	1.58	0.52	0.89	0.14	0.26	1.84	1.88
泰国	1.63	1.88	2.13	4.62	0.97	1.20	0.08	0.23	2.12	2.45
马来西亚	—	1.36	1.50	2.83	0.93	0.96	0.007	0.13	2.14	3.39

续表

汇率波动	对美元名义汇率		对日元名义汇率		实际汇率		货币市场利率		官方储备	
	2004.7—2005.6	2005.7—2009.12	2004.7—2005.6	2005.7—2009.12	2004.7—2005.6	2005.7—2009.12	2004.7—2005.6	2005.7—2009.12	2004.7—2005.6	2005.7—2009.12
平均	1.34	1.99	1.6	3.46	1.09	1.59	0.65	0.4	2.08	2.82
澳大利亚	2.15	4.09	1.89	5.89	1.78	2.94	0.07	0.27	7.37	9.08
新西兰	1.77	3.78	1.68	4.94	0.93	2.61	0.09	0.31	10.37	7.34
加拿大	2.02	2.68	1.70	4.74	2.07	2.16	0.1	0.23	2.47	3.81
美国	—	—	1.68	4.95	1.21	1.46	0.06	0.24	0.004	0.05
英国	1.97	2.79	1.83	4.58	1.09	1.91	0.06	0.38	2.56	4.66
平均	1.98	3.34	1.76	5.02	1.42	2.52	0.76	0.29	4.55	4.99

资料来源：根据 Fukuda（2003）数据测算。

2.2 东盟五国事实汇率制度演变

事实汇率制度本质上是指实际经济运行中，汇率等经济金融指标表现出的特征。本节以 1997—1998 年亚洲金融危机为界考察了东盟五国的事实汇率制度。

2.2.1 亚洲金融危机前的东盟五国事实汇率制度

“软”钉住美元和“浮动恐惧”较好地总结了亚洲金融危机前东盟五国汇率制度实际运行的特征。

2.2.1.1 危机前东盟五国事实汇率制度特征之一：钉住美元

1944 年签订的布雷顿森林国际货币体系的《国际货币基金协定》规定，美元与黄金挂钩，各国货币与美元挂钩，各国货币对美元的汇率，只能在法定汇率上下各 1%的幅度内波动。各国政府有义务在其货币对美元汇率波动超过法定汇率上下 1%时，入市干预，以维持汇率稳定。如其货币对美元法定汇率波动超过 10%，必须得到国际货币基金组织的批准。1%的即期汇率变动幅度在 1971 年 12 月扩大至 2.25%，且“平价”的计算基准由黄金改为特别提款权。布雷顿森林体系下的这种汇率制度即“可调整的钉住汇率制度”。

布雷顿森林体系瓦解后，东盟五国汇率制度官方安排已经逐步地走向灵活。根据国际货币基金组织资料，至1997年3月31日，马来西亚、泰国、印度尼西亚和新加坡分别实施钉住“一篮子货币”的管理浮动制度、灵活钉住篮子货币制度、有管理的浮动汇率制和管理浮动汇率制度；菲律宾则实行独立浮动汇率制度。各国法定汇率制度均已摆脱单一钉住美元的固定汇率制度。然而，事实是，直到1997—1998年亚洲金融危机前，各国实际汇率波动非常小，呈现出“事实上钉住美元”的特征。由于波动幅度之小与布雷顿森林体系的规定相当，人们将这一时期的事实汇率制度描述为“钉住美元”或“传统钉住”。

表2.5　东盟五国与日、德、英货币兑美元名义汇率平均变动率

（美元/本币，百分比）单位：%

国家	1976—1981年	1982—1984年	1985—1989年	1990—1994年	1995—1996年	1997年
印度尼西亚	-6.10	-14.70	-9.00	-3.90	-4.00	-51.40
马来西亚	2.40	-2.40	-2.10	1.10	0.70	-32.90
菲律宾	-1.40	-25.00	-2.20	-0.70	-4.10	-29.00
泰国	-1.90	-5.00	1.00	0.50	-0.90	-43.20
新加坡		1.73	1.66	2.19	0.99	5.20
日本	6.80	-3.00	12.70	-3.10	-6.10	-12.10
德国	3.00	-10.00	13.10	2.40	1.00	-12.70
英国	-0.20	-14.60	7.10	0.20	3.40	-0.20

注：新加坡数据为汇率变化绝对百分比。

资料来源：IMF. 国际金融统计［Z］. 1998.

表2.5给出了1976年到1997年亚洲金融危机前各国汇率分时期波动率。马来西亚林吉特和新加坡元兑美元名义汇率在1997年前五个时期的变化除了林吉特兑美元汇率在第一个时段波动略高出0.15个百分点外，均小于2.25%（新加坡元兑美元汇率数据从1982年起）。20世纪80年代初，石油危机引发整个资本主义世界经济危机，作为初级产品出口国的菲律宾和泰国深受影响，货币汇率波动性大幅增加。除1982—1984年外，泰国和菲律宾与新加坡、马来西亚相似，其他时间段的泰铢和比索兑美元名义汇率平均变化百分比均小于2.25%。无论是美元相对于日元、马克以及英镑在1985—1995年的持续贬

值，还是1995—1996年的升值，东南亚国家货币对美元都保持了相对稳定的态势，随着美元升值而升值、贬值而贬值。

新加坡、马来西亚、泰国和菲律宾的汇率波动状况与日本、德国以及英国这些真正实施浮动汇率制度国家的货币兑美元汇率在各时期的变化百分比相比较，更能说明“软”钉住美元的事实。之所以用这三国货币作为参照货币，是因为这三国实施浮动汇率制度由来已久，且市场体系相对完善，是世界上公认的货币独立浮动的国家。日元兑美元汇率在所考察的1997年之前五个时间段汇率波动性不仅远高于传统钉住的2.25%的标准，而且远高于市场体系相对不完善的东盟五国货币汇率。而英镑兑美元和德国马克兑美元汇率在大多数时间段的波动性都高于传统钉住规定的标准，在某些时期的波动程度甚至高于以高波动著称的日元汇率。

印度尼西亚卢比兑美元汇率波动性则远高于其他四个国家，不仅在五个时期的平均波动率均大大高于2.25%，且五个时期平均波动率高达7.54%。其汇率波动性高于可调整钉住制度的标准。在1997年，由于亚洲金融危机给各国造成严重冲击，各国货币兑美元汇率波动性大幅度上升，新加坡、马来西亚、泰国、菲律宾和印度尼西亚货币兑美元名义汇率该年度平均波动率分别为5.2%、-32.9%、-43.2%、-29.0%和-51.4%。

汇率变化百分比虽然能够给出汇率变化的初步信息，但是不够准确。我们可以通过考察汇率变化的标准差来进一步分析东盟五国货币汇率的波动性。表2.6给出了危机前时期（1995年8月至1997年5月）各国货币及参照货币兑美元汇率波动的标准差。可以看到，与日元、德国马克相比，东盟五国货币兑美元汇率月波动百分比及标准差都相当小，并且小于智利和墨西哥货币的美元汇率波动性。

表2.6 东盟五国货币与参照货币兑美元名义汇率月波动分析（1995年8月至1997年5月）

	变动百分比	标准差
美元/马克	0.083	0.024
美元/日元	0.147	0.030
智利	0.05	0.012

续表

	变动百分比	标准差
墨西哥	0.068	0.019
印度尼西亚	0.033	0.007
马来西亚	0.027	0.007
菲律宾	0.012	0.003
泰国	0.016	0.004
新加坡	0.005	0.011

资料来源：根据 Hernandez、Leonardo 和 Peter J. Montiel（2001）整理。

由上述分析可以得出，危机前时期，东盟五国货币兑美元汇率波动程度相当小，不仅小于真正浮动的日元、德国马克等货币波动性，而且小于智利、墨西哥这些国家货币的波动性。最主要的是其波动程度小于布雷顿森林体系规定的标准，仍然与传统钉住汇率制度规定的波动性相当。

除了考察高频、低频汇率波动的变动率和波动标准差外，我们进一步借鉴 Frankel 和 Wei（1994）的回归分析法，考察各国货币波动中美元、日元等的重要性。表 2.7 表明，从新加坡元的 0.75 到印度尼西亚卢比的 0.95，无论采用周数据，还是月度数据，在各国货币兑美元汇率自然对数差分为因变量的模型中，美元回归系数显著并且接近于 1。同时，模型修正系数接近于 1，表明东盟货币对瑞士法郎的汇率波动几乎完全可以用美元对瑞士法郎的波动来解释。虽然日元的估计系数在林吉特、比索、泰铢模型中统计上是显著的，但是其值均未超过 0.1，因此日元在这些国家篮子中比例与作用是非常有限的。只是对新加坡元和卢比来讲，日元的影响要高一些，估计系数分别为 0.13 和 0.16。

表 2.7 危机前东盟五国货币汇率中美元、日元的权重

货币	Frankel 和 Wei（1994）		Kwan（1995）			
	周数据		月度数据		周数据	
	1979 年至 1992 年 5 月		1991 年至 1995 年 5 月		1995 年 1—8 月	
	美元	日元	美元	日元	美元	日元
新加坡元	0.75	0.13	0.69	0.10	0.74	0.18
林吉特	0.78	0.07	0.84	0.04	0.87	0.16
卢比	0.95	0.16	0.99	0	0.97	0.01
比索	1.07	-0.01	1.15	-0.24	1.07	0.02
泰铢	0.91	0.05	0.82	0.10	0.86	0.09

资料来源：Shin-ichi Fukuda. Post-crisis Exchange Rate Regimes in East Asia［C］. University of Tokyo, Discussion Paper Nov2002.

总之，各国法定汇率制度在危机前尽管已经由钉住美元的传统固定制度转向更加灵活的汇率制度，但事实上，东盟五国货币兑美元汇率波动幅度仍然比较小，除个别年份外，基本上与布雷顿森林体系规定的传统钉住制度相当。同时，美元在五个国家汇率波动影响因素中处于绝对主导地位，尤其对卢比、比索和泰铢的影响非常大。因此可以说，“钉住美元”是亚洲金融危机前东盟五国事实汇率制度的典型特征。

2.2.1.2 危机前东盟五国事实汇率制度特征之二：“浮动恐惧”

根据定义，汇率制度是指一国政府关于汇率确定、维持、调整和管理的一整套习惯和规则。因此，汇率制度不仅要对汇率水平值的确定进行规定，还意味着对汇率运行的调整和管理，即进行外汇干预。一国央行对本国汇率运行进行管理的方式主要有公开市场操作、改变准备金率等，因而外汇储备、利率波动性等指标也成为反映一国外汇干预程度的重要指标。要全面考察一国汇率制度，除了要关注汇率本身的水平及波动性外，还要关注利率、外汇储备等指标的运行。“钉住美元”从汇率角度描述了东盟各国危机前的汇率制度状态，但这一分析并不全面。吉尔姆·卡尔沃和卡门·莱因哈特（2002）不仅考察了各国汇率变动情形，还分析了外汇储备和利率的运行状况，提出了“浮动恐惧”。这一概念更为全面地概括了 20 世纪 80 年代到 1997 年亚洲金融危机前一段时期东盟五国的汇率制度状态。

“浮动恐惧”是指那些“事实上对外汇市场进行干预的法定浮动制度国家”汇率制度呈现出的状态，这实际上是对事实汇率制度状态的一种表述。Levy-Yeyati 和 Sturzenegger（2002）进一步对该概念进行解释，提出了“钉住恐惧”，即实际上钉住，却宣布法定汇率制度为其他类型，即不愿承认钉住制度的事实。这两个概念在汇率制度运行状态上都表现为法定汇率制度为浮动类型，而事实汇率制度为钉住，但角度不尽相同，“浮动恐惧”指“害怕浮动”，而钉住恐惧是指不敢承认钉住。这两个概念共同描述了一些国家存在的“害怕浮动又不敢承认钉住”的状态。本书的“浮动恐惧”，是指“害怕浮动又不敢承认钉住”这样一种汇率运行的实际状态。

“浮动恐惧”不仅在发展中国家广泛存在，在某些发达国家也普遍存在。第一，对法定制度为独立浮动的国家汇率行为和参照国家汇率行为进行统计整体均值检验后，检验结果表明，被考察对象国家的汇率行为与基准国家是不同的。第二，计算按照 IMF 归类被归为管理浮动汇率制度、独立浮动汇率制度、有限灵活汇率制度和固定制度类型的国家汇率波动与国际储备波动落入±2.5%区间的平均概率，并将其与基准国家进行比较。分析结果表明，各种汇率制度下，货币的汇率是相当稳定的，其月度汇率变化窄幅波动的概率平均为79.0%、88.0%、92.0%和95.0%，远远大于美国、日本和澳大利亚的58.7%、61.2%和70.3%。储备变动则相反。独立浮动汇率制度国家国际储备变动最大，有限灵活汇率制度国家的储备变动最小，同样地，独立浮动汇率制度国家的利率波动最大，有限灵活汇率制度国家的利率波动最小。第三，考察巴西、秘鲁、智利和墨西哥等有代表性的新兴市场经济体的货币汇率，将其汇率运行特征和基准国家进行比较，可以发现这些国家的汇率相当稳定，国际储备和利率则存在非常高的变动性。第四，将四种制度类型下的汇率行为任意两种作为一组，并进行统计整体均值检验。结果发现，对于零假设——每对主体存在明显差异，其概率值分别是 0、0.04、0.32 和 0.44。这说明，各种类型汇率制度下，汇率运行很难区分，差异不大。因此，“浮动恐惧”广泛存在。总之，宣称实行浮动汇率制度的国家（包括独立浮动和管理浮动），其汇率运行和基准国家存在明显差异；而法定汇率制度为有限灵活和固定制度的国家，其汇率运行和浮动汇率制度国家汇率波动却很难区分；并且，不论是哪种汇率制度类型，各国的汇率波动和利率变动都远远大于基准国家。因此，“浮动恐惧”广泛存在。

危机前，“浮动恐惧”在东盟五国是真实存在的。如表 2.8 所示，首先选取美国、日本和澳大利亚作为参照国（其中美元汇率波动采用美元兑德国马克汇率，日元汇率采用日元兑美元汇率）。计算包括参照国在内的各国货币月度汇率波动和月储备波动落在某一狭窄区域（±2.5%）内的概率，以及月利率变动大于等于 400 个基点的概率，并将每一考察对象国不同法定汇率制度时期的数据与基准国家概率值进行比较。可以发现，东盟五国危机前月汇率波动落在±2.5%这一狭窄区域的概率大大高于浮动汇率制度国家，危机前泰国、新加坡、马来西亚、印度尼西亚和菲律宾的这一数据分别是 98.5%、88.9%、81.2%、99.1% 和 74.9%，远远高于美国、日本和澳大利亚的 58.7%、61.2%和 70.3%。不仅汇率运行具有相对高的稳定性，各国外汇储备月波动性也高于各参照国。马来西亚、泰国、印度尼西亚和菲律宾储备波动落在狭窄范围的概率分别为 55.7%、50.2%、41.5%和 26.1%，要小于参照国的这一数据。表 2.8 中概率值越小意味着储备波动性越高，高的储备波动性意味着政府可能通过外汇干预稳定汇率。因此，外汇储备波动性越高，政府越有可能通过外汇干预来稳定汇率。

在四个浮动汇率制度国家中，菲律宾汇率波动幅度最大，其外汇储备变动也是最大的。印度尼西亚的汇率最稳定，其国际储备波动也非常高，仅次于菲律宾，位于第二，而且利率波动在四个国家中是最大的。这表明，相对来说，菲律宾通过外汇干预来稳定汇率的可能性较高，而印度尼西亚通过改变利率来稳定汇率的可能性较高。马来西亚的汇率波动仅次于菲律宾，相当稳定，不过其波动要大于管理浮动汇率制度类型各国平均汇率波动，同样，其国际储备波动性大于平均水平。泰国在考察期一直实行钉住“一篮子货币”的制度，即 IMF 分类的有限灵活汇率制度。从理论上讲，其货币兑美元汇率的波动幅度应该大于传统钉住，且储备波动性和利率波动性要低于钉住制度国家。不过实际情况是，泰铢兑美元汇率波动性落入狭窄区域（±2.5%）的概率为 98.5%，高于有限灵活汇率制度国家的平均值 92%，且高于钉住制度国家的平均值 95%。储备波动性和利率波动性要大于有限灵活汇率制度国家的平均值。

除了外汇干预，利率与汇率密切相关，通过改变基准利率等措施也可以实现稳定汇率的目的，因此，也可以把利率波动性作为衡量政府外汇干预程度的指标。从表 2.8 中可以看到，东盟五国在危机前的各考察时期，利率波动大于400个基点的概率高于参照国（新加坡例外）。同时，利率波动程度高意味着政府有可能通过调整利率来稳定汇率预期，达到引进投资、促进贸易增长等目的。

新加坡汇率制度比较特殊，在其实行管理浮动汇率制度的 1988 年 1 月到 1999 年 11 月，月汇率窄幅变动的概率高达 88.9%，但其国际储备月度窄幅波动的概率为 74.8%，接近于日本的 74.3%，高于澳大利亚的 50.0%。同时，其利率波动为零，与日本、澳大利亚相当。从这些数据只能得出，新加坡元兑美元汇率存在相当高的稳定性，但无法得出新加坡利用国际储备变动和利率波动来稳定汇率的结论。新加坡元兑美元汇率高度稳定可能存在其他的原因。此外，在考察期（1970 年 1 月至 1999 年 11 月），东盟五国中，无论是对马来西亚、菲律宾、印度尼西亚管理浮动（独立浮动）汇率制度时期的考察，还是对马来西亚和泰国实行有限灵活汇率制度时期的考察，“浮动恐惧”的结论都是基本成立的。

表 2.8　不同汇率制度类型下各国汇率、储备及利率月度波动概率

单位:%

国家	时期	汇率波动概率	储备波动概率	利率波动概率	法定汇率制度
菲律宾	1988 年 1 月至 1999 年 11 月	74.9	26.1	1.5	独立浮动汇率制度
马来西亚	1986 年 1 月至 1990 年 2 月	98.1	35.9	3.9	有限灵活汇率制度
	1990 年 3 月至 1992 年 11 月	96.9	39.4	0	固定汇率制度
	1992 年 12 月至 1998 年 9 月	81.2	55.7	2.9	管理浮动汇率制度
新加坡	1983 年 1 月至 1987 年 12 月	96.6	83.3	0	固定汇率制度
	1988 年 1 月至 1999 年 11 月	88.9	74.8	0	管理浮动汇率制度
印度尼西亚	1978 年 11 月至 1997 年 6 月	99.1	41.5	5.2	管理浮动汇率制度
泰国	1970 年 1 月至 1997 年 6 月	98.5	50.2	2.4	一篮子汇率制度
美国	1973 年 2 月至 1999 年 11 月	58.7	62.2	0.3	独立浮动汇率制度

续表

国家	时期	汇率波动概率	储备波动概率	利率波动概率	法定汇率制度
日本	1973 年 2 月至 1999 年 11 月	61.2	74.3	0	独立浮动汇率制度
澳大利亚	1984 年 1 月至 1999 年 11 月	70.3	50.0	0	独立浮动汇率制度

注：1. 汇率和储备波动的考察范围是±2.5%；2. 利率波动考察范围是大于 400 个基点。

资料来源：Guillermo A. Calvo and Carmen M. Reinhart. Fear of Floating [J]. The Quarterly Journal of Economics, Vol. CXVII 2002 (5).

总之，东盟五国的货币升值或贬值的幅度都不大，政府对汇率走势均进行了不同程度的干预。在各国货币币值确定和波动中美元的影响居绝对重要的地位。因此，虽然 20 世纪 80 年代以来直到亚洲金融危机前，东盟各国的法定汇率制度及政策表面上发生了很大的变化，但是各国实际汇率运行仍然类似于传统钉住制度。钉住美元和“浮动恐惧”真实而全面地描述了危机前东盟国家汇率制度的形态。

2.2.2 亚洲金融危机后的东盟五国事实汇率制度

亚洲金融危机前，虽然东盟五国的法定汇率制度类型各异，但都表现出钉住美元的“美元本位”特性，事实汇率制度运行呈现出严重的“浮动恐惧”倾向。亚洲金融危机打破了这一状态，各国被迫采取措施应付危机，其中就包括改变法定汇率制度类型。新的法定汇率制度下，东盟五国汇率运行的实际状况如何成为学者关注的焦点。

2.2.2.1 危机后东盟五国汇率运行情况考察

考察一国事实汇率制度状况，主要是考察其名义汇率、国际储备以及利率三类指标的运行状况。本书将对危机后东盟五国事实汇率制度的考察时期以该事件为界划分为 1999 年 1 月至 2005 年 6 月和 2005 年 7 月至 2008 年 9 月。2008 年 10 月，国际金融危机爆发，对各国经济产生了影响。为了研究结论的准确，本书不考虑该危机时期。同时，考虑结果的可比性以及计算方法的科学性，本书借鉴麦金农（2000）和卡尔沃 · 莱因哈特（2002）的方法分析 1997—1998 年亚洲金融危机后东盟五国事实汇率制度的状况及其演变进程。

（1）汇率波动的测量方法

关于汇率波动的度量常用的有以下几种方法，第一种最简单，计算汇率一阶差分的自然对数数列的标准差，公式如下：

$$\sigma_{s_i}=\sqrt{\frac{1}{n-1}\sum_{t=1}^{n}(S_{it}-\overline{S_i})^2}=\sqrt{\frac{1}{n-1}\sum_{t=1}^{n}[\ln(S_{it})-\overline{\ln(S_i)}]^2}$$

第二种是采用条件异方差模型进行度量，第三种是利用随机波动率模型进行度量。第二种方法较为精确，且使用比较广泛。基本的 GARCH（1，1）模型如下①：

$$E_t=\alpha_0+\sum_{i=1}^{P}\alpha_iE_{t-i}+\varepsilon_t \tag{2.1}$$

$$\varepsilon_t\mid\Omega_{t-1}\sim N(0,\ \nu_t) \tag{2.2}$$

$$\nu_t=c_0+c_1\varepsilon_{t-1}^2+c_2\nu_{t-1} \tag{2.3}$$

其中，α_i 表示差分算子，E_t 表示有效实际汇率，ε_t 为扰动项，其条件分布是服从均值为 0 的正态分布，式（2.3）中扰动项一阶滞后值平方项 ε_{t-1}^2，即 ARCH 项，Ω_{t-1}表示时刻$t-1$能够获得的信息集，v_t 表示条件方差，其预测值提供了汇率波动的度量，式（2.3）中前期的预测方差 v_{t-1}，即 GARCH 项。GARCH（1，1）模型中第一个“1”就是指存在一阶自回归的 GARCH 项，第二个“1”表示模型包括一阶移动平均项，一般的 ARCH 模型就是 GARCH（0，1）模型，即在条件方差方程中没有包括滞后的预测方差。式（2.3）v_t 表示代理人或者经济体当期的条件方差是长期平均值、上一期的预测方差（GARCH 项）和上一期波动信息的加权平均，其度量了汇率的波动率。

（2）危机后东盟五国汇率波动分析比较

考察一国汇率制度和政策类型，不能简单取决于官方宣布的制度或政策，实际经济运行中的汇率政策往往与官方宣布的有较大的差异，要判断危机后东盟五国汇率制度的实际状况，必须综合考察汇率的实际波动状况。

①东盟五国汇率名义波动分析。

---

① 丁一兵．经济发展中的汇率制度选择［D］．长春：吉林大学，2004：39.

为了与 Fukuda 的研究结果进行对比分析，采用了其文章中的波动测量方法，即采取汇率变动百分比的一阶差分形式分别计算了东盟五国兑美元名义汇率和兑日元名义汇率以及五国实际有效汇率的波动。

从图 2. 1 中可以看到，亚洲金融危机后东盟五国兑美元名义汇率和兑日元名义汇率均比危机前有更大的波动。但是，马来西亚汇率制度改革前后的汇率波动趋势的变化差异在图 2. 1（a）、图 2. 1（b）中并不能看得很清晰。反映实际有效汇率趋势的图 2. 1（c）证明，危机发生后的一段时间，东盟五国的汇率有较大的波动，但随着时间的推移，汇率波动逐步平缓。马来西亚汇率制度改革后，这一平缓趋势发生逆转，各国汇率波动幅度有所增加，2007 年，波动幅度很大，这可能主要是金融危机所致。尽管图 2. 1 大致反映了东盟五国汇率逐步上升的趋势，但要详细分析各国汇率的变动需要更详尽的资料。

为了对各国汇率波动进行更仔细、更详尽的对比分析，本书采用 Fukuda（2005）的方法，测量了东盟五国货币实际有效汇率波动年标准差（见图 2. 2）。

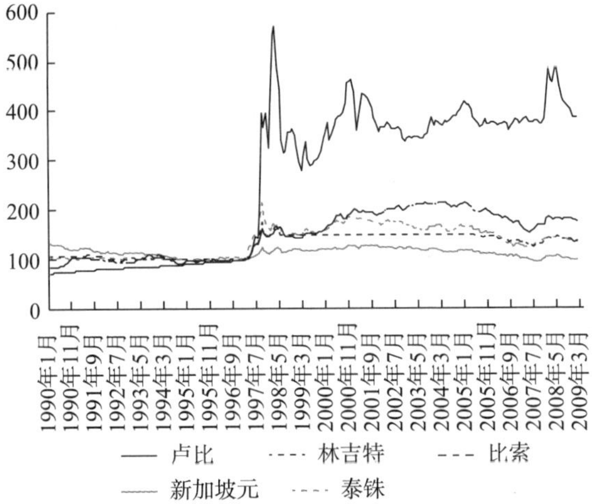

（a）东盟五国货币兑美元名义汇率趋势（以1997年6月为基数）

图 2. 1　东盟五国汇率趋势

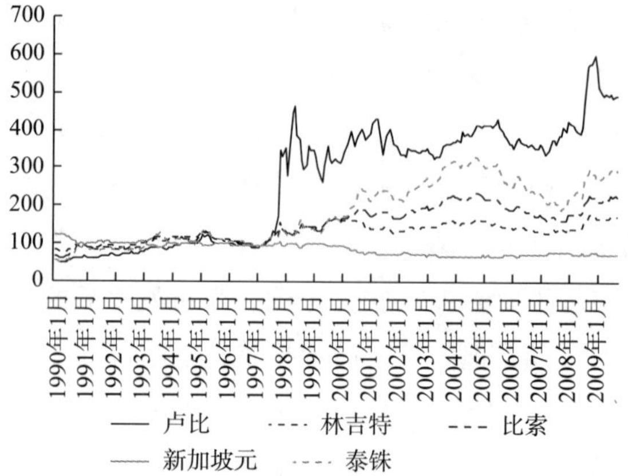

（b）东盟五国货币兑日元名义汇率趋势（以1997年6月为基数）

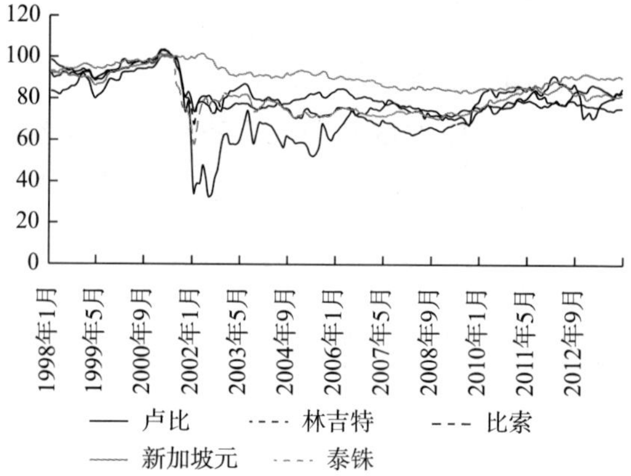

（c）东盟五国实际有效汇率趋势（以1997年6月为基数）

图 2.1　东盟五国汇率趋势（续）

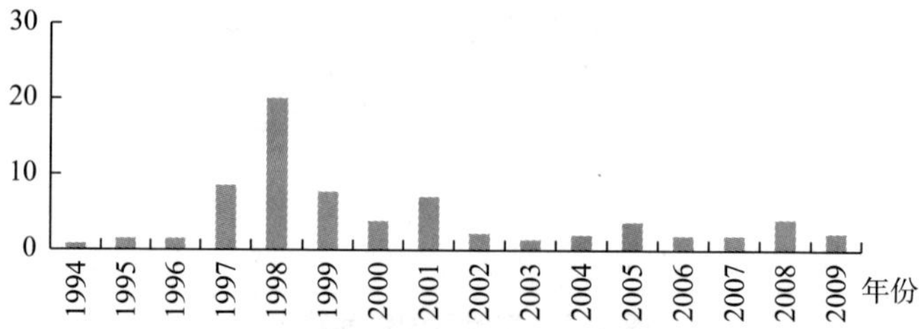

卢比实际汇率波动年标准差

图 2.2　东盟五国实际有效汇率波动年标准差

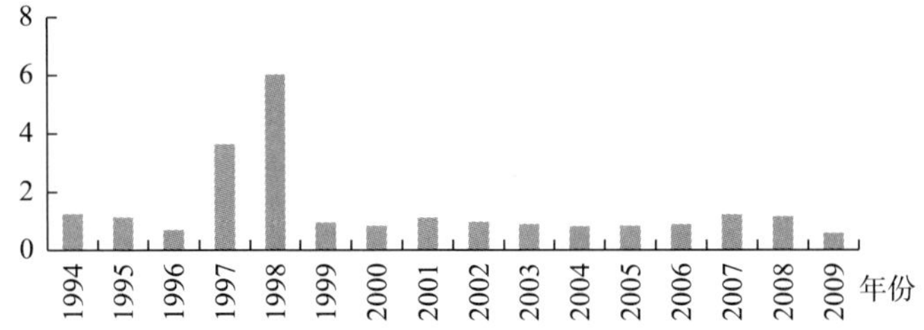

林吉特实际汇率波动年标准差

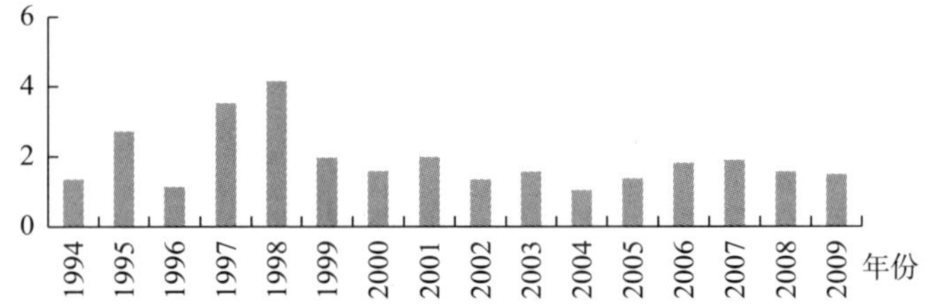

比索实际汇率波动年标准差

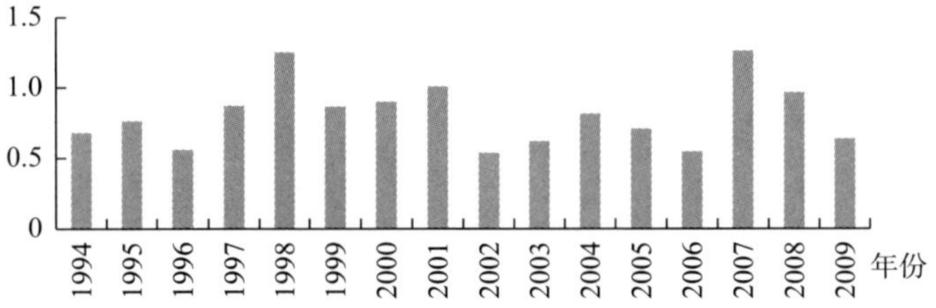

新加坡元实际汇率波动年标准差

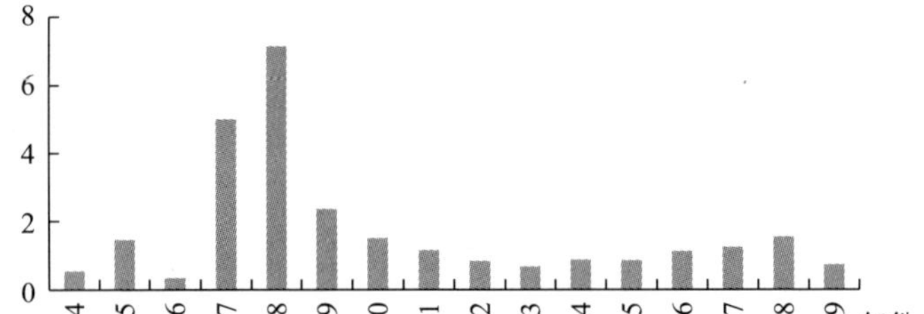

泰铢实际汇率波动年标准差

图 2.2　东盟五国实际有效汇率波动年标准差（续）

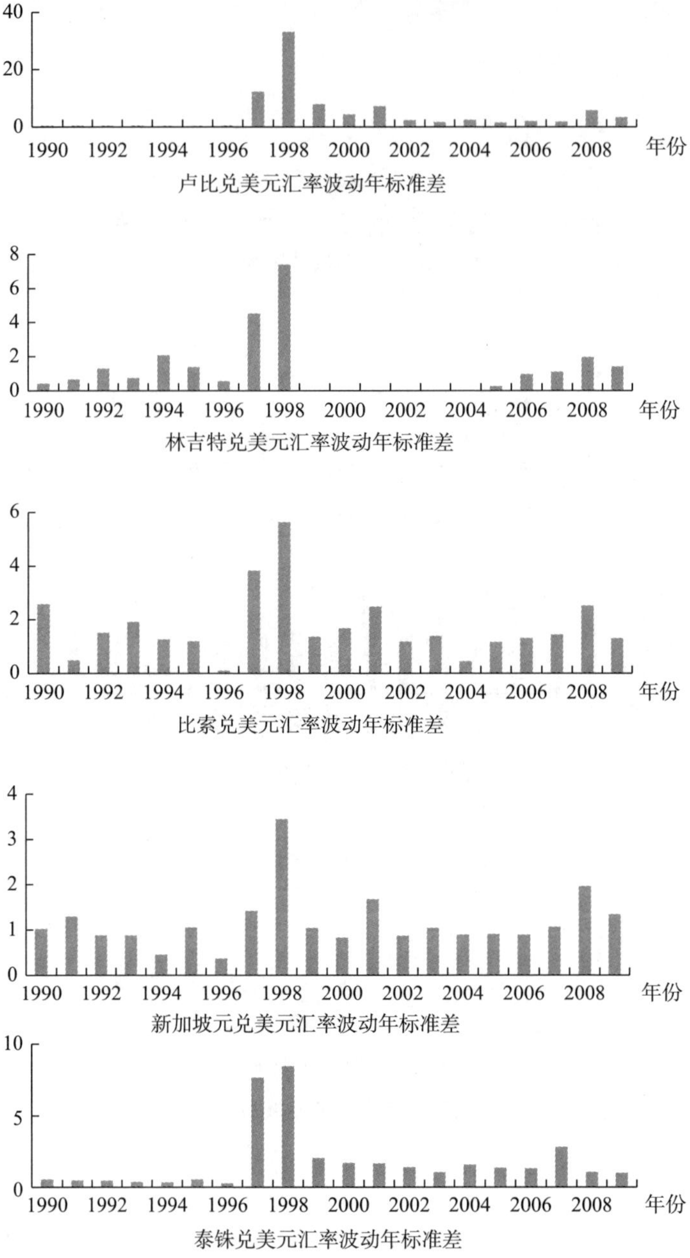

图 2.3　东盟五国兑美元汇率波动年标准差

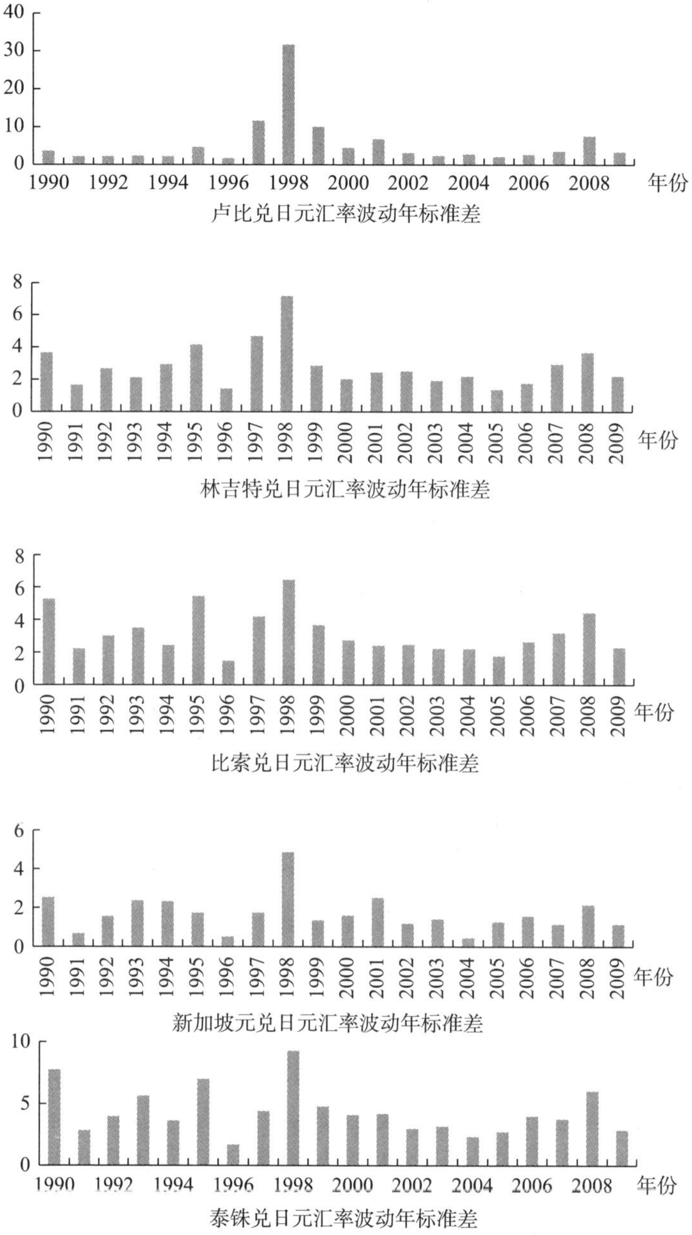

图 2.4 东盟五国兑日元汇率波动年标准差

图 2.3 和图 2.4 反映了东盟五国兑美元和日元汇率波动年标准差情况。可以看到，各国汇率波动呈现出相似的规律。无论是兑美元汇率还是兑日元

汇率的波动，最大波动都发生在1998年。危机后各国兑美元汇率波动幅度逐步缩小，但在2005年以后，各国货币兑美元汇率波动幅度有逐步增大趋势。但是，除了印度尼西亚卢比和泰铢，2005年后其余国家兑美元汇率波动幅度和危机前相比并没有太明显的增加。另外，各国货币兑日元汇率波动的趋势和各国货币兑美元汇率波动趋势相似，都在2005年左右有一个增加的趋势，但幅度相对比较小。

因此，可以得出以下结论：一是各国汇率波动有着明显的同步性，即相互联系非常紧密；二是2005年左右似乎存在着导致各国汇率波动趋势发生转折的一个共同的因素。Fukuda（2005）认为，马来西亚汇率制度改革成为各国汇率波动呈现出“钉住”的一个重要因素。而马来西亚汇改后，各国汇率波动幅度逐步增加。与危机前相比，即与各国汇率波动呈现出异动之前的时期相比，这一增加幅度似乎并不是非常明显。尽管这一时期各国汇率波动与危机后1999—2005年相比有较明显的增加。

表2.9 固定参数模型估计结果

	印度尼西亚			马来西亚			菲律宾		
	1990年1月至1997年3月	1999年6月至2005年6月	2005年7月至2009年12月	1990年1月至1997年3月	1999年6月至2005年6月	2005年7月至2009年12月	1990年1月至1997年3月	1999年6月至2005年6月	2005年7月至2009年12月
β_0	-0.003	-0.005	-0.001	0	0	0	-0.002	-0.005	0.003
β_1	0.98	0.55	0.62	0.90	0.99	0.67	1.14	0.88	0.91
β_2	0.01	0.12	-0.61	0.081	0.009	-0.11	-0.12	0.07	-0.22
R^2_{adj}	0.99	0.085	0.22	0.87	0.99	0.66	0.80	0.68	0.57
DW	1.88	1.81	2.04	1.31	3.18	1.92	1.22	1.54	1.21
Obs	86	72	53	86	72	53	86	72	53

	新加坡			泰国		
	1990年1月至1997年3月	1999年6月至2005年6月	2005年7月至2009年12月	1990年1月至1997年3月	1999年6月至2005年6月	2005年7月至2009年12月
β_0	0.003	0	0.002	0	-0.002	0.003
β_1	0.72	0.63	0.59	0.84	0.62	0.68
β_2	0.15	0.19	-0.09	0.11	0.14	0.04

续表

	新加坡			泰国		
	1990 年 1 月至 1997 年 3 月	1999 年 6 月至 2005 年 6 月	2005 年 7 月至 2009 年 12 月	1990 年 1 月至 1997 年 3 月	1999 年 6 月至 2005 年 6 月	2005 年 7 月至 2009 年 12 月
R_{adj}^2	0.95	0.84	0.68	0.997	0.59	0.64
DW	1.75	1.93	2.14	2.15	1.08	1.74
Obs	86	72	53	86	72	53

结合表 2.8 和表 2.9 可以发现，东盟五国的汇率波动与自由浮动的发达国家相比，仍然呈现出类似“钉住”的特征，尽管“钉住”在 2005 年马来西亚汇率制度改革后有所缓和。在兑美元名义汇率方面，亚洲金融危机前，除了菲律宾比索汇率波动幅度比较大，新加坡、马来西亚、泰国和印度尼西亚四国货币对美元汇率属于钉住的状态。危机后的一段时期，各国兑美元汇率波动幅度加大，尤其是印度尼西亚卢比兑美元名义汇率波幅高达 6.09，远超过发达国家。印度尼西亚卢比的这一波动和该国宏观经济的特殊状况密切相关。随着时间的推移和各国经济恢复的持续，各国货币兑美元名义汇率在 2004 年 7 月至 2005 年 6 月这一时期的波动幅度则与危机后其他时段的状况差异巨大。即各国货币似乎走向“钉住美元”的复归。首先，印度尼西亚卢比兑美元名义汇率波幅大幅度下降，由 6.09 降为 2.14；其次，除仍实行钉住美元的马来西亚外，各国货币兑美元汇率波幅非常小，远远小于自由浮动制度的发达国家平均值 1.98。马来西亚汇率制度改革后的 2005 年 7 月到 2009 年 12 月，各国汇率波动幅度较以前有了明显的增加，但和同一时期的自由浮动国家相比，波幅仍然比较小。

东盟五国兑日元名义汇率上的波动幅度，无论是在危机前还是在危机后都大于兑美元名义汇率的波动幅度。各国货币兑日元名义汇率波动幅度在危机后是逐步增加的，并且波动幅度大于危机前（除新加坡和菲律宾）。由前文可知，各国货币兑日元名义汇率在 2005 年左右呈现出一个转折点，说明 2005 年存在着影响五个国家的事件使得各国货币兑日元名义汇率几乎同时出现波动上的拐点。但是，在 2005 年 7 月至 2009 年 12 月，与实施自由浮动汇率制度的发达国家相比，除了卢比和泰铢，其他东盟国家货币兑日元汇率波动幅度相对比较小，卢比和泰铢兑日元名义汇率波动性基本与自由浮动的发达国家相当。五国货币兑日元名义汇率平均波动水平也与发达国家相当。

②实际有效汇率波动的变化。

东盟五国的实际有效汇率波动也表现出与名义汇率类似的轨迹，即在亚洲金融危机爆发的 1998 年达到最大波动，随后波动性逐步下降，于 2005 年左右再一次呈现出增加的趋势。各国实际有效汇率波动趋势呈现出类似的趋势。2005 年后，各国实际有效汇率波动幅度加大，这一幅度在印度尼西亚、新加坡和泰国大于危机爆发前的时期，但增加的幅度并不十分明显。对于比索和林吉特来讲，2005 年后的实际有效汇率比危机前更为稳定。说明汇率稳定对于各国仍然是一个重要的宏观经济目标。

在危机前的 1990 年 1 月至 1997 年 3 月，除新加坡外的其他东盟国家实际有效汇率波动幅度和发达国家相当，但在亚洲金融危机后的 1999 年 6 月至 2004 年 6 月，由于受危机的影响，其波动幅度大于发达国家（新加坡除外）。随后时期，各国实际有效汇率除印度尼西亚外都表现得相当稳定，其波动幅度小于发达国家货币实际有效汇率。印度尼西亚卢比的实际有效汇率和其名义汇率一样，波动幅度都远远大于东盟其他四个国家，且大大提高了五国汇率波动均值。

根据上述对东盟五国汇率趋势图和汇率波动年标准差的分析，可以得出三个结论：一是马来西亚汇率制度改革后，各国汇率波动幅度增加（尽管小于危机时期波动幅度）。二是与实施标准的自由浮动制度的发达国家相比，东盟五国货币无论是名义汇率还是实际汇率波动幅度都比较小。说明汇率相对稳定仍是东盟各国宏观经济运行的一个非常明显的特征。三是东盟五国无论是兑美元或兑日元名义汇率，还是实际有效汇率，其波动的变化情况都存在大体一致的轨迹。即在危机期间，其年标准差最大，随后逐步下降，但都在 2005 年左右改变变化趋势，波动幅度开始增加。但 2005 年 8 月至 2009 年 12 月，各国汇率波动幅度与危机前相比，情况不尽相同。卢比、新加坡元、泰铢和林吉特这一时期兑美元名义汇率的波动大于危机前，但菲律宾比索则相反。日元名义汇率上，印度尼西亚、马来西亚和泰国货币的波动幅度大于危机前，但新加坡元和比索兑日元名义汇率波幅小于危机前。印度尼西亚、新加坡和泰国货币的实际有效汇率波动幅度较危机前时期有所增加，但比索和林吉特的实际有效汇率比危机前时期更加稳定。可见，在亚洲金融危机后，尤其是在2005年后的时期，菲律宾比索的汇率相对危机爆发前更加稳定，无论是从名义汇率角度还是从实际有效汇率角度都是如此。

（3）汇率波动全样本建模分析

本节前一部分对东盟五国汇率波动状况分时期进行了对比分析，得出五国货币汇率波动幅度逐步加大，但相对同时期的英美等实行独立浮动汇率制度的国家，其波动幅度仍然小得多。同时，本节还发现一个重要现象，就是五国货币汇率水平趋势及波动轨迹非常一致。

对于“钉住”情况，通过分析双边汇率波动性可以考察各国货币与主要国际货币尤其是与美元、日元的联动关系。即用各货币兑美元、日元汇率波动的标准差来衡量主要国际货币对各国货币汇率的影响。汇率波动的标准差越小，说明“钉住”某种货币的程度越高；反之则反是。从前文的分析可以得出较为粗浅的结论，即与实行自由浮动汇率制度的发达国家相比，东盟五国货币对美元和日元的依赖程度比较强，或者说美元、日元对东盟五国货币的影响比较大。这一点和麦金农“东亚美元本位”的理论相一致，同时印证了实际经济中，东盟五国与美、日两国紧密的经济贸易联系。另外，各国货币兑美元汇率标准差很小，且明显低于兑日元汇率的标准差，说明各国货币与美元有着更紧密的联动关系。这一联动关系虽然在危机期间被打破，但在危机过后，传统的与美元的联动关系又有了一定程度的恢复，尤其在马来西亚和新加坡还有所加强。这说明亚洲金融危机并未真正动摇各国货币与美元的密切联系，而危机后各经济体所实施的浮动汇率制度也没有反映出各经济体的实际汇率安排。

为了进一步明确各经济体的汇率安排以及主要国际货币在其汇率安排中的地位，更深刻地分析和比较美元、日元对各国货币影响的变化，本章采用Frankel和Wei（1993）的方法，进行建模。由于考察的是汇率的变动状况，因此两个模型中变量使用名义汇率自然对数的一阶差分序列，构造变动率模型（增长率模型）。

模型一：

$ER_t=\beta_0+\beta_1 USD_t+\beta_2 JPY_t+\varepsilon_t$

其中，ER_t 表示所考察国家的汇率变动率，USD_t、JPY_t 分别表示美元、日元的汇率波动。这里仍然采用瑞士法郎作为基准货币，利用模型一可以分别计算危机前后各个时期，美元、日元对东盟五国货币汇率的影响，从而可以进行比较分析。

对东盟五国及美元、日元汇率波动序列进行 ADF 平稳性检验，依据检验结果可以认为各序列在 1%水平下都是平稳序列。根据麦金农的美元本位理论以及东盟五国与美国、日本紧密的经济联系，可以直接建模如下：

$$IDR_t=\beta_0+\beta_1 USD_t+\beta_2 JPY_t+\varepsilon_{1t}$$

$$MYR_t=\beta_0+\beta_1 USD_t+\beta_2 JPY_t+\varepsilon_{2t}$$

$$PHP_t=\beta_0+\beta_1 USD_t+\beta_2 JPY_t+\varepsilon_{3t}$$

$$SGD_t=\beta_0+\beta_1 USD_t+\beta_2 JPY_t+\varepsilon_{4t}$$

$$THB_t=\beta_0+\beta_1 USD_t+\beta_2 JPY_t+\varepsilon_{5t}$$

针对模型进行 OLS 回归后，模型的估计结果如表 2. 10 所示。

表 2. 10　全样本期 OLS 估计结果

	印度尼西亚		马来西亚	菲律宾		新加坡	泰国
		自相关修正估计			自相关修正估计		
β_0	-0. 0079 (-1. 7683) (0. 0783)	-00059 (-1. 3583) (0. 1756)	0. 0170 (0. 8787) (0. 3804)	-0. 0031 (-2. 1365) (0. 0337)	-0. 0018 (-1. 3543) (0. 1769)	0. 0190 (0. 9894) (0. 3235)	0. 0166 (0. 8607) (0. 3903)
β_1	0. 4331 (2. 2824) (0. 0234)	0. 4905 (2. 5635) (0. 0110)	0. 5643 (0. 6917) (0. 4898)	0. 9608 (15. 5840) (0)	0. 9628 (16. 6420) (0)	0. 4374 (0. 5391) (0. 5903)	0. 4211 (0. 5164) (0. 6060)
β_2	0. 2118 (1. 1321) (0. 2587)	0. 1232 (0. 6494) (0. 5167)	1. 6233 (2. 0186) (0. 0447)	0. 0331 (0. 5448) (0. 5864)	0. 0579 (1. 0050) (0. 3160)	1. 6425 (2. 0539) (0. 0411)	1. 7020 (2. 1174) (0. 0353)
R^2_{adj}	0. 0391	0. 0372	0. 0233	0. 5810	0. 6155	0. 0216	0. 0228
DW	1. 5275	1. 9508	1. 9991	1. 1878	1. 9242	2. 0088	1. 9969
F	5. 8455 (0. 0033)	5. 5769 (0. 0043)	3. 8393 (0. 0229)	163. 6119 (0)	190. 7028 (0)	3. 6298 (0. 0280)	3. 7779 (0. 0243)

可以发现，回归结果非常不尽如人意。除菲律宾外，所有四个国家模型中的回归系数都不显著，同时整个模型的可决系数也非常低，说明模型对实际情况解释力非常小。菲律宾的全样本回归估计结果中，美元波动的系数统计显著，同时模型截距项 t 统计检验显著。整个模型对菲律宾比索波动的解释力较之于其他国家模型好很多，揭示了 58%的比索波动来源。但是，日元波动的系数统计上不显著，一方面可能因为日元波动对比索波动的影响可以忽略不计，另一方面可能存在其他原因，比如模型设定错误等。查看各模型对因变量回归估计结果的实际值、拟合值和残差图表（见图 2.5），可以发现如下现象：

在 1990 年 1 月到 1997 年第二季度和 2001 年第三季度到 2009 年 12 月，印度尼西亚卢比模型的拟合效果较好，所有残差都位于置信带区间。1997 年第二季度到 2001 年第二季度，残差值比较大，位于置信带之外。为了确定模型结构断点准确位置，针对 1997 年 6 月、1997 年 7 月、1997 年 8 月、2001 年 7 月和 2001 年 8 月五个时点做 Chow 稳定性预测检验，最后得出印度尼西亚卢比汇率模型在 1997 年 6 月发生了明显的结构性变化，这一变化的发生有 90%的概率可以确认。

对于马来西亚回归模型来说，从 1990 年 1 月到 1998 年第四季度，从 1999 年第一季度到 2009 年 12 月，模型的拟合效果都比较好，所有残差都位于置信带区域内。但 1998 年第四季度到 1999 年第一季度，残差值比较大，均位于置信带区间外。鉴于此，后文将针对 1998 年 10 月、1998 年 11 月和 1999 年 1 月、1999 年 2 月四个时间点做 Chow 稳定性预测检验并进行比较，检验结果分别是：1998 年 11 月和 1999 年 1 月是马来西亚模型的结构性断点。

同理，对其他三个模型进行类似的分析。菲律宾模型回归的残差波动性较为明显，可以在 10%和 5%的检验水平上拒绝菲律宾汇率模型在 1997 年 5 月和 2001 年 3 月没有明显的结构变化的假设，即认为相关模型在这两个时点存在结构性变化。新加坡元汇率模型在 1998 年 12 月、泰铢在 1998 年 11 月和 1999 年 1 月都存在结构性变化的可能。

虽然模型结构不稳定可能是模型回归结果不佳的主要原因之一，但为了排除其他原因，又对这五个模型分别进行了回归残差的异方差和自相关检验

（结果略），以排除由于数据本身的原因造成模型回归结果不尽如人意的情况。检验结果表明，马来西亚林吉特模型、新加坡元模型和泰铢汇率模型回归残差不存在异方差和自相关问题，而卢比和比索汇率模型回归残差存在序列自相关。随后针对这一情况进行了处理，表 2.10 中印度尼西亚和菲律宾所在列的第二部分表明处理后的回归结果。经处理后，除菲律宾比索回归调整后的可决系数增加，美元汇率系数小幅增大并依然保持显著性外，其他参数 t 统计检验不显著的问题依然存在。可以断定，结构不稳定是导致模型回归结果不好的主要原因。其实，前文针对模型进行的分时期估计结果也证明了这一判断。

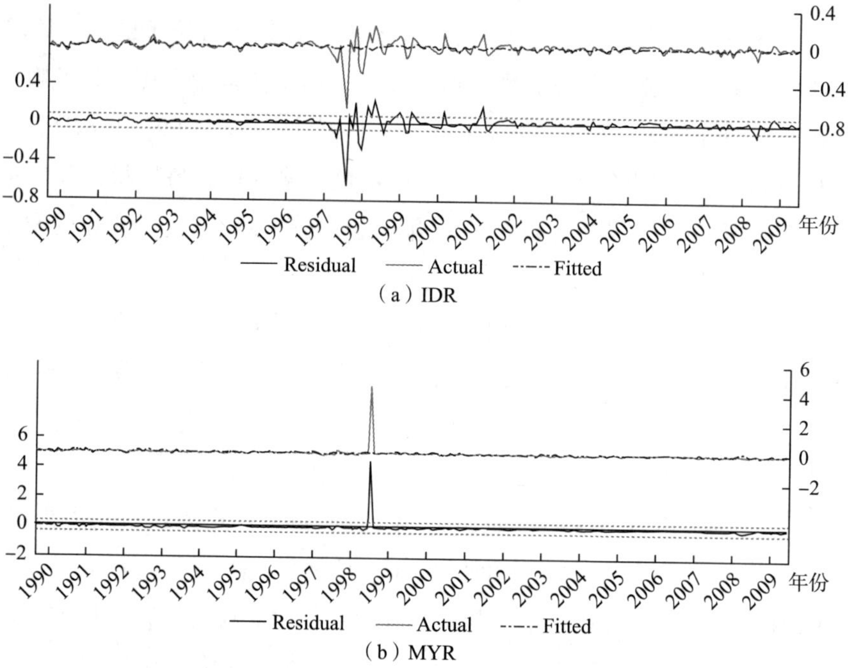

图 2.5　东盟五国汇率模型回归实际值、拟合值与残差

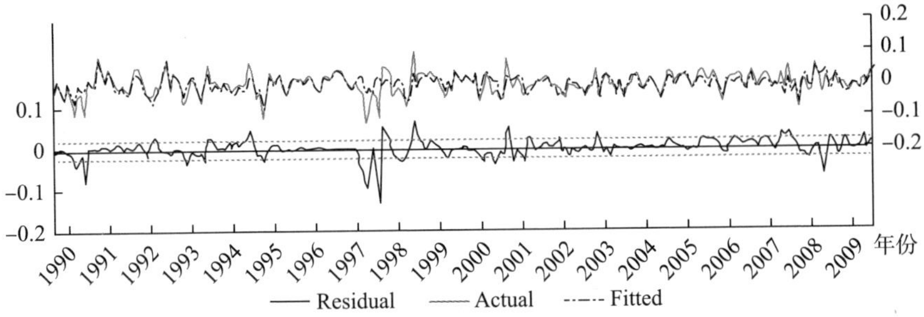

（c）PHP

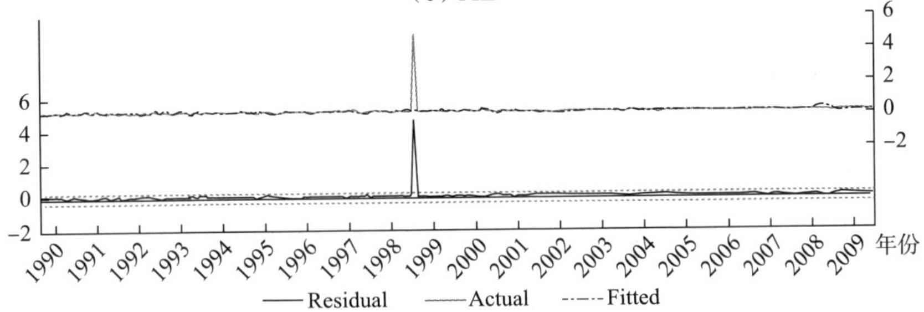

（d）SGD

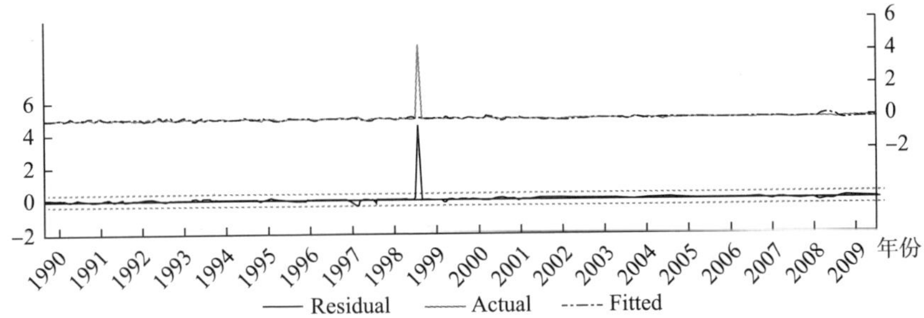

（e）THB

图 2.5 东盟五国汇率模型回归实际值、拟合值与残差（续）

为了更进一步了解残差波动情况，对五个模型进行 OLS 递归检验，取检验的残差折线图（见图 2.6）进行分析。结果发现，亚洲金融危机后，各国汇率波动残差幅度大于危机前，但只有金融危机时期，才能够判定出现结构性变化。需注意到，虽然 2001 年后回归残差波动较大，说明各国汇率灵活性增加，但是回归残差基本位于 2 倍标准差范围内，说明模型结构没有发生根本性的变化，即 2005 年马来西亚汇率制度改革并没有对各国货币兑美元汇率运行产生根本影响。另外，印度尼西亚卢比汇率波动幅度是五个国家中最大的，波动也是最频繁的。

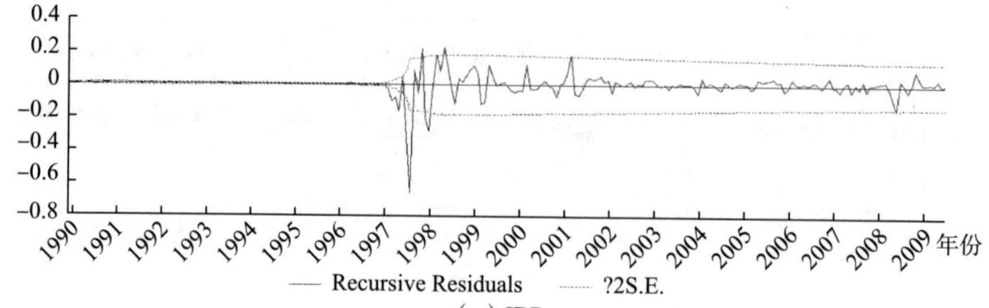

（a）IDR

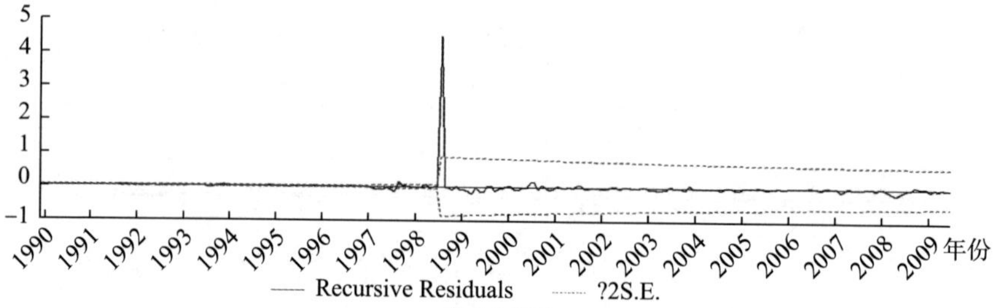

（b）MYR

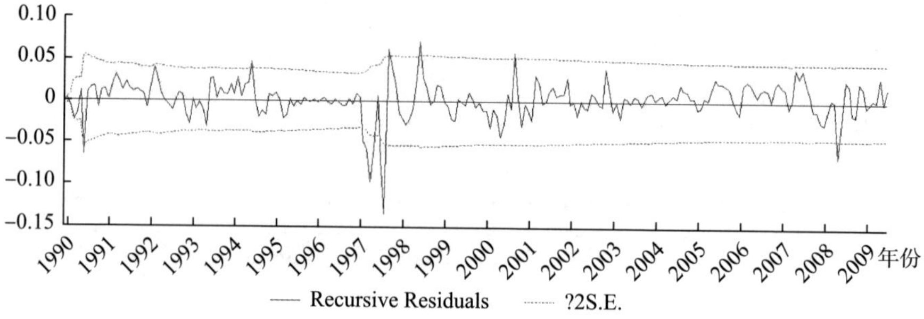

（c）PHP

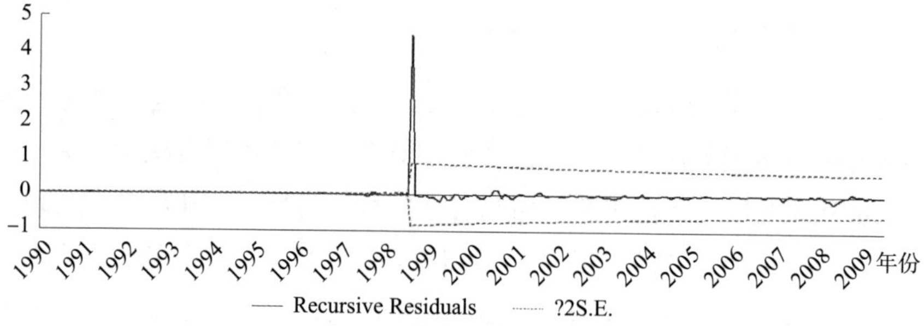

（d）SGD

图 2.6　递归回归残差估计

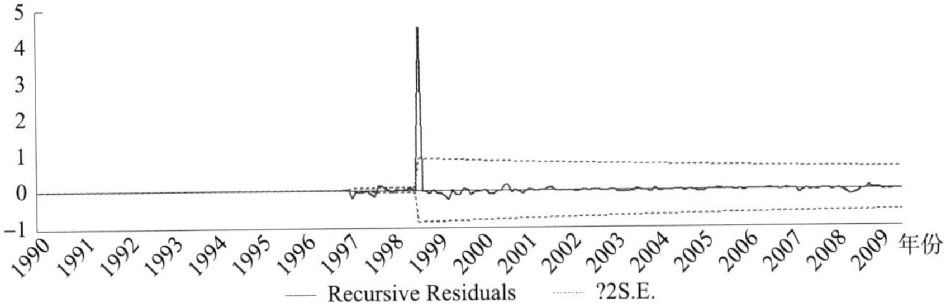

(e) THB

图 2.6　递归回归残差估计（续）

为了详细考察美元汇率波动和日元汇率波动对研究对象汇率波动影响的变化轨迹，建立状态空间模型。模型二是模型一的变参数模型，美元、日元对各国货币的影响是随着时间不断变化的，即 β_{1t}、β_{2t} 是不断变化的。同前一模型一样，模型中变量使用名义汇率自然对数的一阶差分序列。利用状态空间模型，不再需要对数据进行分期，利用 1990 年 1 月以后的所有数据，分析这两个参数各个瞬间的值，从而发现美元、日元对各国货币影响系数变化的趋势。

模型二：$ER_t = \beta_0 + \beta_{1t} USD_t + \beta_{2t} JPY_t + \mu_t$

$$\beta_{1t} = \beta_{1t-1} + \upsilon_{1t}$$

$$\beta_{2t} = \beta_{2t-1} + \upsilon_{2t}$$

在这一模型的估计里，使用卡尔曼滤波方法提取各国货币模型中 β_1、β_2（分别指图中的 $SV1$、$SV2$）随着时间变化的轨迹，如图 2.7 所示。由于马来西亚、新加坡和泰国的汇率模型存在着非常大的系数跳跃，为了更好地描述模型中各状态变量的变化，分开作图。而菲律宾和印度尼西亚货币汇率模型结构变化稍微缓和，所以将两个状态变量画入同一坐标图中。从趋势图中可以看到，对于东盟各国来说，美元、日元对本国货币的影响是逐步下降的。同时，美元在各国货币汇率波动中的影响仍然比较重要。这一方法得出的结果可以使我们对各国央行的行为有更深入的认识。参数随着时间变化沿着平滑路径变动，意味着央行通过干预来保持本国货币对某一货币的稳定。参数数值较大，但是呈现出不规则变动趋势，意味着两种货币间具有强烈的相关性，但这一相关性不是由央行干预所致，而是意味着存在导致强相关性的市场力量，如贸易行为或者噪声。

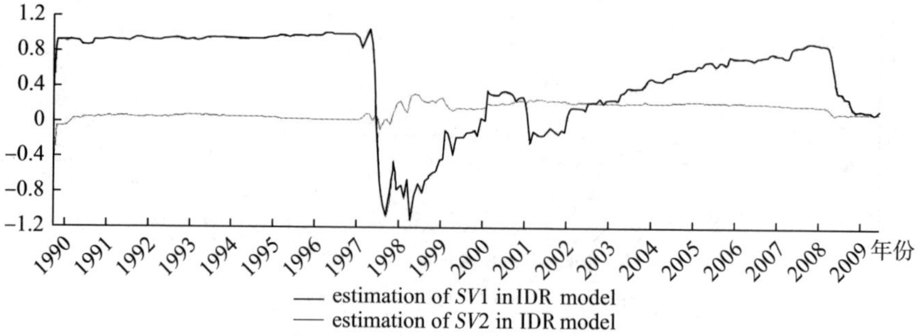

（a）IDR模型中*SV*1、*SV*2

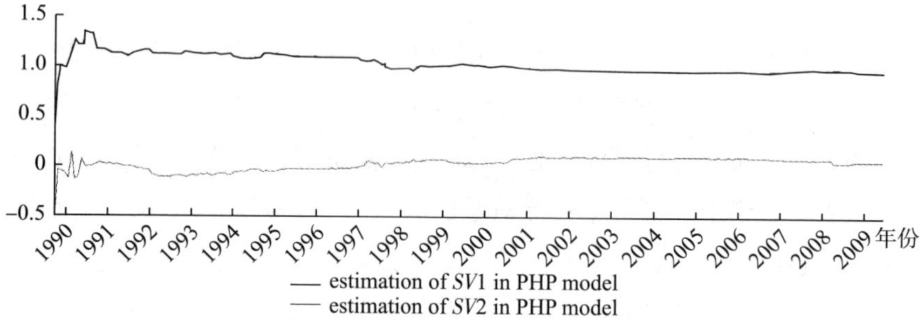

（b）PHP模型中*SV*1、*SV*2

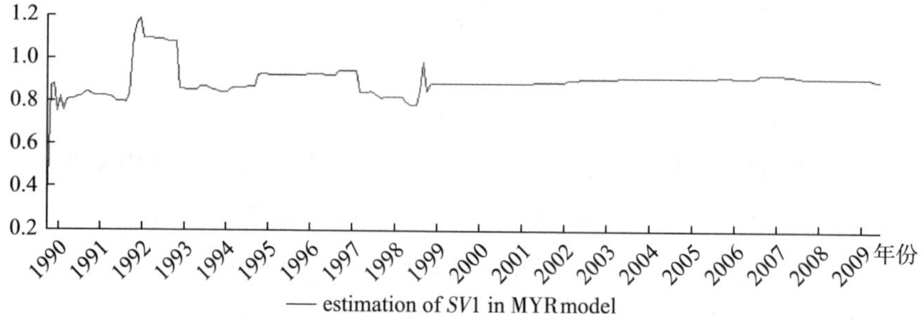

（c）MYR模型中*SV*1

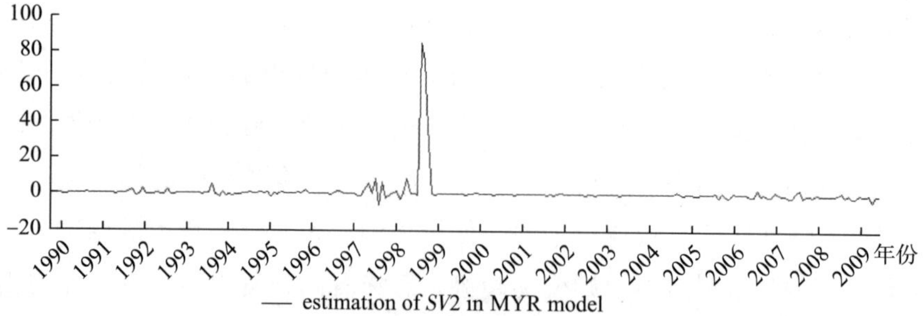

（d）MYR模型中*SV*2

图 2.7　东盟五国汇率状态空间模型状态向量估计

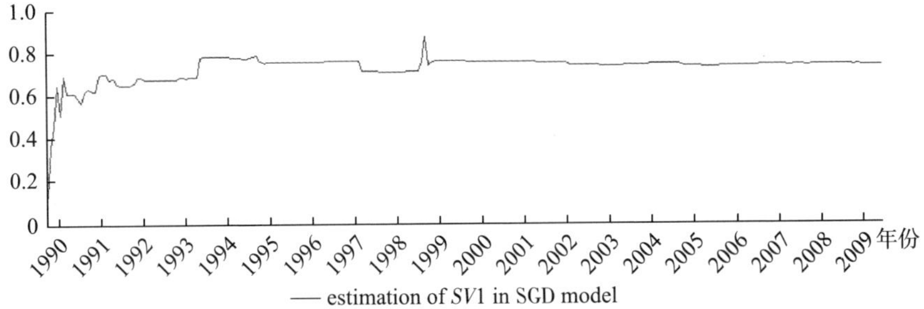

（e）SGD模型中*SV*1

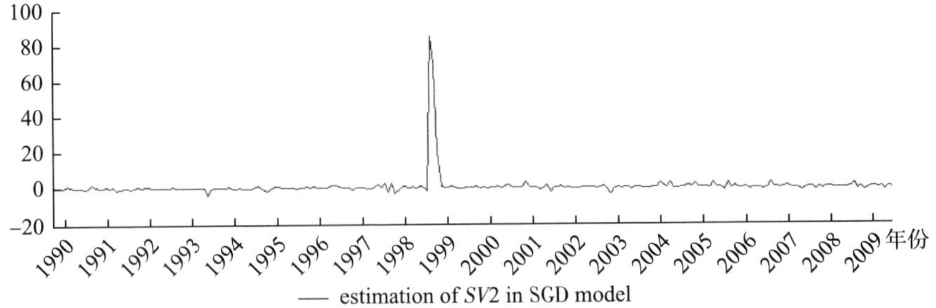

（f）SGD模型中*SV*2

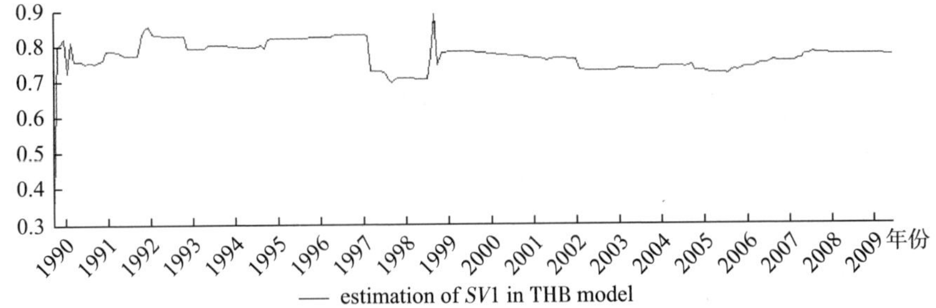

（g）THB模型中*SV*1

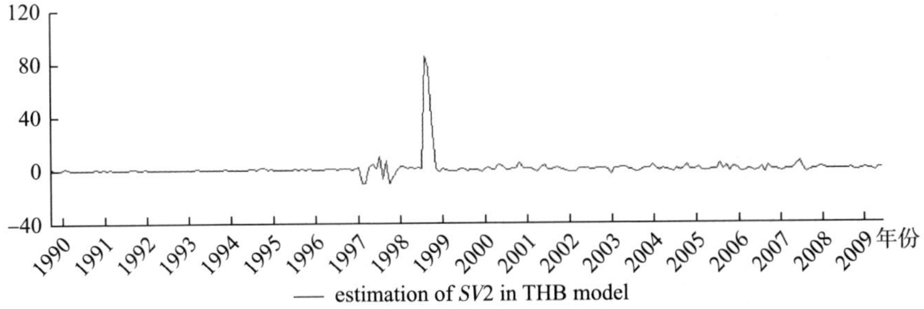

（h）THB模型中*SV*2

图 2.7　东盟五国汇率状态空间模型状态向量估计（续）

图 2.6 的回归结果表明，各国汇率波动幅度在 2005—2009 年要大于亚洲金融危机前的钉住时期，但模型回归残差波动基本保持在置信区间内，表明模型还算稳定。同样，从前文的分析中可知，2005 年左右各国汇率模型没有明显的结构变化。这种情况在汇率制度改革发生的所在国马来西亚也一样。因此，可以认为，马来西亚汇率制度由钉住美元转变为管理浮动汇率制度并未带来汇率的结构性变化。

还需要注意的是，菲律宾的汇率波动似乎特立独行。其波动的趋势与其他国家汇率不同，在 1990—2009 年都呈现出均匀的但相对大的幅度。比索汇率模型的全样本回归结果也是五个模型中最好的。

根据麦金农的美元本位理论和汇率制度决定理论，本节针对东盟五国从 1990 年到 2009 年的汇率波动情况进行了分时期、多角度的分析和比较。

首先，为了便于与 Fukuda（2005）的研究结果进行对比，本节沿用了其文章的时期划分，对印度尼西亚、马来西亚、菲律宾、新加坡和泰国五个国家汇率波动分时期建模，并进行对比分析。结论是，各时期美元和日元对五国货币汇率的影响不尽相同。总体上呈现出下降的趋势，但幅度不是很大，这两种货币在各国汇率中的作用仍然相当重要。

其次，本节还对模型进行了全样本时期建模和回归估计，回归样本包括 1990—2009 年的数据。对回归结果进行分析，并一一排除回归不显著的原因，最后将目标锁定在模型结构变化上。笔者认为，模型对实际数据模拟的不理想主要是由于长时期内各国汇率波动的形式产生了结构性变化。

最后，针对模型存在结构断点的情况，建立了状态空间模型。这一模型出自 20 世纪 80 年代提出的新理论，利用它可以对不断变化的模型结构进行估计和分析。根据模型估计的状态变量折线图和回归残差的折线图，可以很清晰地了解东盟五国汇率波动的具体状况。2005 年左右，各国汇率不存在结构性变化，只是波动幅度有所增大，即使在马来西亚也是如此。这表明，即使在马来西亚汇率改革后，即东盟五国集体的“浮动汇率制度”时期，五国货币对美元的依赖性依然很强。

2.2.2.2 有关东盟五国后危机时期事实汇率制度的进一步求证

上一节，本书运用常见的分时期的比较方法对东盟五国货币在亚洲金融危机后汇率运行的状况进行了详细分析，但因为没有理论上的判断依据，分析只能得到其波动性变化状况等简单的结论，要对危机后五国货币汇率制度的准确走向给出明确的结论，还需要进一步考察。

根据各国中央银行官方网站的资料，目前东盟五国官方法定汇率制度均为浮动汇率制度，其中印度尼西亚和菲律宾实行法定的独立浮动汇率制度，新加坡、泰国和马来西亚则实施法定管理浮动汇率制度。在对各国汇率实际运行状况进行考察之后，本书将进一步分析“后危机时期东南亚国家存在着法定汇率制度和事实汇率制度不一致”说法是否仍然有效，并且分国别对危机后初期学者有关“危机后东盟国家汇率制度究竟是走向浮动还是回归钉住”做出详细的解释。笔者借鉴并完善 Bubula Andrea 和 İnci Ötker-Robe（2002）、Carmen M. Reinhart 和 Kenneth S. Rogoff（2002）的分析法，来回答这个问题。

（1）关于软钉住

对于东盟国家汇率制度的争论，需要明确一个概念，就是什么是软钉住。这个概念在争论中往往被模糊化，不利于得出准确的研究结论。Bubula Andrea 和 İnci Ötker-Robe（2002）对“软钉住”给出了准确的定义和详细的分类（见图 2.8）。

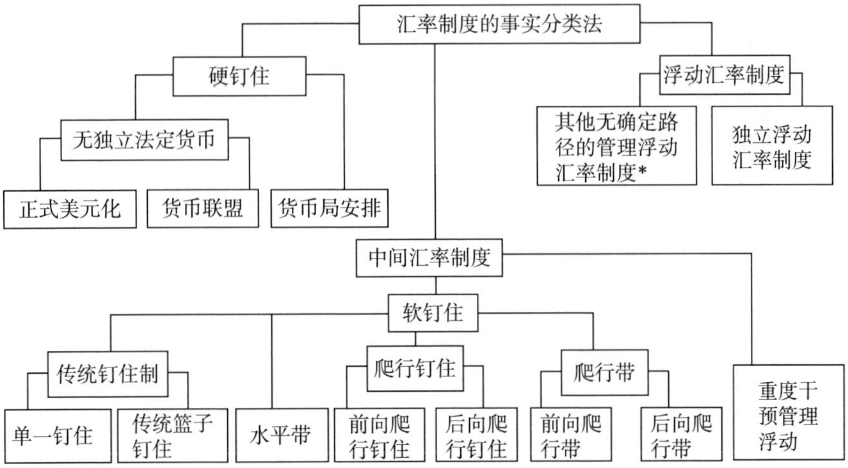

图 2.8 汇率制度的事实分类

注：* 表示不包括重度干预管理浮动制度。

资料来源：Bubula Andrea and İnci Ötker-Robe. The Evolution of Exchange Rate Regimes Since 1990: Evidence from de Facto Policies [R]. IMF Working Paper 2002/155 (Washington: International Monetary Fund).

根据前述提到的资料，软钉住是指中间汇率制度中除重度干预管理浮动外的其他类型，包括传统单一钉住制、传统篮子钉住制、水平带、前向爬行钉住、后向爬行钉住、前向爬行带和后向爬行带。可见，软钉住并不是某种类型的汇率制度，而是对属于中间类型的某几种汇率制度的统称。虽然被归入软钉住的汇率制度类型特征各异，但是有一个非常重要的特性，即汇率运行存在某种路径，譬如钉住、爬行钉住、水平带汇率制度等。因此，判断一种货币对另一种货币汇率运行是否存在软钉住现象，可以通过考察其汇率运行是否表现出某种路径来分析。

除此之外，Bubula Andrea 和 İnci Ötker-Robe（2002）在其文章里，对 13 种制度类型都给出了详细的定义和解释，其分类法是后文分析东盟五国事实汇率制度的基础和判断依据。

（2）东盟五国事实汇率制度进一步求证

根据莱因哈特（2002）的方法，在考察一国事实汇率制度时，需根据该国发展历史、经济联系等因素选取相应的参照货币来考察对象货币与这些参照货币汇率运行特征。根据莱因哈特的分析，新加坡、泰国、菲律宾和印度尼西亚的参照货币均为美元和日元，马来西亚的参照货币为美元、日元和英镑。

在对东盟五国货币兑其参照货币名义汇率波动进行分析时，本书借鉴了卡尔沃·莱因哈特（2002）的方法。在某一时期内，如果其月度汇率变动百分比绝对值小于 1%的概率大于等于 80%，则判定该时期为钉住汇率制度。随后根据汇率运行路径判断具体的钉住制度类型，如爬行钉住、水平钉住、移动钉住（Moving Peg）等。钉住不存在前提下，如果该时期内汇率月度变动百分比绝对值小于等于 2%的概率大于等于 80%，则判断该时期汇率波动类型为窄幅汇率带制度（Narrow Band）汇率波动。同时，汇率带制度具体类型的确认需要结合汇率运行路径的分析。不同的是，本书在判断窄幅汇率带制度时，增加了一项判断标准，即如果 2%的标准不满足，只要某一时期内月度汇率波动百分比绝对值小于等于 2. 25%的概率大于等于 80%，则同样可以判断该时期汇率波动类型为窄幅汇率带制度。

为了考察货币兑美元汇率波动演变情况，本书设计一个变量 U 来代表汇率在某一时期内波动性，令 $U=1-P$（$\varepsilon \leqslant 0.02$），$\varepsilon$ 代表汇率月度波动绝对百分比，P 代表任意滚动 5 年期内，汇率月度波动位于±2%狭窄范围内的概率。很明显，U 越大，表明该 5 年期内汇率波动性越高。

在判别管理浮动和独立浮动制度的方法上，本书借鉴了卡尔沃·莱因哈特的方法。首先建立组合变量 ε/P（$\varepsilon<1\%$），其中分子 ε 代表某一滚动 5 年期内月度汇率波动绝对百分比均值，分母 P 则代表汇率小幅波动的概率（如在±1%狭窄区域内）。其次建立 ε/P（$\varepsilon<1\%$）变量的统计分布。计算公认独立浮动货币兑美元在 1999 年 1 月至 2008 年 6 月所有 ε/P（$\varepsilon<1\%$），给出该变量的频率分布表。本书所选的公认独立浮动货币对包括：美元兑欧元、美元兑日元、美元兑英镑、美元兑澳元、美元兑新西兰元、美元兑瑞士法郎。根据这些独立货币计算的频率分布，找到 99%置信区间，该区间为（0.04，0.18）。该统计量及其分布在判别管理浮动和独立浮动时的应用方法为：对于研究对象国某一被归入浮动制度的时期，计算其 ε/P（$\varepsilon<1\%$）值，如果计算结果落入该 99%的置信区间，或者落入该区间右侧尾部区域，则判定研究对象货币在这一时期汇率制度类型为独立浮动汇率制度，否则判定其为管理浮动汇率制。

本部分分析参考图形见图 2.9 至图 2.13。

（1）泰铢汇率 PROB 分析

一是泰铢兑美元汇率分析。首先，查看泰铢兑美元 log（er）趋势，该趋势表明，泰铢兑美元汇率在危机后的 1999 年 1 月至 2008 年 6 月这一考察期，没有表现出明显的汇率路径和汇率目标。

其次，为了考察泰铢兑美元汇率波动演变情况，设计变量 U，令 $U=1-P$（$\varepsilon \leqslant 0.02$），$\varepsilon$ 代表汇率月度波动绝对百分比，P 代表任一滚动 5 年期内，汇率月度波动位于±2%狭窄范围内的概率。很明显，U 越大，表明该 5 年期内汇率波动性越高。如图 2.9 所示，U_{thb} 在 2004 年 9 月至 2008 年 1 月，持续维持在 0.15~0.20。并且，在 2004 年 9 月至 2005 年 7 月、2005 年 8 月至 2006 年 10 月、2006 年 11 月至 2008 年 1 月这三段时期，U_{thb} 值分别在该区间的顶部、底部和中部波动。之后的 2008 年 2—6 月和之前的 1999 年 1 月至 2004 年 8 月，U_{thb} 值均大于 0.2。对于 2008 年 2—6 月这一时期 $U_{thb/usd}$ 值的增加，笔者认为是受始于2007年的次贷危机影响所致。综合来看，1998年亚洲金融危机后的一段时期，泰铢兑美元汇率波动性始终比较小。

对泰铢兑美元5年期滚动概率分布进行分析，发现尽管汇率运行不存在明显的路径，但其波动性却非常小。在危机后的1999年9月至2008年6月，泰铢兑美元月汇率波动百分比绝对值小于等于2.25%的概率大于等于80%，与窄幅汇率带制度的波动性相当。

二是泰铢兑日元汇率分析。首先，查看泰铢兑日元汇率log（er）趋势，根据趋势，泰铢兑日元汇率波动性不存在明显的路径，计算并考察关于泰铢兑日元的U值，发现$U_{thb/jpy}$值在考察期始终位于0.4~0.5，这说明泰铢兑日元汇率波动性在危机后的1999年1月至2008年6月整个考察期都相当大，且与作为浮动国家基准国货币对的波动性相当。

其次，对泰铢兑日元汇率的5年期滚动概率分析表明，泰铢兑日元汇率波动性比较大，这一时期的泰铢兑日元汇率相对于危机前的传统钉住时期，波动幅度已经大大增加，并且接近于发达国家货币对日元汇率的波动程度。

根据上述分析，只需对泰铢兑美元汇率波动加以关注。在危机后的1999年1月至2008年6月，泰国实施法定管理浮动汇率制度。泰铢的汇率参考“一篮子货币”确定。既然泰铢兑美元汇率不存在明显的路径，可以认为泰铢在危机后时期已经不存在对美元的软钉住，更不存在危机前相当于传统钉住的“美元本位”现象。危机后的泰国汇率制度与危机前的钉住美元的美元本位制度有着本质的不同。1999年9月至2008年6月，泰铢兑美元月汇率波动百分比绝对值小于等于2.25%的概率大于等于80%。过小的波动意味着重度外汇干预的存在。因此可以判定，泰铢兑美元在这一时期的事实汇率制度为重度干预管理浮动汇率制度（Tightly Intervention Managed Floating）。根据BOR的汇率制度分类，这是一种中间类型的汇率制度，不属于浮动汇率制度。因此，严格意义上讲，泰国在危机后的1999年1月至2008年6月，仍然存在法定汇率制度与事实汇率制度不符的现象。

在考察期的1999年1—8月，汇率运行既不存在钉住，也不具备窄幅波动汇率带的特征，因此将其归入浮动制度类型。接下来，进一步判断其属于管理浮动还是独立浮动汇率制度。根据计算结果，泰铢兑美元汇率在1999年

1—8 月的 ε/P（$\varepsilon<1\%$）值为 0.021，位于 99%置信区间（0.04，0.18）的左侧尾部，因此判定这一时期的汇率制度类型为管理浮动汇率制度。

由上可以得出结论：1997—1998 年亚洲金融危机后，泰国的事实汇率制度为：1999 年 1—8 月的管理浮动汇率制度；1999 年 9 月至 2008 年 6 月的重度干预管理浮动汇率制度（中间汇率制度）。

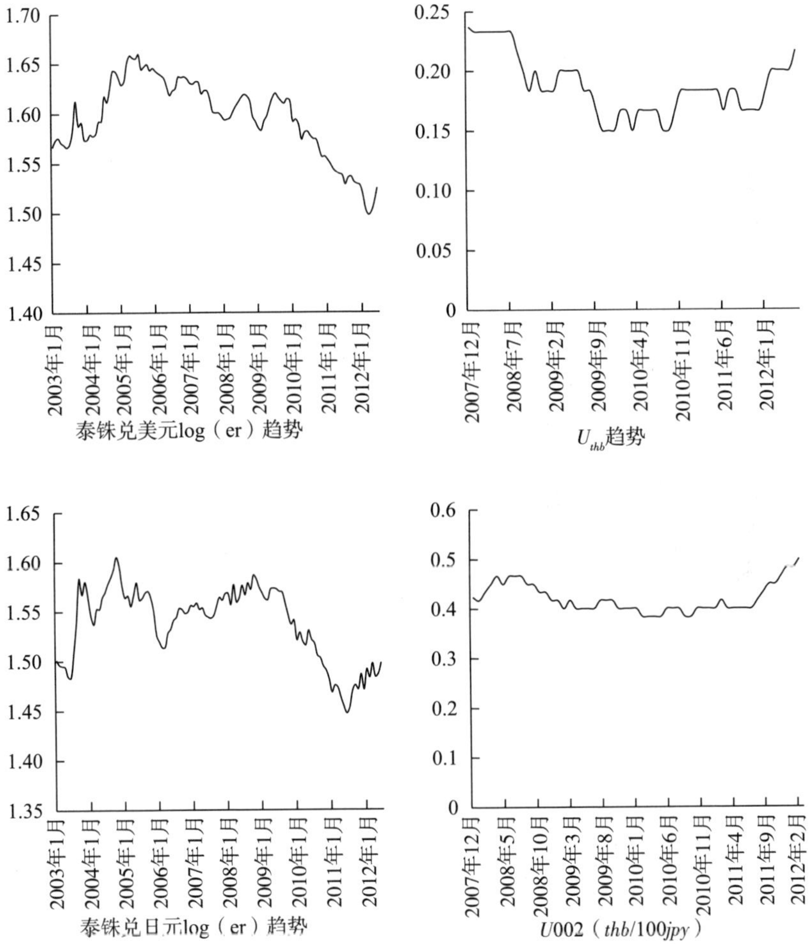

图 2.9 泰铢兑参照货币汇率运行

（2）菲律宾比索 PROB 分析

一是比索兑美元汇率分析。首先，查看比索兑美元 log（er）趋势，该趋势表明，比索兑美元汇率在考察期 1999 年 1 月至 2008 年 6 月，没有表现出明显的汇率路径和汇率目标。

其次，为了考察比索兑美元汇率波动的演变情况，同样计算变量 $U_{php/usd}$，该变量值越大，表明滚动 5 年期内汇率波动性越高。在亚洲金融危机后 2008 年国际金融危机前，比索兑美元 $U_{php/usd}$ 呈现出先下降后上升的趋势，但波幅不大，持续维持在 0. 07~0. 25（见图 2. 10）。尤其是 2005 年 9 月至 2008 年 6 月，持续低于 0. 20，远低于发达国家，也低于印度尼西亚 2006 年 1 月至 2007 年 12 月这一时期甚至低于泰铢兑美元的波动性。综合来看，1998 年亚洲金融危机后的一段时期，菲律宾比索兑美元汇率波动性始终比较小。

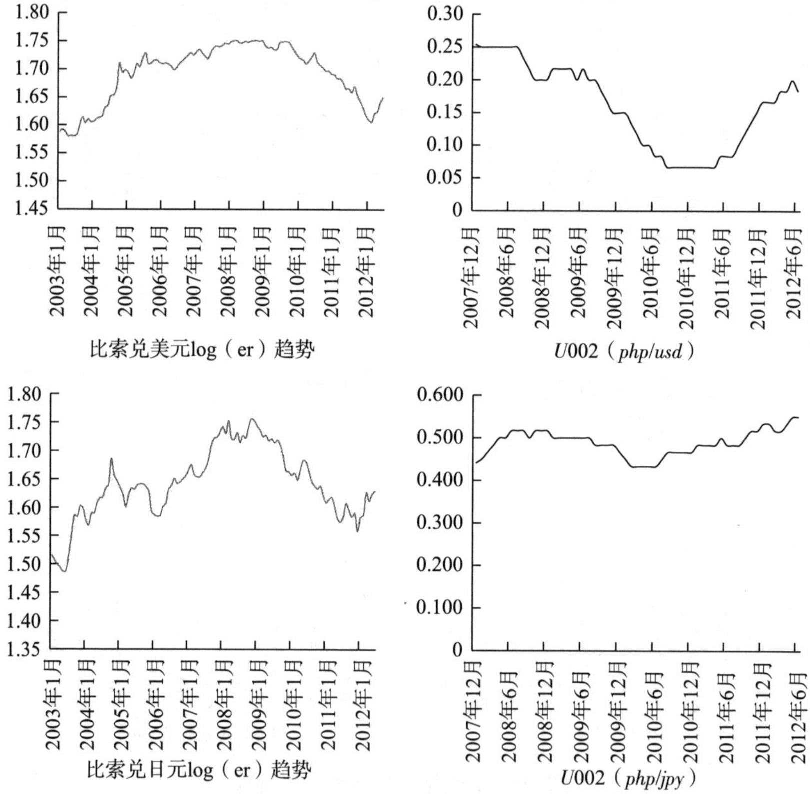

图 2. 10　比索兑参照货币汇率运行

对比索兑美元 5 年期滚动概率分布进行分析得出，尽管汇率运行不存在明显的路径和目标，但其波动性却相当小。与莱因哈特（2002）类似，本节将考察期划分为1999年1月至2000年7月和2000年8月至2008年6月两个时期。在危机后的2000年8月至2008年6月，比索兑美元月汇率变化位于±2%狭窄范围内的5年期滚动概率持续大于80%，其波动性和窄幅汇率带制度的汇率波动程度相当。其考察期5年期月度汇率变化均值也始终小于0.02（见图月度汇率绝对百分比5年期滚动均值）。另外，从比索兑美元汇率月度变化绝对百分比趋势可以看到，2007年8月至2008年6月，汇率月度变化百分比绝对值持续增大，但这一时期的5年期滚动均值以及5年期滚动概率表明其波动性仍然很小。因此，不宜简单认为其汇率波动性已经增加，而是更多地受到金融危机的影响的结果，或者需要更长时期来得出更准确的结论。

二是比索兑日元汇率分析。首先，观察比索兑日元汇率 log（er）趋势。根据趋势，比索兑日元汇率波动同样不存在明显的路径。

其次，计算并考察比索兑日元的 U 值，可以发现 $U_{php/jpy}$ 在考察期始终在0.4~0.6，尤其是2007年9月后，持续大于0.5。其波动性与作为独立浮动参照国家的货币兑日元汇率波动性相当。

对比索兑日元汇率的5年期滚动概率分析表明，该货币对汇率波动性与发达国家货币对的波动性相当，不存在任何窄幅波动现象。

三是综合上述分析，后续分析只需对比索与美元汇率波动性加以关注。

对比索与美元5年期滚动概率分布分析时，将考察期划分为1999年1月至2000年7月和2000年8月至2008年6月两个时期，分别对这两个时期进行详细分析。

在危机后的2000年8月至2008年6月，比索实施法定独立浮动汇率制度。根据菲律宾央行官网资料，比索汇率参考“一篮子货币”来决定。由上面分析可得，比索相对于其两个参照国货币的汇率运行均不存在明确的路径。可以认为，比索汇率在危机后时期已经不存在对美元的软钉住，更不存在类似于传统钉住的“美元本位”。因此，亚洲金融危机后，菲律宾汇率制度与危机前根本不同。

然而，在2000年8月至2008年6月，比索兑美元汇率波动百分比绝对值始终在±2%的狭窄范围内，其概率大于80%。同时，比索兑美元汇率月波动百分比 5 年期滚动均值也持续小于 0.02。波动程度之小和传统的窄幅汇率带制度汇率波动相当，这种过小的波动性意味着重度政府外汇干预的存在。综合判断得出，这一时期的事实汇率制度为重度干预管理浮动汇率制度。根据 BOR 的汇率制度分类，这属于中间汇率制度的一种，而非浮动汇率制度。因此，严格地讲，菲律宾在危机后的 2000 年 8 月至 2008 年 6 月，仍然存在法定汇率制度与事实汇率制度不符的现象。

在考察期的 1999 年 1 月至 2000 年 7 月，比索兑美元汇率运行既不存在钉住，也不具备窄幅汇率带波动特征，因此其事实汇率制度被归入浮动汇率制度类型。进一步地，计算比索兑美元在这一时期的 ε/P（$\varepsilon<1\%$），其值为 0.031，位于区间（0.04，0.18）左侧，因此判定比索兑美元汇率在 1999 年 1 月至 2000 年 7 月的事实汇率制度为管理浮动汇率制度，根据 BOR 的分类，应是“无明确汇率路径的其他管理浮动汇率制度”。这一时期不存在法定汇率制度和事实汇率制度不符的现象。

结论：1997—1998 年亚洲金融危机后，菲律宾事实汇率制度为：1999 年 1 月至 2000 年 7 月实行管理浮动汇率制度；2000 年 8 月至 2008 年 6 月实行重度干预管理浮动汇率制度（中间汇率制度）。

（3）新加坡新加坡元 PROB 分析

一是新加坡元兑美元汇率分析。首先，考察新加坡元兑美元 log（er）趋势，可以发现，危机后的整个考察时期，即 1999 年 1 月至 2008 年 6 月，新加坡元兑美元汇率运行没有表现出明显的汇率路径或汇率目标。

其次，进一步考察新加坡元兑美元汇率波动在危机后的演变情况，计算变量 $U_{sgd/usd}$ 得出任意滚动 5 年期内汇率月变化百分比绝对值大于等于 0.02 的概率，该变量值越大表明该 5 年期内汇率波动性越高。观察 $U_{sgd/usd}$ 趋势发现，该值在考察期取值非常小，几乎持续小于 0.1，尤其是 2005 年 7 月以后，且波幅较大。这表明，危机后时期的新加坡元兑美元汇率波动性非常小，不仅远远小于发达国家兑美元汇率，与其他四个东盟国家货币兑美元汇率相比也小得多。

对新加坡元兑美元月汇率波动 5 年期滚动概率分布的分析，进一步巩固了上述结论。整个考察期，新加坡元兑美元汇率波动不存在钉住现象，但其汇率月度变化百分比绝对值小于 0.02 的概率却始终在 90%的高位徘徊，说明新加坡元兑美元汇率波动性非常小，甚至小于窄幅汇率带的波动性。汇率月变化百分比 5 年期滚动均值（简单平均）始终位于 0.02 水平线以下，且从 2004 年 5 月后就持续小于 0.01。

二是新加坡元兑日元汇率分析。首先，考察新加坡元兑日元汇率 log（er）趋势，图 2.11 表明，危机后的新加坡元兑美元汇率运行没有明显的路径。

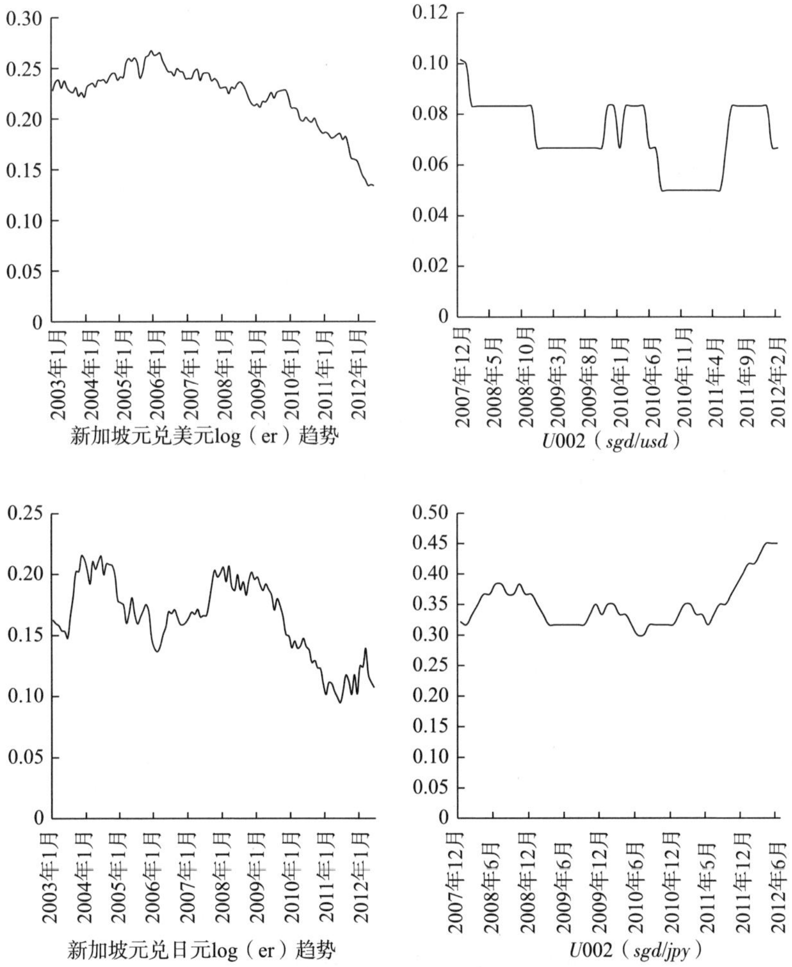

图 2.11　新加坡元兑参照货币汇率运行

其次，观察新加坡元兑日元 U 值趋势得出，新加坡元兑日元 U 值在危机后时期，基本大于 0.30。尽管在五个东盟国家中是最小的，但其波动性要大于兑美元波动性，尤其在 2007 年 11 月以后，接近瑞士法郎兑日元汇率的波动性。

对新加坡元兑日元汇率波动 5 年期滚动概率分布进行分析表明，新加坡元兑日元汇率在亚洲金融危机后不存在钉住或窄幅波动现象，其独立性基本与发达国家货币兑日元汇率波动性相当。

三是综上所述，只需对新加坡元兑美元汇率波动性加以关注。

危机后，新加坡元兑美元汇率运行不存在明确的路径，后危机时期的新加坡元汇率制度已经完全不同于危机前的“软钉住”或“美元本位”制度。但根据 5 年期滚动概率分布，新加坡元兑美元汇率在危机后的 1999 年 1 月至 2008 年 6 月波动性极小，月汇率变化百分比绝对值小于 2%的概率持续大于 90%，甚至超过了窄幅汇率带制度下汇率波动性。过小的波动性意味着政府频繁进行外汇市场干预，加之汇率运行无明确路径，可以认为，新加坡事实汇率制度为重度干预管理浮动汇率制度，这是一种中间类型的汇率制度，而不属于浮动汇率制度。而亚洲金融危机后，新加坡实施法定管理浮动汇率制度。因此，严格来说，新加坡仍然存在法定汇率制度与事实汇率制度不一致的现象。

（4）印度尼西亚卢比 PROB 分析

一是卢比兑美元汇率分析。首先，查看卢比兑美元 log（er）趋势，可以发现，卢比兑美元汇率在 1999 年 1 月至 2008 年 6 月不存在明确的汇率路径或汇率目标。

其次，计算 $U_{idr/usd}$，根据其变动趋势，我们发现，亚洲金融危机后，卢比兑美元 $U_{idr/usd}$ 值持续大于 0.30，说明卢比兑美元汇率波动性较大，在东盟五国中最大，但其数值逐步降低，由 0.60 降到 0.33。这说明卢比兑美元波动性也在逐步降低，即使如此，卢比兑美元汇率波动性仍基本和发达国家货币兑美元汇率波动性相当，该汇率的波动性基本达到独立浮动水平。

对卢比兑美元汇率月波动百分比 5 年期滚动概率进行分析，进一步证实了上述结论。卢比兑美元汇率在整个危机后考察期既不存在钉住也不存在波动性过小的现象，其汇率制度与危机前汇率制度根本不同。其 5 年期月汇率变化百分比滚动均值不仅远远大于 0.02，而且波动幅度巨大。

二是卢比兑日元汇率分析。根据卢比兑日元 log（er）趋势，图 2.12 表明卢比兑日元汇率运行不存在明确的路径。

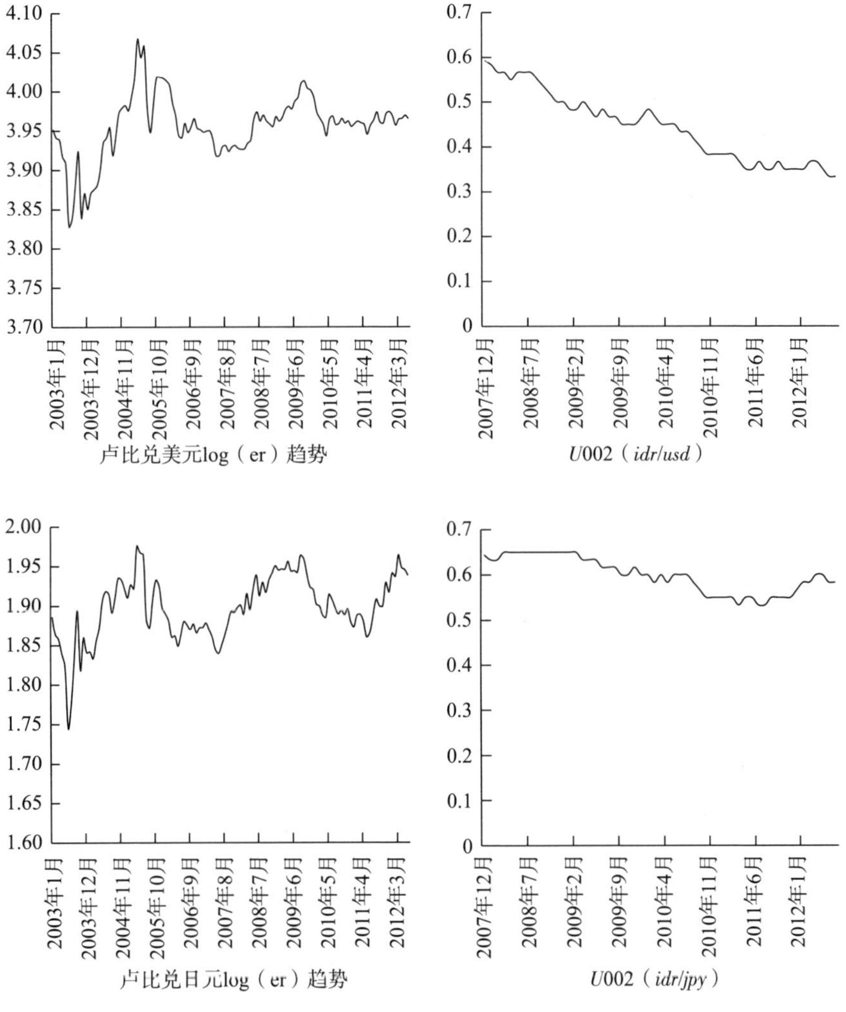

图 2.12　印度尼西亚卢比兑参照货币汇率运行

$U_{idr/jpy}$变动趋势也表明，卢比兑日元汇率波动性相当大，其值始终位于 0.30 水平线以上，不仅在五个东盟国家货币中兑日元汇率波动性最高，而且大于其他发达国家货币兑日元汇率 U 值。这说明，卢比兑日元汇率波动性已经达到独立浮动水平。

进一步考察卢比兑日元汇率 5 年期滚动概率，卢比兑日元汇率运行在危机后不存在钉住或窄幅波动的现象，其波动性已相当高，这与前文分析结论是一致的。

三是综上所述，无论是卢比兑美元汇率，还是卢比兑日元汇率，在危机后运行中都接近和达到独立浮动水平。为了进一步证实这一结论，分别计算了卢比兑美元汇率和卢比兑日元汇率在 1999 年 1 月至 2008 年 6 月的 ε/P（$\varepsilon<1\%$），结果分别为 0.097 和 0.168，均落入区间（0.04，0.18）内。根据卡尔沃·莱因哈特的方法，卢比兑日元和卢比兑美元汇率在 1999 年 1 月至 2008 年 6 月均达到独立浮动水平。这一时期，印度尼西亚实施法定独立浮动汇率制度，因此，事实汇率制度与法定汇率制度是一致的。

（5）马来西亚林吉特汇率分析

马来西亚在东盟五国中比较特殊，危机爆发后的 1998 年 9 月，马来西亚宣布实施林吉特单边钉住美元，固定汇率为 1 美元兑 3.8 林吉特，这一钉住制度一直持续到危机后的 2005 年 6 月。2005 年 7 月，马来西亚从单一钉住美元转向管理浮动汇率制度，由于本研究考察期限较短，以及马来西亚此前单一钉住美元的制度特殊性，除了使用滚动概率分析法外，还通过时期截取法对 2005 年 7 月至 2008 年 6 月，即法定管理浮动汇率制度下的林吉特汇率进行单独时期分析（见图 2.13）。

一是林吉特兑美元汇率分析。

首先考察林吉特兑美元汇率 log（er）趋势，可以发现 2005 年 7 月以前，log（er）是一条水平线，这是因为亚洲金融危机后 1998 年开始，马来西亚实施单一钉住美元的汇率制度。之后的 log（er）则向下波动，表明汇率制度改革后，林吉特缓慢升值，但其运行没有呈现出明确的路径。

观察林吉特兑美元汇率 $U_{myr/usd}$变化，发现其在 2006 年 11 月前为一条水平线，之后则呈现出台阶式增加的趋势。但到 2008 年 6 月时，该值为 0.083，仍然非常小，这表明管理浮动汇率制度下的林吉特兑美元汇率波动性仍然非常小，其波动之小甚于窄幅汇率带波动水平。

对林吉特兑美元5年期滚动概率分析进一步明确了上述结论。在考察期1999年1月至2008年6月中，其汇率在1999年1月至2006年11月，月汇率变动百分比小于2%的概率为100%。说明汇改后林吉特升值是非常缓慢的小幅升值，但其波动性也在逐步加大，其汇率月变化百分比5年期均值是持续增加的。不过，在整个考察期，月汇率变化百分比小于2%的概率持续大于80%，说明整体上林吉特兑美元汇率波动性与窄幅汇率带制度下汇率波动水平相当。

二是林吉特兑日元汇率分析。

从林吉特兑日元 log（er）趋势得到危机后林吉特兑日元汇率运行不存在明确的路径。

计算得出的 $U_{myr/jpy}$ 也表明，林吉特兑日元汇率波动性比较大，在整个考察期基本大于0.4。这与发达国家兑日元汇率波动性基本相当，说明林吉特兑日元汇率波动性基本达到独立浮动水平。

对林吉特兑日元汇率5年期滚动概率进行分析。上述结论得到加强，林吉特兑日元汇率在整个考察期不存在任何钉住或窄幅波动现象。

三是本研究还增加了林吉特对英镑汇率运行的考察。

首先，考察林吉特兑英镑汇率 log（er）运行趋势，没有发现明确的汇率路径的存在，其汇率运行呈随机游走趋势。

其次，计算 $U_{myr/gbp}$ 得出，林吉特兑英镑汇率运行波动性也比较大，整个考察期大于0.3，逐步增加，这表明林吉特兑英镑汇率波动性在增加。尽管林吉特兑英镑汇率波动性在危机后初期要低于兑日元波动性，但2006年以后，其波动性已经与兑日元波动性相当，也与其他发达货币之间的波动性相当。

对林吉特兑英镑汇率5年期滚动概率进行分析，没有发现危机后林吉特兑英镑汇率存在钉住或窄幅波动的特征，其波动性相当大，这与前文分析结论一致。

四是综上所述，只需分析林吉特兑美元汇率的特性。

在整个考察期，林吉特的法定汇率制度有两种，1999年1月至2005年6月实施钉住美元汇率制度，2005年7月至2008年6月实施法定的管理浮动汇率制度。在管理浮动汇率制度时期，林吉特兑美元汇率运行没有明显的路径，呈现出缓慢小幅升值，其 2 年期和 5 年期月汇率变化均值都呈现上升趋势。同时还注意到，这一时期汇率波动性还相当小，甚至小于窄幅汇率带制度下的汇率波动水平，这说明马来西亚政府对于林吉特汇率放开比较谨慎。同时，说明这一时期政府外汇干预也比较频繁，属于重度干预管理浮动汇率制度。因此，从“浮动汇率制度分为管理浮动汇率制度和独立浮动汇率制度两类”这样的共同认知来说，2005 年 7 月至 2008 年 6 月，马来西亚的事实汇率制度还不属于浮动汇率制度，而是属于中间类型汇率制度的重度干预管理浮动汇率制度。这一时期，马来西亚仍然存在法定汇率制度和事实汇率制度不一致的现象。但是，林吉特兑三种参照货币汇率运行在管理浮动汇率制度下均不存在明显的汇率路径，这已经充分证明，危机后的马来西亚汇率制度与危机前的“钉住”已经根本不同，“美元本位”不复存在。

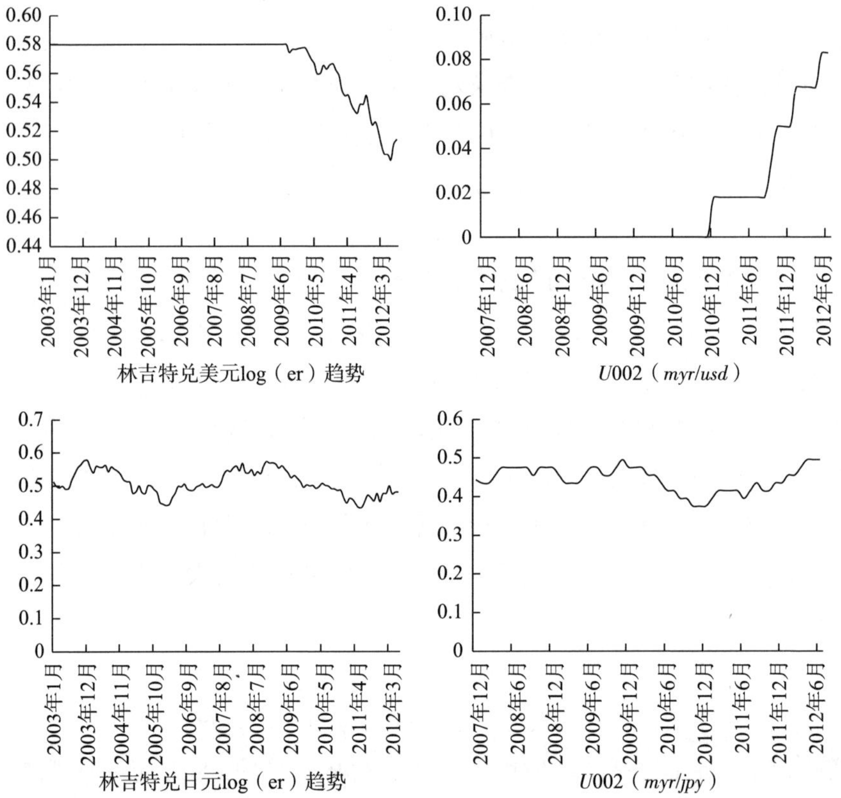

图 2.13　林吉特兑参照货币汇率运行

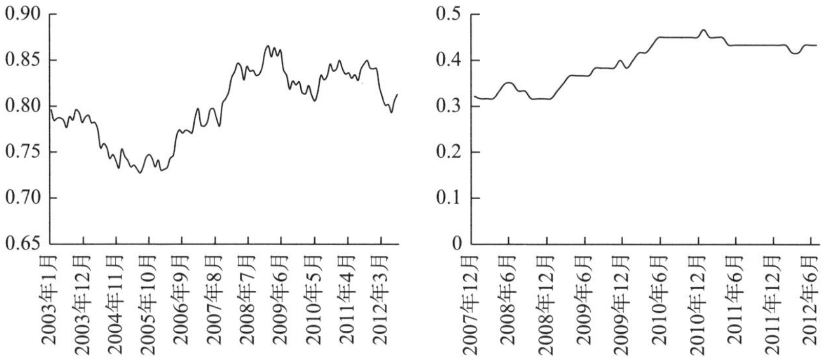

林吉特兑英镑log（er）趋势　　U002（*myr/gbp*）

图 2.13　林吉特兑参照货币汇率运行（续）

2.2.2.3　总结

根据上文详细的考察分析，1997—1998 年亚洲金融危机后到 2008 年国际金融危机爆发前这段时期，东盟五国货币兑日元汇率波动性已全部达到独立浮动水平。其中，印度尼西亚卢比兑日元汇率波动性最高，不仅在五个东盟国家中是最高的，而且高于所考察的独立浮动货币（欧元、瑞士法郎、美元、英镑）兑日元汇率的波动水平。新加坡元兑日元汇率波动性最小，但也基本达到浮动水平，并且在 2007 年底之后有所增加（见图 2.14），接近瑞士法郎兑日元汇率的波动程度。其他三个东盟国家货币兑日元汇率波动性居中，同样达到独立浮动水平。

图 2.14 为各考察货币兑美元、日元 *U* 值变动。

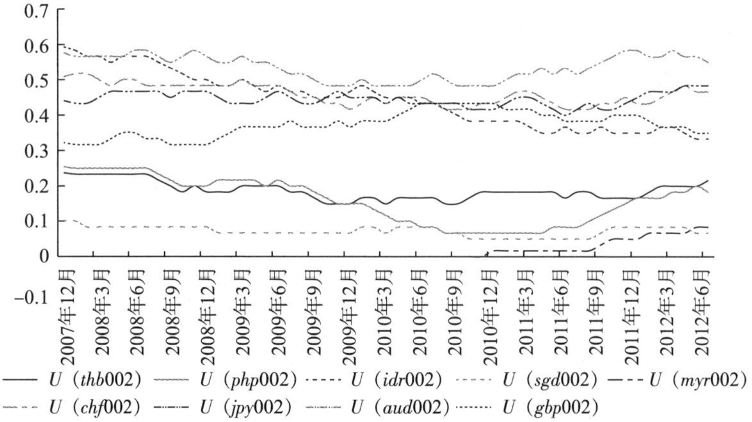

各考察货币兑美元汇率波动U值演变修正后

图 2.14　各考察货币兑美元、日元 *U* 值变动

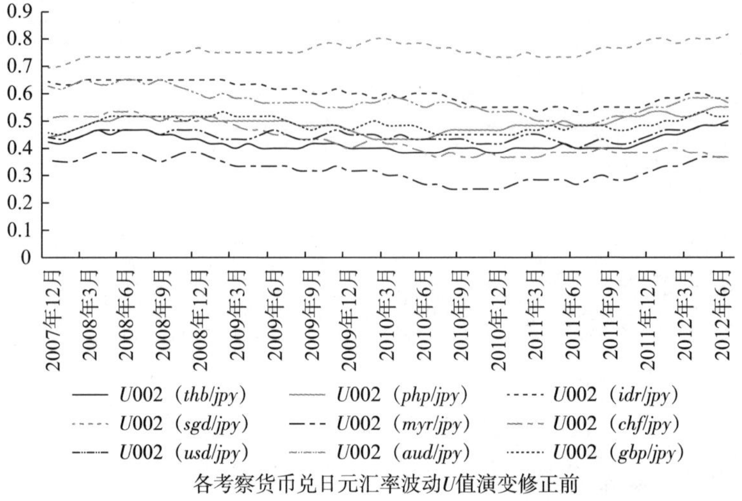

图 2.14　各考察货币兑美元、日元 U 值变动（续）

尽管各国货币兑日元汇率波动性在危机后大大增强，但这些货币对美元似乎仍有相当程度的依赖性，而这则成为判断各国事实汇率制度与法定汇率制度是否一致的重要依据。

需要强调的是，危机后的 1999 年 1 月至 2008 年 6 月，东盟五国货币兑美元汇率运行均未呈现出明确的汇率路径。这表明，危机前各国的“软钉住”汇率制度已经不复存在，危机后的汇率制度与危机前的“钉住美元”制度已经根本不同，“美元本位”已不再是事实。

然而，尽管汇率运行没有明确的汇率路径，但从各国货币兑美元汇率波动性上考察，可以发现，各国货币对美元依赖性依然相当高，这些货币兑美元汇率波动性很小，基本与属于“软钉住”的窄幅汇率带制度下的汇率波动水平相当。由于各国汇率运行情况差异较大，东盟五国危机后事实汇率制度如表 2.11 所示。

表 2.11　东盟五国危机后事实汇率制度

国家	时期	事实汇率制度类型	事实汇率制度与法定汇率制度是否一致
新加坡	1999 年 1 月至 2008 年 6 月	重度干预管理浮动汇率制度	否

续表

国家	时期	事实汇率制度类型	事实汇率制度与法定汇率制度是否一致
马来西亚	1999年1月至2005年6月	钉住美元汇率制度	是
	2005年7月至2008年6月	重度干预管理浮动汇率制度	否
泰国	1999年1月至1999年8月	无明确路径的其他管理浮动	是
	1999年9月至2008年6月	重度干预管理浮动汇率制度	否
菲律宾	1999年1月至2000年7月	无明确路径的其他管理浮动	是
	2000年8月至2008年6月	重度干预管理浮动汇率制度	否
印度尼西亚	1999年1月至2008年6月	独立浮动汇率制度	是

各国央行并未公布所实施的管理浮动汇率制度是中间类型的管理浮动汇率制度还是属于浮动制度的管理浮动汇率制度。但对于浮动汇率制度，学界往往将其分为独立浮动和管理浮动两种类型。根据这一分类，可以判定各国央行宣布的管理浮动汇率制度是浮动汇率制度的一种类型。根据表2.11，五个东盟国家中，只有印度尼西亚的事实汇率制度与法定汇率制度是一致的，均为独立浮动汇率制度，其他四国近期的汇率运行均存在“事实汇率制度和法定汇率制度不一致”的现象。1997—1998年亚洲金融危机后，这些国家的事实汇率制度既没有回归麦金农的“美元钉住”，也未走向浮动，而是转向了中间汇率制度。

2.3 东盟五国汇率制度新发展

2008年9月，美国主要投资银行雷曼兄弟破产标志着由美国次贷危机引起的国际金融危机全面爆发。由于世界各国金融市场及相关衍生品市场紧密相连，次贷危机通过各类渠道扩散到全球。信贷急剧紧缩使市场信心迅速恶化，危机波及实体经济，金融危机逐步演变为全球范围的经济危机。东盟国家也未能幸免。这场经济危机的冲击，加上泰国、马来西亚以及菲律宾发生的政治动荡使各国在2009年经济增长大受打击，甚至出现了负增长。但吸取亚洲金融危机的经验教训，各国政府积极采取措施应对冲击使经济在2010年迅速恢复增长，并且避免了类似1997—1998年亚洲金融危机中汇率制度突变的发生。

2.3.1 东盟五国积极应对经济危机冲击

由于国际金融危机的冲击，东盟五国在2008年下半年到2009年上半年经济受到全面影响。出口、消费及投资均受到打击，失业率增加，工业生产下降，整体经济增速减缓甚至出现负增长。

2.3.1.1 2008年国际金融危机的影响

在国内政治斗争激化和国际金融危机的双重打击下，泰国经济在2008年第四季度急速下滑，作为国家支柱产业的出口和旅游严重萎缩，第四季度GDP增长率不到1.0%。2009年上半年，泰国经济萎缩6.0%。2009年全年GDP增长速度在东盟五国中最低，急剧下滑至-2.3%。出口在2009年上半年同比下降23.5%，进口下跌35.4%。2009年全年出口额比2008年下降14.0%，出现三十年来最大跌幅。泰国黄金价格进入2009年后一路飙升，由年初的每铢（泰国计量单位）14000铢左右飙升至11月底的20000铢。2009年上半年，泰国观光的游客减少了22.0%，导致其旅游损失超过2000亿铢，曼谷酒店预订率不到30.0%，旅游业损失惨重。由于国外市场需求下降，制造业生产2009年下降5.1%，资本货物和高科技产品受打击最为严重，比如汽车和电气产品等，私人投资和私人消费也受到严重影响。2009年，泰国私人部门投资下降13.0%，外国直接投资持续低迷。

经济危机期间，受石油价格迅速下降的影响，高度依赖石油、棕榈油出口的马来西亚经济在2008年第三季度增速开始放缓，季度增长率4.7%，低于上期。9月，吉隆坡综合指数跌至963点，为两年来的最低水平。马来西亚电子业深受冲击，其订单量于2008年下半年大幅度减少，部分以出口为导向的厂商订单量下降20%~30%。2009年，国际金融危机对马来西亚经济发展继续造成严重影响，其经济在该年第一季度明显衰退，下降6.2%，出现自2001年第四季度以来首次衰退。出口和工业生产大幅度下滑，马来西亚商品出口下降21.0%左右，占比40%左右的电子和电气产品降幅为11.0%。制造业（主要是电子和电气）下滑9.3%，固定资本投资下降5.5%，金融危机还直接制约其外资引进，马来西亚制造业外国直接投资比上年下降52.0%。2009年，马来西亚全年经济增长率降至-1.7%。

2008年下半年，随着区域及全球经济形势的恶化，新加坡经济陷入衰退。2009年上半年，经济出现了整体的大幅下滑。新加坡商品和劳务贸易下降接近12.0%，为30年来最大降幅，制造业生产下降4.1%。危机还影响到私人投资和消费，当年固定资本投资下降3.1%，私人投资下降5.3%，在一定程度上抵消了公共部门投资14.4%的增长。该年度新加坡人均收入下降6.5%，私人消费额下降0.5%。新加坡经济增长率更是降至-2%。

2008年第三季度，印度尼西亚经济开始受到国际金融危机的不良影响。股市大跌且震荡加剧，10月9日，一度被迫关停。卢比汇率下降，一度触及9700盾/美元。印度尼西亚出口下降，工业生产增幅减缓，其中纺织、机械设备生产降幅分别为30.61%和17.30%。2009年，经济遭受更大冲击，出口商品价格下降和海外市场需求萎缩造成2009年商品出口额下降14.4%。此外，失业率陡增，其中大学生失业人数由2008年的74万人增至90万人左右。印度尼西亚制造业受到打击的程度比其他国家小，但是也仅增长2.1%。印度尼西亚投资放缓，固定资本投资仅仅增长3.3%，机械设备的投资下降9.2%。2009年印度尼西亚外国直接投资下降43.0%，仅为53亿美元。尽管如此，印度尼西亚经济依靠强劲的国内市场避免出现类似于本地区其他国家的负增长。

2008年上半年，米价、油价暴涨尚未完全过去，下半年国际“金融海啸”的寒流又迎面袭来，菲律宾的经济困难进一步加重。受雷曼兄弟公司破产影响，9月15日菲律宾股市暴跌4.2%，16日股市和汇市继续下跌，菲律宾证券交易中心综合指数下跌111.23，跌幅4.385%；比索贬值到1美元兑47.2比索。一些银行的股票发生暴跌现象，如首都银行股价下跌10.8%，菲岛银行下跌3.5%，金融银行下跌15.4%。截至11月底，菲律宾股市市值自年初以来已损失3.58万亿比索（约750亿美元），跌幅达55.0%。除股市汇市大幅度下跌外，海外劳工、服务外包、电子产品、国外援助和农产品出口五大行业也受到严重冲击。2008年，国内工业生产，尤其是出口导向的制造业增速由于国际需求下降开始减缓，进而萎缩。占GDP 50%的出口，在该年年底时下降，并最终陷入衰退，导致2008年GDP增速仅为3.8%，低于上年增速，并在2009年上半年进一步减速。2009年，面临经济危机和台风灾害的双重打击，菲律宾经济仅依靠海外劳工汇款和服务业的强劲增长而免于衰退，实现微幅增长。由于传统出口电子商品和服装产品滞销，菲律宾2009年出口额下降22.0%，为375亿美元，是2003年以来最低点。其工业生产和制造业分别下降2.0%和5.1%。2009年，菲律宾全国失业率升至7.5%（半失业率为19.1%）。2009年全年，菲律宾经济增长率只有0.9%。

2.3.1.2 各国应对国际金融危机的措施

面对经济危机的冲击，东盟五国政府主动采取措施应对，主要通过采取扩张性的财政刺激计划、宽松货币政策以及帮贫扶困等社会保险和社会安全措施等减小危机造成的经济增长动力不足、失业率急剧增加等负面影响，减缓经济衰退。2008年6月，泰国政府将2008—2009财年的财政支出提高到18400亿泰铢（约550亿美元），财政赤字为2495亿泰铢，相当于国内生产总值的2.4%。这一计划于9月19日获得国会批准。另外，政府宣布自8月1日起实施总额460亿泰铢的“一揽子经济”刺激计划，包括通过国有银行为农民和低收入者提供贷款，为还贷困难的农户办理长达三年的贷款延期，为农民提供培训，为低收入家庭提供住房优惠贷款，削减燃料税、减轻或免除低收入家庭的公共设施使用费，为曼谷地区的贫困人口提供免费公交服务，以及提供全国范围内铁路三等车厢免费乘坐等政策措施。除此之外，沙马政府和继任的颂猜政府还继承了前总理他信的促进农村发展和反贫困的政策。

民主党政府上台后，继续执行扩张性的财政政策。泰国政府推出3000亿泰铢（约86亿美元）的“一揽子经济”刺激计划，以推动泰国已显疲态的经济。2009年2月3日，泰国内阁批准向国际金融机构商借20亿美元以振兴因连串示威和国际金融危机而受打击的经济。此外，阿披实还采取了一系列措施来振兴泰国旅游业，试图通过旅游业的振兴带动经济复苏，其中还包括免收旅客入境签证费以及减少飞机降落费。6月7日，阿披实总理促请国会议员批准一项总值220亿美元的贷款，以便为振兴经济配套提供所需的资金，创造200万个就业机会①。另外，阿披实还继续执行前总理他信的照顾草根阶层利益的经济政策。民主党政府财政部部长孔恩于12月23日宣布了总额1000亿泰铢至1800亿泰铢的扩张性的财政预算方案。12月26日，阿披实总理宣

① 王士录．东南亚报告2009—2010［M］．昆明：云南大学出版社，2010：182.

布在2009年内将政府部门支出扩大3000亿泰铢（约合87亿美元），以支持农业项目和基础设施项目的实施，推动经济发展。

2008年，泰国的货币政策经历了由紧缩到扩张的急剧调整。上半年，由于通货膨胀率上升，作为中央银行，泰国银行的主要任务是执行紧缩的货币政策以控制通胀。针对7月消费者物价指数升至9.20%，核心通货膨胀率3.70%，泰国银行于7月中旬和8月底两次提高基准利率，每次提高0.25个百分点，最后达到3.75%。8月以后，随着国际油价下降和国内燃油税减税措施生效，消费者物价指数降至6.40%①。为减轻全球金融危机的冲击，泰国银行大幅度放松银根，于12月3日将基准利率从3.75%猛降至2.75%。至2009年4月，泰国政策利率为1.25%，下降250个基点。2010年5月，泰国的利率仍保持在1.25%的低水平。

马来西亚政府采取了强有力的政策应对国际金融危机，包括扩张性财政政策和适应性货币政策。政府分别于2008年11月和2009年3月发布两个独立的“一揽子经济”刺激政策，其金额相当于GDP的1%和9%。这意味着，在两年时间内将有占GDP 3.5%的财政资金直接注入经济。金额为70亿林吉特的第一个经济刺激计划，主要集中于基础设施发展和公共投资方面②。这一刺激计划包括拨款12亿林吉特兴建更多的廉价以及中价房；拨款6亿林吉特对公共基建进行维修以及修筑乡村公路、公共礼堂及小型桥梁；拨款5亿林吉特用于维修学校、医院和公路等公共设施；拨款2亿林吉特用于人力资源培训计划；拨款15亿林吉特成立投资基金，提供民营高增长企业简易贷款或资本；拨款4亿林吉特用于高速宽频发展计划；拨款2亿林吉特用于儿童学前教育等③。2009年3月10日，为了进一步刺激经济，马来西亚政府宣布将在未来两年内实施总额600亿林吉特的第二轮刺激经济配套措施，该方案成为马来西亚有史以来最大笔款项的经济振兴方案。方案目的在于通过提供培训项目，支持私人部门投资和中小企业发展来增加就业。配套措施包括财政

---

① 王士录．东南亚报告2008—2009［M］．昆明：云南大学出版社，2009：133.

② The ASEAN. Country Report of the ASEAN Assessment on the Social Impact of the Global Financial Crisis：Malaysia［EB/OL］. http：//www. aseansec. org/publications/ARCR/Malaysia. pdf, 2012.

③ 王士录．东南亚报告2008—2009［M］．昆明：云南大学出版社，2009：154.

注资150亿林吉特、担保基金250亿林吉特、股票投资100亿林吉特、私人主动融资及非预算案计划70亿林吉特，以及税务奖励30亿林吉特。

另外，为促进投资和消费，马来西亚自2009年初开始连续降息，降低银行法定准备金率。2009年2月，马来西亚央行下调隔夜政策利率至2%。马来西亚平均贷款利率从2008年底的5.9%降至2009年底的4.8%。宽松货币政策配合扩张性财政刺激使经济很快走出危机实现复苏。

面对危机造成的经济低迷，新加坡政府积极主动采取措施。2009年1月，新加坡政府宣布的2009—2010财政年度预算案包括了一个205亿新加坡元的刺激计划，以帮助企业渡过难关。该刺激计划首次动用国家储备金49亿新加坡元，是新加坡政府第一次动用非本届政府任期内所累积的国家储备金，也是当时按人口平均来计算的全世界金额最高的一个预算案。该刺激计划旨在抢救经济，保就业，也取得了明显的成效。新加坡的经济形势从第二季度开始逐步向好。新加坡政府还鼓励并支持企业积极引进人才以提升新加坡在经济复苏时期的竞争力。总体来看，2009年新加坡政府的经济刺激配套措施包括五个方面：①为了新加坡人的工作。为了帮助新加坡人就业，政府支出51亿新加坡元用于就业信贷项目、技能提升和更新培训，支持劳动福利计划项目以及扩大公共部门招聘。②刺激银行信贷。为保证破产公司获取贷款正常运营，维持正常就业职位，政府支付58亿新加坡元以实施特定风险共担倡议(Special Risk-Sharing Initiative，SRI)。该倡议包括一个新的过桥贷款项目和贸易融资的风险共担计划。③提升商业现金流和竞争力。政府支出26亿新加坡元以为商业现金流提供保障，并增强新加坡竞争力。具体措施包括税收宽减措施和现金流压力缓解。④家庭支持。倡议金额中的26亿新加坡元将用于为家庭和社区在本次衰退中提供额外的支持。具体包括：对新加坡家庭直接资助；增加对弱势群体特定扶助；对慈善和社区事项的额外支持。⑤对于雇主临时雇佣行为，政府向雇主发放雇佣补贴，降低公司所得税率，实施个人所得税退税，并且对低收入者增加资助。这些措施对于减少企业裁员、稳定社会秩序和刺激经济起到了很大的作用。

与1997—1998年亚洲金融危机应对不同，印度尼西亚政府面对本轮危机主动出击，通过加强监管、扩大内需积极应对。2008年底，苏西洛总统亲自主持内阁会议，制定了克服危机的10项措施，这些措施包括所有国企必须把外汇账户放在同一国营银行，国企每周报告所用外汇，每天更新外汇存款报告，保护外汇储备，维护开支平衡；加速获得双边或多边资金援助的基建工程建设；政府与央行合作回收一定数量的国债券，维护市场对国家债券的信心；必要时，利用中国银行、日本银行和韩国银行的双边货币互换协议进行交易，加强外汇储备或保持开支的流通；政府向进口商提供缴费保证或以贴现和信用证方式协助交易，以保证出口顺畅；加强物流方面的监督等。此外，政府还把银行存款保证金由1亿印度尼西亚盾（10000印度尼西亚盾约合1美元）增加到20亿印度尼西亚盾，加大对银行的监管力度，控制货币平衡和支付平衡，降低风险，改善资产成分。政府果断接管资本金充足率严重不足的私营世纪银行，以保护银行资产和客户权益，避免银行倒闭的多米诺骨牌效应；限制银行客户、外国人购买美元的数量①。

货币政策方面，从2008年11月到2009年8月，印度尼西亚央行降低政策利率共300个基点，至6.5%（为2005年以来的最低点）。直到2010年年中，印度尼西亚持续保持低利率水平。在财政政策上，2008年，印度尼西亚政府发布了一个73万亿卢比（约73亿美元）的经济刺激计划，整个计划金额占GDP的1.5%，与其他东盟主要国家相当。其中，总额35.7万亿印度尼西亚盾的基础设施建设预算包括公路建设与维修预算资金约17万亿印度尼西亚盾（合15.45亿美元）。该配套措施的目标在于增强消费者购买力，保护商业部门免受全球经济衰退影响，以及增加就业以减缓私人部门失业增加的影响。除了政府的经济刺激计划外，亚洲开发银行、世界银行、日本和澳大利亚政府还提供了总额55亿美元的贷款帮助政府不间断地提供社会服务，防止国际金融危机导致政府公共开支的严重下降。该项贷款的存在有利于借贷者以及投资者在危机中保持对印度尼西亚经济的信心。2009年初，印度尼西亚政府发放贫困家庭救济金，政府提供税收优惠和补贴以支持私人消费。企业所得税也从30.0%降至28.0%，个人所得税从35.0%降至30.0%。印度尼西亚还对受到沉重打击的经济作物（如天然橡胶、棕榈油等）的生产实施如低

① 王士录．东南亚报告2008—2009［M］．昆明：云南大学出版社，2009：163.

息贷款等一系列扶持措施。这些在一定程度上降低了贫困率，2009年3月，印度尼西亚贫困率为14.1%，失业率从2009年2月的8.1%降至该年8月的7.9%。

2008年，为了有效应对危机、刺激经济增长，菲律宾政府采取了一系列措施。10月22日，阿罗约总统出席第34届菲律宾商业大会时宣布，菲律宾政府将和私营部门共同筹集1000亿比索（约21亿美元）的基金来刺激基础设施建设，以此减缓国际金融危机的影响。她表示，政府资金将由政府服务保险系统、社会安全系统、菲律宾发展银行、菲律宾土地银行、国家发展公司五大国营公司各自承担100亿比索来筹集。同时，菲律宾政府宣布放弃在2010年之前实现财政预算平衡的目标，并宣布了一项“可持续发展方案”，计划投资3000亿比索（约63亿美元，相当于GDP的4%）为国内经济发展打一剂“强心针”[①]。该计划主要用于改善基础设施、为小企业提供启动资金、健全社会保障体系以及创造更多就业机会等。其中，一半金额（1600亿比索）来自政府2009年预算相对于上年度预算的增加额，将被用于小型基础设施工程及选定的社会保护项目的扩张。另外，400亿比索为税收调整，包括公司所得税计划减免和个人所得税进一步减免。其中，公司所得税将从35%降至30%，将使企业增加投资额约200亿比索；个人所得税减免将增加收入200亿比索。大约100亿比索将经由政府服务保险系统（GSIS）、社会安全体系（SSS）和政府所有及控制的公司投向大型基础设施。

货币政策方面，菲律宾央行采取宽松的货币政策，通过降低利率、放松银根等措施刺激经济增长，减轻国际金融危机对菲律宾经济的负面影响。从2008年底到2009年7月，菲律宾央行下调政策利率200个基点至4%，为20年来的最低水平，同时还降低商业银行的存款准备金比例要求，允许银行开展针对更多种债券的贴现服务。

为了给失业人员提供工作，政府提前启用准备用于2009年上半年的基础设施工程支出。2009年初，实施基础设施工程建设的政府机构，如公共道路和工厂部、交通和通信部、农业部以及教育部受托提前进行大约950亿比索（约合20亿美元）的工程建设，相当于1600亿比索经济刺激计划的60%。基

① 王士录．东南亚报告2008—2009［M］．昆明：云南大学出版社，2009：200.

础设施建设基本经由快速通道进行以为受全球经济危机影响而失去职位者创造工作。这类工作包括对交通基础设施如公路、农场到市场道路以及学校建筑包括教室及学校厕所设施的建设、维修与重建。针对国际金融危机可能对800多万在海外工作的菲律宾海外劳工带来的影响，菲律宾政府也制订了一项应急计划，以应付他们可能面临的失业问题。阿罗约总统说，菲律宾有关部门将为菲律宾海外工人注册，并在有需要时将他们重新安排到新的劳动力市场。政府还分配更多资金用于社会保护项目的扩张和加强。经济刺激计划中的1600亿比索同样还包括增加预算用于社会保护项目，其中含有条件的现金转移支付项目、有条件的商品为基础的转移项目、对穷人的保险补贴，以及培训和奖学金。政府也分配更多资金来提升社会服务（如通过聘请护士到农村地区工作），强化设施以及改善基础和中等医院的人力资源。

2.3.1.3　各国经济复苏简况

2009年，东盟五国经济先是延续2008年的经济严重衰退，之后随着国际经济形势回暖及经济刺激计划的实施，在2009年下半年逐步走向复苏，2010年已基本摆脱危机影响，经济增长恢复危机前的增长势头。

印度尼西亚由于出口量和出口商品价格上升，以及财政货币刺激政策发挥了较大的作用，2009年前四个月出口比上年同期提高51.0%，实际外国直接投资同比增长42.0%，第一季度GDP增长5.7%。2009年，全年经济增长率4.6%，在东盟五国中最高，被称为受危机冲击最小的国家。经济对外依赖性最大的新加坡，由于对外贸易锐减以及私人消费和投资萎缩，从2008年第一季度到2009年第一季度，GDP下降9.5%。但是从2009年第三季度开始，新加坡出口回升带动经济逐步复苏，2009年第四季度的经济增长速度达到3.5%。新加坡2010年前两个月商品出口上升35.0%，制造业生产增长29.0%，有力地推动了整体经济的持续增长。

2009年下半年工业恢复增长，加上来自海外的汇款增加，菲律宾低迷的经济于2009年第四季度开始复苏。菲律宾私人消费额11364亿比索，占国内总需求的76.57%，成为推动2009年经济增长的主要因素。2010年，菲律宾经济开始呈现强劲的复苏势头，外贸和服务业均增长迅速。原来受危机严重冲击的电子行业重新恢复活力，成为出口收入增加的主力军，占出口收入的60.00%左右。

2009年第三季度，由于全球经济回暖和政府的经济刺激措施，泰国的失业、出口、原材料进口以及政府投资等均出现好转。2009年9月，泰国出口大幅提高，从上月的132.81亿美元增至149.05亿美元，萎缩幅度从上月的18.40%放慢为8.50%。泰国银行业也出现复苏态势，第三季度业绩增长达5.63%，净利润高达249.8亿泰铢，同比增长5.63%。马来西亚经济也于2009年第二、第三季度出现复苏。失业人数减少，出口也于10月出现正增长，GDP下滑速度大幅度降低。2010年，马来西亚经济增长恢复正常，当年GDP增速为7.15%。

2.3.2 2008年国际金融危机中各国表现异于1997—1998年亚洲金融危机的原因

与1997—1998年亚洲金融危机中表现不同，东盟五国尽管也遭到本轮国际金融危机的严重冲击，经济增长主要的推动因素出口受到重创，危机导致外来直接投资、国内私人投资和消费低迷，经济增长大幅度下降，甚至出现经济萎缩。但是各国经济在政府积极应对之下迅速走向复苏，各国经济体系健康运行，并未出现制度变革或银行倒闭或破产的现象，其原因是多方面的。

首先，危机起源于国外因素而非东盟各国自身的问题所致。1997—1998年亚洲金融危机爆发直接原因虽然来自对冲基金对泰铢的攻击，但其根本原因在于东盟各国尤其是泰国经济发展自身存在很多问题。譬如，经济发展过热，大量资金涌向投机性强的证券市场、房地产市场等，形成金融和地产泡沫，给投机者以可乘之机。与此同时，许多银行将大量贷款发放给房地产业，甚至降低标准向房地产购买者发放贷款。据统计，金融机构贷给房地产行业的资金占其贷款总额的比重在泰国、马来西亚、印度尼西亚和菲律宾分别为50%、29%、20%和11%。危机爆发后，银行呆坏账大幅度增加引起破产，各国金融体系受到严重冲击。而本轮国际性经济危机起源于美国次贷危机，主要是美国金融机构房地产贷款及相关金融衍生品交易操作出现了问题。次贷危机随后演变为国际性经济危机，主要通过商品价格下降、国际需求减少以及投资信贷等对东盟各国经济产生影响。东盟各国金融机构参与国外有毒资产运作、持有次贷相关产品的银行很少，且银行业本身资本充足率高，运行健康。如东盟国家多数银行的不良贷款率呈持续下降趋势，马来西亚 2009 年不良贷款率从 2008 年的 2.2%进一步降至 1.8%。印度尼西亚少数中小金融机构的倒闭并未引起社会激烈震荡①。

其次，东盟国家不存在游资攻击的目标。1997—1998 年亚洲金融危机爆发时，东盟各国虽然由法定汇率制度转向较为灵活的汇率制度，譬如，钉住"一篮子货币"制度（泰铢、林吉特）或浮动类型汇率制度（卢比、比索），但其汇率运行事实上钉住美元。众所周知，汇率波动类似于布雷顿森林体系下传统钉住制度。不仅如此，各国外汇管理也属于标准的"钉住制度"下管理方式。各国均以维护汇率稳定为主要目标，央行不能根据经济形势变化运用货币政策调节宏观经济，货币政策失去独立性。长期钉住美元的汇率运行状况一方面割断了汇率与实体经济运行的联系，汇率不再是经济发展状况的真实反映；另一方面则降低了经济主体对潜在外汇风险的防范意识，银行等国内机构没有对巨额外债进行期限转换和外汇风险的规避，造成外债结构不合理等隐患。这一现象为投机资本提供了攻击对象。而本轮经济危机爆发之时，东盟五国的事实汇率不再钉住美元，不仅汇率波动幅度大大提升，汇率运行不再呈现出特定的路径，政府的外汇管理能力也大大提升。政府货币政策大多以稳定物价为目的，通货膨胀率成为各国货币政策的中介目标（新加坡除外）。各国汇率主要由外汇市场供求决定，政府干预仅限于"熨平"汇率过度波动。在汇率大幅度波动时，政府不仅通过公开市场操作，而且使用某种方式的资本限制措施，甚至通过调整利率、准备金等货币政策措施来实现汇率稳定。譬如，面临 2008 年国际金融危机来袭时卢比汇率持续走弱，印度尼西亚央行除多次入市干预外，还通过加强监管、利用货币双边互换协议等措施间接维护汇率。这些措施及时有效地限制了"热钱"的流动，防范风险，同时实现了稳定汇率。趋向灵活的汇率制度为降低危机带来的冲击提供了坚实的防护堤。

再次，政府的大规模财政刺激计划。在危机袭来之时，各国迅速采取行动，通过大规模救市计划、宽松货币政策、加强监管以及社会安全和保障项

---

① 中国 APEC 研究院．亚太经济发展报告 2010 [M]．天津：南开大学出版社，2010：78.

目等减缓经济危机冲击造成的影响，刺激经济增长。各国财政刺激计划规模相当大，新加坡政府于2009年1月宣布了一个在规模上史无前例的财政预算案，包括205亿新加坡元的刺激计划，并首次动用国家储备资金49亿新加坡元。印度尼西亚、马来西亚和菲律宾的财政刺激计划GDP占比分别为6.0%、9.0%和8.3%。各国还普遍实施宽松货币政策，降低利率，放宽信贷标准或提供优惠贷款帮助企业和个人渡过难关。除此之外，各国普遍关注危机中那些最贫困的人群，通过改善社会安全和社会保障措施来保护这些弱势群体，减缓经济危机对其造成的冲击。这些措施提振了人们的信心，起到了减弱危机对国内经济生活冲击的作用。

最后，国际经济环境迅速回暖缓和了经济危机的冲击。东盟五国能够快速走出危机的外部原因在于国际经济环境迅速回暖。作为外向型经济，东盟五国中的多数国家对国外市场依赖性很高，出口是经济增长的主要动力之一，国际经济环境的好坏直接影响国际直接投资以及国内投资和消费。因此，一定程度上，国际经济，尤其是美国、欧盟以及日本经济发展的状况直接影响到东盟各国经济的前景。全球经济加速下滑的势头在2009年第二季度基本结束，2009年第三季度欧美等各大经济体环比均出现了正增长。经季节性因素调整后，2009年第一季度美国国内生产总值折合成年率后下降了5.7%，小于上年第四季度6.3%的降幅。2009年第四季度，美国经济增长5.7%，高于此前4.5%的预期。个人消费在2009年第一季度环比折年率增长2.2%，为2008年下半年以来首次出现正增长。2009年下半年，美国实际GDP年增长率约为4%。其消费和生产处于复苏中，通货膨胀也在短期内受到控制。消费者支出在低利率、家庭财富增长、信心恢复以及财政刺激政策的支持下稳定增加。日本经济2009年第二季度在发达经济体中首先复苏，年实际增长率为2.3%。2010年美国经济增长率为2.1%，欧盟和日本经济增长率分别为0.6%和0.9%。作为新兴市场经济大国的中国、印度等更是迅速复苏，中国2009年前三季度的经济同比增长分别为6.1%、7.9%和8.9%。经济刺激计划在印度也有效遏制了经济增长放缓，其制造业复苏尤为明显。印度GDP增长率2009年前三季度增长率分别为5.8%、6.1%和7.9%，其中第三季度增长率在全球范围内仅低于中国。各国经济陆续复苏为东盟国家经济快速走出危机创造了良好的外部环境。

2.3.3 2008 年国际金融危机前后东盟五国汇率制度新发展

自 2005 年 7 月马来西亚宣布转向管理浮动汇率制度开始，东盟五国法定汇率制度已全部实现由固定汇率制度到浮动类型汇率制度的转变。各国汇率仍然延续之前缓慢升值的趋势。2008 年国际金融危机的冲击打乱了这一状态，同时，各国政府迅速对冲击做出反应，实施一揽子财政货币政策刺激经济增长，保护金融市场稳定。汇率措施也成为应对危机冲击、保护经济的一系列配套措施中的重要部分。

2.3.3.1 2008 年国际金融危机前后东盟五国汇率运行分析

浮动类型汇率制度下，各国货币兑美元名义汇率（季度末数据）延续之前缓慢升值的趋势直到 2008 年。图 2.15 中，各国汇率为以 2005 年第一季度汇率为基准的相对值，经过这样处理可以将五国货币汇率趋势画在同一张图中，便于比较分析。由图 2.15 可知，菲律宾比索汇率对经济危机的冲击较早做出反应，于 2008 年第一季度开始改变升值趋势。新加坡元、卢比、林吉特和泰铢则在 2008 年第二季度开始由升值转为贬值。汇率走势的逆转反映了新兴市场经济体经济运行风险的增加。各国汇率贬值态势持续时间相对较短，均在 2009 年第一季度达到峰值，2009 年第二季度已再次开始升值。这是对各国经济刺激计划和救市政策的反应。

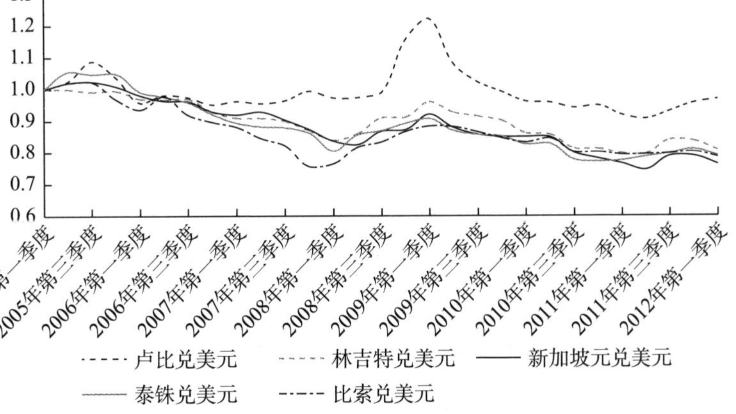

图 2.15 2008 年国际金融危机前后东盟五国汇率走势

从整体来看，各国货币贬值幅度各不相同，分别为卢比 25.0%、林吉特 14.4%、新加坡元 10.1%、泰铢 12.8%和比索 17.0%。其中，印度尼西亚卢比贬值幅度最大，2008 年第三季度，印度尼西亚卢比汇率一度触及 9700 盾/美元。其中，印度尼西亚央行多次入市干预，为避免卢比继续下滑，截至 2008 年 10 月 10 日上午 11 点，印度尼西亚央行已在外汇市场注资 4 亿美元。但 2008 年 11 月之后，卢比持续趋弱，汇率一度冲破 12000 点大关，为维护汇率，印度尼西亚外汇储备两个月内减少约 100 亿美元，仅剩 500 亿美元。结合印度尼西亚经济在危机中的表现来看，与其他东盟四国相比，卢比贬值幅度与印度尼西亚经济增长率在危机中降幅最小，受危机影响最小。这说明汇率波动幅度除了受经济基本面影响之外，还与汇率制度本身的特征紧密相关。根据 2.2 节分析结果，印度尼西亚卢比是东盟五国货币中波动幅度最大的货币，市场机制在决定卢比汇率当中分量较重，政府干预影响力则相对较小。

比索的累积贬值幅度仅次于卢比，为 17.0%。菲律宾也是东盟五国中除印度尼西亚外，受危机冲击较小的国家，其 2009 年经济增长保持了正增长率，为 1.15%。尽管受到危机冲击，持续流入的外资以及政府干预提升了市场信心，比索汇率下降幅度相对较小，以季度均值计算，2009 年第一季度，比索甚至较 2008 年第四季度升值了 1.4%。不过，外部环境因素如国际需求萎缩、石油价格波动、外国投资者为规避新兴市场经济风险撤离资金加上政府赤字规模较大，以及总统换届中的政局不和谐仍然对菲律宾经济造成较大的伤害。没有良好经济基本面的支撑，比索累积贬值幅度仅次于印度尼西亚，为 17.0%。另外，菲律宾央行比较注重汇率由市场供求决定也是一个影响因素。菲律宾应对危机的措施主要包括降低政策利率和提供流动性支持。有关外汇方面的具体措施包括开启美元回购便利、提高参与外汇掉期的额度限制等，政府入市外汇干预相对较少。

新加坡元、林吉特和泰铢的贬值幅度相当。新加坡、马来西亚和泰国是本次经济危机中经济增长受损害较严重的国家，其 2009 年经济增长率分别为 -0.98%、-1.51%和-2.25%。经济开放程度相对较高导致经济、贸易增长受世界市场萎缩冲击是主要因素之一。新加坡在东盟五国当中经济开放程度最高，遭受的冲击最为严重，其出口下降幅度达 21%。泰国和马来西亚 2009 年的出口下降幅度分别为14%和21%。除此之外，政局不稳是造成泰国和马来西亚经济增长受损的重要影响因素。自2006年开始，持续的“红、黄衫军”之争在2009年达到高潮，给泰国旅游业以及投资造成了严重的负面影响。马来西亚在2008年恰逢新一轮政府选举，政府更迭中产生的波折也对经济造成了一定的影响，但相对泰国来说要小得多。尽管经济面临的不利因素很多，经济增长受冲击较印度尼西亚更大，但这三个国家的货币贬值幅度却相对较小，说明市场机制在其汇率决定中影响较小，三国政府在应对危机过程中的干预对稳定汇率发挥了更大作用。这与2.2节实证结论相符。

2.3.3.2 2008年国际金融危机前后东盟五国汇率制度实施的新特征

在应对本轮国际金融危机过程中，汇率政策作为救市配套政策组合的一部分发挥了重要作用。这一时间段内，东盟五国汇率运行以及各国在救市过程中对外汇政策的运用表明，东盟五国汇率制度实施或者说各国事实汇率制度具有以下新的特征。

（1）政府外汇干预的多边性

政府外汇干预的多边性，在对外方面，是指政府在入市干预外汇供需以稳定汇率时，其干预目标不仅以促进经济稳定增长和金融稳定为准则，保持与周边国家相对竞争力的稳定也是一个重要的考虑因素。印度尼西亚央行在本轮经济危机中的入市干预，考虑到汇率波动幅度与本区域其他国家货币相当①。马来西亚央行发布的有关经济金融发展季度公告里，关注林吉特相对区域货币表现成为必不可少的内容。这一点从图2.15东盟五国货币汇率在危机前后的走势图也可以看出。各国货币走势保持相对一致，贬值幅度也大致相当。

东盟五国外汇干预的多边性在对内经济方面表现在，外汇干预不再仅仅以维持汇率稳定为唯一目标，其干预目标还包括维护金融市场稳定，保证货币市场流动性充分或者维持价格稳定等，呈现出多元性。汇率可以成为调控价格稳定的手段，有时又成为央行重点实现的目标，而利率或价格管制则成

---

① 印度尼西亚央行．货币政策回顾（2009年第二季度）［EB/OL］．印度尼西亚银行网站，http：//www. bi. go. id/web/en/Publikasi/Kebijakan + Moneter/Tinjauan + Kebijakan + Moneter/MPR + Q2 – 2009. htm.

为维护汇率稳定的手段。利率、汇率、价格三种价格机制联动性被充分利用，政府根据具体情况采取措施以实现经济增长、价格稳定或其他目标如保证银行业流动性充分等。面对2008年国际金融危机冲击，以及外来投资者资本的撤离，为了保证金融市场尤其是银行业有充分的流动性，降低汇率贬值对价格造成的压力，印度尼西亚央行除了实施宽松货币政策将政策利率逐步降低外，多次入市干预，并于2009年1月30日建立了一个外汇回购协议工具，使拥有外币计价资产的银行可以通过该窗口将外币资产抵押给央行而满足其外汇流动性需求。新加坡、菲律宾等国家的情况与此类似。

（2）汇率制度实施更具有实用性

汇率制度的具体实施，包括外汇干预不再以维持与某一种货币的货币平价，或者保持汇率在某一事先规定的范围内波动为目标。为了实现某一经济目标，政府会灵活采用以往分属于各种类型汇率制度下的汇率政策，包括资本管制。在应对2008年国际金融危机冲击时，东盟五国普遍采取了以往被批评的资本管制措施。2008年10月，印度尼西亚央行发布了汇率稳定政策配套措施，其中包括对外汇掉期交易、外币准备金的管制，还包括禁止银行从事非实体经济交易基础上的外汇掉期交易。2008年12月1日起，购买外汇超过10万美元，需要接受实体经济交易档案资料的检查。2008年12月16日，央行要求，除不可抗力及实体经济交易风险对冲需要展期外，外汇交易必须全额结算。另外，各国仍然保留了大量国际储备以应对外来经济的冲击，并且将其汇率波动维持在经济可承受范围内。东盟五国货币，尤其是新加坡元汇率波动相对较小被国际上所公认。东盟五国汇率制度实施之所以呈现出这样的特征完全是各国政府根据各国经济发展具体情况以及市场体系发展阶段灵活运用汇率政策的结果。

（3）从较长时间段来看，汇率运行仍然保持“窄幅”波动特征

从图2.15中可以看出，除去危机前后经济遭受冲击的期间，东盟五国货币汇率运行相对平稳，虽然表现出升值或贬值趋势，但这一趋势比较平缓，波动幅度相对较小。以汇率波动性最大的印度尼西亚卢比为例，2008年、2009年卢比兑美元汇率日平均波动值超过2.0%，危机之前的2007年和2006年汇率日均波动性在1.0%左右，危机之后的2010年和2011年汇率波动性则

下降为0.5%左右[①]。危机前后年份的卢比汇率波动性基本相当，但要小于危机遭受冲击时期的汇率波动性。危机后，印度尼西亚卢比汇率在2010年6月至2011年2月，持续在2.0%波动带内运行，其事实汇率制度被IMF划分为稳定性事实汇率制度。

2.4 本章小结

根据本章前述分析，关于东盟五国汇率制度及其演变，我们得出以下结论：

2.4.1 法定汇率制度演变经历了从钉住到浮动的转变

从“二战”前具有浓厚殖民地色彩的硬钉住固定汇率制度和布雷顿森林体系下的传统钉住，到亚洲金融危机后逐步转向管理浮动或独立浮动汇率制度，东盟五国官方汇率制度经历了由钉住到浮动的演变。这一方面顺应了经济管理的要求。根据三元悖论，一国只能在货币政策独立性、资本自由流动和汇率稳定中三选二。东盟国家长期实行外向型经济发展战略，经济开放程度很高，各国已基本放开对资本流动的限制。在这种条件下，实行固定汇率制度会大大影响各国宏观经济管理的效果，不利于经济发展。因此，逐步转向浮动汇率，各国才能有效实施各项经济管理政策，维持经济低通胀、高增长，推动经济结构升级。另一方面，汇率制度由固定走向浮动也反映了各国经济开放度增加，以及经济发展的要求。首先，各国经济开放程度大大增加，贸易多样化程度提高，资本流动性也大大增强。钉住汇率制度不利于经济交易的进行。其次，东盟各国正处于市场体系完善的过程中，放开汇率利率有利于推动各类型资本市场及金融衍生品市场的发展。

2.4.2 事实汇率制度与危机前相比有明显的差异

危机后东盟五国的事实汇率制度不再是“美元本位”，而是呈现新的特征。

---

① 由笔者根据印度尼西亚央行2007年、2009年和2011年央行年报内容得出。

一是不存在明确的汇率路径，汇率运行呈现出随机游走形态。危机后，东盟五国货币无论是兑日元、兑英镑还是兑美元的名义汇率，都不存在明显的钉住、爬行钉住或是宽带钉住等汇率路径，而是呈现出随机游走的波动状态。这说明，危机后的事实汇率运行与危机前“钉住美元”的美元本位制已经截然不同。

二是对美元仍然表现出高度依赖性。尽管在汇率运行路径上，各国汇率已经不再呈现出“美元本位”特征，波动性有所增加，但对美元仍然存在高度依赖性。危机后时期，美元对五国货币汇率的影响有所下降，但下降幅度不是很大。在危机后的 1999 年 9 月至 2008 年 6 月，泰铢、比索、新加坡元及林吉特兑美元汇率（月度）波动百分比绝对值小于等于 2.25%的概率大于等于 80%，与窄幅汇率带制度的波动性相当。这一时期，除印度尼西亚外其他四国的事实汇率制度为重度干预管理浮动汇率制度，属于中间汇率制度，而不是浮动汇率制度。

三是整个汇率制度演变存在明显的路径依赖。通过对东盟五国汇率制度演变的考察，得出各国汇率制度的演变存在强烈的路径依赖性。这一路径依赖表现在两个方面：①政府高度干预倾向；②对美元的过度依赖性。东盟各国在经济发展初期，由于历史原因实行的钉住制度，持续影响整个汇率制度演变的过程。在钉住制度下，政府有维持汇率稳定的义务，只要汇率出现升贬值或过度波动的压力，政府就要时刻准备进入汇市进行冲销或非冲销式干预。某些情况下，政府还需要暂时实行资本管制，以消除或缓解汇率波动。可见，固定汇率制度下，政府干预程度非常高，同时汇率波动幅度非常小。在 20 世纪 80 年代，各国纷纷放开汇率管制，实行浮动汇率制度。然而，其实际汇率波动依然非常小，政府外汇干预依然非常高。麦金农将这一现象称为“美元本位”。

危机后，各国汇率波动性有所增加，同时，各国汇率运行也不再呈现出明确的路径，而是类似于随机游走形态。但是，各国货币对美元仍然表现出高度依赖性，波动类似于某种窄幅汇率带制度。同时，各国依然持有巨额外汇储备。截至 2012 年 4 月，东盟五国均位于全球 30 大外汇储备国之列，其排名分别为新加坡第 11、泰国第 15、马来西亚第 18、印度尼西亚第 21、菲律宾第 26，反映了政府干预汇率的高倾向性。

四是 2008 年国际金融危机后，除印度尼西亚外，东盟国家仍然存在“法定汇率制度与事实汇率制度不一致”的现象。危机后，印度尼西亚法定汇率制度和事实汇率制度均为独立浮动汇率类型。而新加坡、马来西亚、泰国和菲律宾，尽管也宣布实行独立或管理浮动汇率制度，但其汇率运行实际属于重度干预管理浮动汇率制度，汇率运行没有明确的路径，但波动较小，类似于窄幅汇率带制度。这是一种中间类型的汇率制度。因此，在这四个国家存在“法定汇率制度与事实汇率制度不一致”的现象。

3 东盟五国汇率制度变迁的传统解释与演化分析

上一章的实证结论表明，2005 年 7 月以后，东盟五国中，印度尼西亚、菲律宾实施法定独立浮动汇率制度，其他三国实施法定管理浮动汇率制度，五个国家法定制度均为浮动类型汇率制度。其事实汇率制度与危机前类似于传统钉住的“美元本位”已经根本不同，各国货币对其参照货币汇率运行没有明确的汇率路径，各国汇率制度已摆脱对美元的“软钉住”。然而，五个东盟国家除印度尼西亚外，仍然存在“法定汇率制度与事实汇率制度不一致”的现象。这一现象在危机前已经存在，学者针对其产生的原因进行了各种推理，其角度各不相同。这些推理在新阶段是否依然适用，新的“不一致”产生的原因是什么？本章将围绕这些问题展开详细论述。

3.1 对东盟五国汇率制度演变的传统解释

通过第 2 章的分析，我们发现在东盟五国汇率制度演变过程中长期存在着“法定与事实汇率制度不一致”的现象。亚洲金融危机前，各国法定汇率制度自 20 世纪七八十年代已经纷纷转向有限灵活或浮动类型，但事实汇率运行依然钉住美元，“浮动恐惧”普遍存在。亚洲金融危机后，各国汇率波动幅度有所增加，实际汇率运行也不再呈现出某种特定路径，但各国汇率波动幅度仍然很小，与窄幅汇率带制度相当，与真正的法定独立浮动或管理浮动制度下货币运行差异较大，“法定与事实汇率制度不一致”的现象依然存在。

3.1.1 法定与事实汇率制度不一致原因一：“原罪”普遍存在

“原罪”是指一国货币不能用于国际借贷（外国银行或其他机构不能用该货币提供贷款），甚至在本国市场上也不能用本币进行长期借贷（Hausmann，

Panizza and Stein，2000；Eichengreen and Hausmann，1999），在国内市场无法获得长期贷款的企业有可能借外币用于国内经营，导致货币错配，出现贷款的期限错配。

由于该国货币不可兑换，加之金融市场发展不完全，即使一国货币可兑换，相应的用以对冲风险的交易场所，如债券、远期市场等也不够完善，货币错配不可避免。“原罪”所指的这种现象在发展中国家非常普遍，“原罪”是普遍存在的。

无论是期限错配还是币种错配都会使一国金融变得脆弱。币种错配情况下，企业借外币用于国内业务，本币贬值导致借款的本币成本上升，从而导致企业财务困境直至破产。期限错配的情况下，利率上升会导致其借款成本大增，汇率或利率稍有波动便会使企业大受影响，会波及银行，整个金融体系变得越来越脆弱。而国际投资者或贷款人的抽逃资金在这种情况下则会加速触发金融危机。

一国汇率变动在“原罪”存在的情况下会产生资产平衡表效应。表现在本币贬值，使企业资产负债表上的负债数额即刻增加、资不抵债。改变“原罪”不是一件易事。改变“原罪”要求本币可兑换，要实现本币真正可兑换同时没有爆发危机之忧患，不仅要开放资本项目，还要以完善、发达的金融市场体系以及健康、高速发展的经济为基础。东盟五国的经济增长成绩已是有目共睹。亚洲金融危机前，经济高速增长，危机后各国迅速从危机中复苏，2002—2008 年平均经济增长率达 5%。面临 2008 年始于美国次贷危机的国际金融危机，各国吸取 1997—1998 年亚洲金融危机的教训，采取各种措施积极应对。除 2009 年经济增长受较大影响外，东盟五国其他各年度经济增长均表现良好，且经济其他方面均未出现如上次危机那样银行大批倒闭等现象，而是保持了良好运转。特别值得注意的是，各国通货膨胀率逐步下降，并长期维持在低位，为经济增长提供了良好的环境。

然而，东盟五国还有很长的路要走。要看到，经济高速增长的同时，各国国内还有许多深层次的问题要解决。譬如，各国面临经济增长方式的转型，由主要依靠外部需求拉动经济增长转向开发国内市场，推动经济增长。再如，马来西亚面临的中等收入陷阱，经济增长面临瓶颈。更为重要的是，各国的资本金融市场虽然随着危机后经济复苏和高速增长有了较大发展，但是仍然不完善。市场交易品种较少，且即期交易占主导地位，而远期、期权及各种类衍生品交易规模小、品种少。这种状态不利于市场主体利用各类交易工具对冲外汇风险、利率风险等，不利于货币可兑换的真正实施。

因此，“原罪”现象及其长期存在从一定程度上解释了“法定与事实汇率制度不一致”长期存在的现象。

3.1.2 法定与事实汇率制度不一致原因二：货币合作进展缓慢

汇率制度的三难选择，其中一个解决途径就是货币合作。然而，东盟国家的货币合作尽管有所进展，但仍然面临重重困难。相当长时期内，各国只能通过自身政策组合选择来应付所面临的国内外经济困境。因此，地区货币合作进展缓慢成为危机后各国汇率制度回归钉住美元的间接推手。

当经济从金融危机的影响中复苏，各国政府和各地区相关机构吸取教训，积极尝试各类型的区域货币合作形式，主要行动和构思如下：一是日本政府于 1997 年亚洲金融危机爆发后不久就提出以日本为中心组建向危机国家和地区提供金融支援的“亚洲货币基金”（Asian Monetary Fund，AMF）构想；二是 1998 年 10 月提出向危机国家和地区提供 300 亿美元资金援助的“新宫泽构想”；三是至 1999 年 3 月末，韩国、菲律宾、泰国、马来西亚和印度尼西亚五国共从日本援助计划里接受了 188 亿美元的援助；四是 2000 年，韩国学者提出构建亚洲借款安排的建议。

随着经济的逐步恢复，各国、各地区相关机构对金融危机的根源进行了深入研讨。首先，认为全球化背景下国际资本大规模、高速流动，主要货币如美元、日元实时浮动汇率制下汇率剧烈波动，钉住美元的汇率制度问题诸多，难以为继；其次，区域货币合作机制不健全等对地区金融稳定和经济发展，尤其是在应对金融波动方面，十分不利。基于此，建立宏观经济指标、货币金融指标的监测系统以及危机自救机制，其重要性要远远高于 IMF 等国际机构的救助。清迈倡议就是在这种情况下发起的。

2000 年 5 月，东盟十国与中、日、韩三国的财政部长在泰国清迈举行会议，研究了东亚地区的财政金融合作，提出在东盟十国与中、日、韩（10+3）

合作机制下建立双边货币互换机制，探讨在该机制下建立区域资本流动监控体系，增强集体抵御金融风险的能力等问题，就相关问题达成共识。该倡议下，东盟主要国家签署了系列双边货币互换协议（Bilateral Swaps Agreements, BSA）（见图 3.1）。[①] 清迈倡议的达成表明东亚区域货币合作进程有了较大的进展。

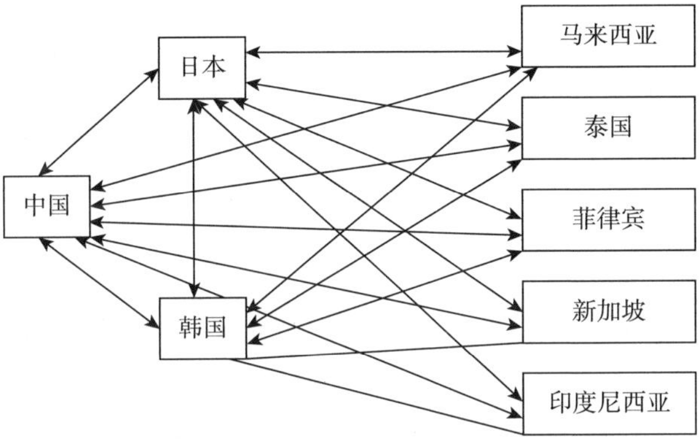

图 3.1 东盟主要国家参加的货币合作

亚洲债券基金的成立是东亚货币合作的另一重大进展。2003 年 6 月 2 日，东亚及太平洋地区中央银行行长会议组织（EMEAP）宣布成立 10 亿美元规模的亚洲债券基金。2004 年 12 月，EMEAP 又推出以区域货币计值、各成员储备出资设立的泛亚债券指数基金和债券基金的基金两个平行基金，规模为 20 亿美元。亚洲债券基金的设立，有利于该地区债券市场的发展，缓解各国对银行体系过度依赖导致的金融体系的脆弱性，增强融资稳定性，标志着东亚各国、各地区共享外汇储备资源的开始，为区域货币合作的深化发展奠定了基础。

2009 年 12 月，各国就酝酿多时的东亚外汇区域储备库构成达成共识。总规模 1200 亿美元的储备中，中、日、韩分别占 32%、32% 和 16%，东盟承担剩余的 20%。外汇储备库是另一种多边形式的区域货币合作，对区内各国尤其是东盟各小型经济体抵御金融危机的能力和信心产生极大的影响。

① 丁一兵. 经济发展中的汇率制度选择［D］. 长春：吉林大学，2004：153.

亚洲金融危机后起步的东亚货币合作取得了一定的实质性成果，但仍然存在不足。清迈倡议下双边性质的货币合作，在救援资金额度、形式以及贷款条件等方面仍然不够清晰和优惠。亚洲债券基金虽然一定程度上可以缓解“原罪”现象，但其功效的发挥很大程度上受制于各国国内市场的不完善和部分成员的资本管制。虽然外汇储备拓展了多边形式的货币合作，但是还处于不断完善之中。本质上，这些货币合作基于信息沟通、政策协调和资金援助，远远不够应对即将发生或已经发生的货币金融危机。根本上，一种区域制度的建立才是最大限度应对外部冲击、维护东亚经济稳定增长的“解药”。各国政府就汇率制度安排进行协调或改革，直至建立区域性的汇率制度，仅靠监测体系和融资措施的完善无法真正建立优良的保障经济长期稳定发展的货币环境。

建立区域性的汇率安排并使之良好运行是一个长期而艰难的过程。现实情况是，东南亚乃至东亚各国、各地区制度的多样性，经济条件的差异性甚大，政治意愿分歧持续存在，决定了达成共识、改革汇率制度、建立区域汇率制度安排或货币体系是一件艰难而长期的事情。因此在相当长时期内，各国仍然主要依靠自身政策设计来应对可能面临的内外经济困境，其中就包括向美元钉住的回归。东盟各国汇率制度“法定与事实汇率制度不一致”的现象也必然长期存在。

3.1.3 法定与事实汇率制度不一致原因三：“浮动恐惧”

“恐惧论”是指与实施真正浮动汇率制的国家如美国与日本相比，那些宣布实施浮动汇率制度的国家，尤其是宣布货币自由浮动的国家，其货币的波动性表明这些货币并未真正浮动。这种低的货币汇率波动性并非因为相关经济体没有遭受实际或名义的经济冲击，相反，它们所遭受的各种类型的经济冲击要远大于那些货币自由浮动的国家。因此，这种货币的低波动性主要源于政策当局有意识的维持和干预，各国居高不下的国际储备可以为证。与此同时，这些国家中（名义和实际）利率的变动性也异乎寻常地高。

“浮动恐惧”产生的原因主要有汇率浮动的资产负债表效应、浮动汇率的通货膨胀取向以及“J 曲线效应”等。资产负债表效应是指汇率变动会对那些从事国际经济交易的公司的资产负债表产生影响。

如果企业用美元向外借债，在其资产负债表上的负债以本币计价。本币贬值，使企业资产负债表上的负债数额即刻增加、资不抵债。如果政府此时为应对危机减缓资金流出而提高利率，企业负担明显加重甚至被拖垮。“原罪”存在的情况下，无论企业还是政府都不希望汇率变动，更不希望本币升值。如此，汇率就浮动不起来。

此外，一定条件下，浮动汇率制具有诱发一国内部通货膨胀的取向。市场体系和制度完善条件下，浮动汇率制通过提高套利成本，能够有效抵御外来货币性冲击，有利于货币政策的独立性。但只有深度足够的金融市场才能充分发挥汇率作为价格机制的资源配置作用，也才能降低利差，提高套利风险。这一机制是以发达的市场体系为条件的，是以健全和稳定的金融体系为基础的。泰国、印度尼西亚等国市场体系尚有待完善，在其发展过程中，多使用“赶超型”和外向型经济发展战略，即政府通过推行扩张型的财政货币政策来推动经济发展，同时“两头向外”，高技术设备、原材料进口和经济发展以国际市场为导向。实施浮动汇率制度一方面会引起国内需求拉动型通货膨胀，另一方面可能导致汇率上升，即本币贬值。而本币贬值容易通过“进口原材料价格上涨—国内商品价格上涨—国内物价水平上涨”导致国内经济陷入“通货膨胀—本币贬值—通货膨胀”的恶性循环。有鉴于此，即使在法定汇率制度已经宣布为浮动类型的国家，政府以及市场主体也倾向于汇率稳定，从而使得事实汇率的运行状况与法定汇率制度产生较大差异。

汇率变动的“J 曲线效应”也可能会导致人们厌恶汇率波动。东盟五国经济背景下，“J 曲线效应”是指当本国货币贬值后，国际收支状况反而会比原先恶化，进口增加而出口减少，即国际收支余额会随时间呈现出斜 J 形变化。根据该理论，由于价格黏性或合同的期限等，名义汇率改变后，短期内，进口量和出口量暂时不会发生明显的变化，但汇率波动使外币计价的出口收入减少，从而本币计价的进口支出增加，贸易收支逆差增加或者顺差减少。经过一段时间后，价格才完成调整，新签订的合同也使用新的汇率和新的价格，实际汇率发生变化。进、出口量也根据新的价格进行调整，商品进口量逐步下降、出口量逐步上升，经常项目得到改善从而整个国际收支情况也得到改善。这一过程可能需要数月甚至两年，根据各国具体情况而定。在这一过程中经济体是要付出代价的。汇率频繁大幅度升、贬值会扰乱生产，增加进、出口风险，而国际收支恶化同样会给政府经济管理带来诸多问题。因此，政府往往不愿意汇率真正浮动。

“浮动恐惧”产生的原因多种多样，“浮动恐惧”使法定汇率制度为浮动类型的国家事实汇率运行呈现出钉住特征，与其法定汇率制度的规定差异甚大。

3.1.4 法定与事实汇率制度不一致原因四：经济紧密联系论

通过高频汇率数据的观察，可以发现东盟五国“钉住回归”的另一种原因，即各国间密切的经济联系，加之各国的汇率政策共同导致了事实汇率运行脱离法定汇率制度的规定，从而产生“法定与事实汇率制度不一致”现象。

在亚洲金融危机爆发后的一段时间里，各国货币价值中日元的影响比例有所上升，大于按照贸易计算的理论权重，并超过美元①。但这一短暂的现象并未维持太久，1998 年 9 月，马来西亚实施钉住美元汇率制度后，这一现象发生逆转，各国又重新回到“钉住美元”的汇率制度。

假定各国货币均以“一篮子货币”来定价，并且各国选择与本国经济联系紧密的伙伴国的货币作为本国货币定价的基础。这里假定，各国货币篮子里都有五种货币，其中有美元、日元，以及与本国经济联系紧密的其他货币，为了着重考察东盟五国的美元本位制以及各国货币相互之间的联系，将根据各国当年贸易权重大小选择篮子货币。将除日元、美元以及所考察的东盟五国外的其他国家的货币用大写字母来表示。所有货币汇率都以一种共同货币作为计价的单位，参考 Shin-ichi Fukuda 的做法，本研究亦选择瑞士法郎为标准计价货币。

以新加坡为例，令 USD_t、JPY_t、SGD_t、MYR_t、PHP_t、IDR_t 分别表示美元汇率、日元汇率、新加坡元汇率、马来西亚林吉特汇率、菲律宾比索汇率和印

---

① Shin-ichi Fukuda. Post-crisis Exchange Rate Regimes in East Asia［Z］. University of Tokyo, Discussion Paper Nov 2002.

度尼西亚汇率。考虑到新加坡与各国的经济联系，新加坡元汇率变动率公式可表示为：

$$\Delta SGD_t = a_1 \times \Delta USD_t + a_2 \times \Delta JPY_t + a_3 \times \Delta MYR_t + a_4 \times \Delta A_t + a_5 \times \Delta B_t + \varepsilon_t \quad (3.1)$$

$$\Delta MYR_t = b_1 \times \Delta USD_t + b_2 \times \Delta JPY_t + b_3 \times \Delta SGD_t + b_4 \times \Delta C_t + b_5 \times \Delta D_t + \eta_t \quad (3.2)$$

其中，Δ 表示汇率变动率，ΔA_t、ΔB_t 或 ΔC_t、ΔD_t 表示其他两种本研究不涉及的独立浮动的货币，各东盟国家的这类型货币既可能相同，也可能不同（根据对东盟五国贸易数据的考察，一般是指欧元或者德国马克等独立浮动国家货币），ε_t、η_t 表示干扰项。

由式（3.1）、式（3.2）联合可得如下公式：

$$\Delta SGD_t = \frac{a_1 + a_3 b_1}{1 - a_3 b_3} \times \Delta USD_t + \frac{a_2 + a_3 b_2}{1 - a_3 b_3} \times \Delta JPY_t + \frac{a_4}{1 - a_3 b_3} \times \Delta A_t + \frac{a_5}{1 - a_3 b_3} \times \Delta B_t + \frac{a_3 b_4}{1 - a_3 b_3} \times \Delta C_t + \frac{a_3 b_5}{1 - a_3 b_3} \Delta D_t + \phi_t \quad (3.3)$$

$$\Delta MYR_t = \frac{b_1 + a_1 b_3}{1 - a_3 b_3} \times \Delta USD_t + \frac{b_2 + a_2 b_3}{1 - a_3 b_3} \times \Delta JPY_t + \frac{a_4 b_3}{1 - a_3 b_3} \times \Delta A_t + \frac{a_5 b_3}{1 - a_3 b_3} \times \Delta B_t + \frac{b_4}{1 - a_3 b_3} \times \Delta C_t + \frac{b_5}{1 - a_3 b_3} \times \Delta D_t + \varphi_t \quad (3.4)$$

其中，$\phi_t = \frac{a_3 \eta_t + \varepsilon_t}{1 - a_3 b_3}$，$\varphi_t = \frac{\eta_t + b_3 \varepsilon_t}{1 - a_3 b_3}$。从式（3.3）中可以看出，新加坡元与美元和日元的关系不仅取决于本国货币计价权重，还取决于林吉特“一篮子货币”中美元和日元的权重。即使新加坡元汇率制度保持不变，林吉特汇率制度的转变也会对新加坡元汇率产生显著的影响，特别是 a_3 比较大，也就是说，马来西亚在新加坡贸易中的权重比较大的时候更是如此。其他国家的汇率制度受马来西亚汇率制度影响的原理依此类推。假定新加坡元由日元、美元和林吉特“一篮子货币”决定，泰铢由日元、美元、林吉特和新加坡元“一篮子货币”决定等。研究发现，马来西亚汇率制度由管理浮动转向钉住美元，对新加坡元和泰铢汇率结构性转变产生了重要的影响，日元和美元在其货币中的影响发生了相反的变化。1998 年 9 月 1 日，马来西亚汇率制度改变之前，日元在新加坡元中的权重分别由 1998 年 1—8 月的 0.6547 减少到 1998

年4—8月的0.6221，再减少到1998年7—8月的0.6085，平均在60%，远远大于美元的35%。1998年9月1日之后，这种状况彻底扭转，美元在新加坡元中的权重占到70%~80%，而日元则降到不足20%。

泰铢的情况比较类似但略有差异，1998年1—8月，日元在泰铢汇率中的权重曾大于美元的比重（分别为0.7460和0.1602），日元的比重逐步下降，同时美元比重逐步上升，在1998年9月1日前的某一时间，日元比重就开始小于美元比重。1998年9月1日之后，这一状况达到极致。1998年9—10月的数据分析显示，美元在泰铢汇率中的比重高达93%。随后这一比重下降到1999年的80%，但仍比马来西亚汇率改革前的54%大很多。

对于菲律宾的汇率波动，由于马来西亚在菲律宾贸易中的地位很低，两国间经济联系远远小于马来西亚与新加坡和泰国的关系，但与马来西亚有紧密经济联系的新加坡在菲律宾贸易中一直占据非常重要的地位。尤其是20世纪90年代，新加坡在菲律宾出口中的份额迅速增加，由1992年前的第七位，上升到1994年的第三位，1997年这一数值是第三位。新加坡在这一时期一直是菲律宾第三大进口来源国。这种紧密的经济联系有助于马来西亚汇率波动对菲律宾比索影响的传递。印度尼西亚的情况和菲律宾非常相似。20世纪80年代以来，新加坡在印度尼西亚进出口中的比重一直占据前四位。危机前后的1997—1999年，新加坡一直仅次于日本、美国，在印度尼西亚进出口中排第三位。新加坡与印度尼西亚有着非常强的经济联系。

“间接经济联系可能会导致一国汇率制度转型影响到其他国家的事实汇率制度”①。假定，菲律宾比索和印度尼西亚卢比在其所属国家的管理浮动汇率制度条件下也按照“一篮子货币”来定价，可得

$$\Delta PHP_t = d_1 \times \Delta USD_t + d_2 \times \Delta JPY_t + d_3 \times \Delta SGD_t + d_4 \times \Delta F_t + d_5 \times \Delta G_t + v_t \tag{3.5}$$

$$\Delta IDR_t = e_1 \times \Delta USD_t + e_2 \times \Delta JPY_t + e_3 \times \Delta SGD_t + e_4 \times \Delta H_t + e_5 \times \Delta I_t + \tau_t \tag{3.6}$$

其中，Δ表示汇率变动率，ΔF_t、ΔG_t或ΔH_t、ΔI_t表示其他两种本研究不涉及的独立浮动的货币，各东盟国家的这类型货币既可能相同，也可能不同

① Shin-ichi Fukuda. Post-crisis Exchange Rate Regimes in East Asia［Z］. University of Tokyo, Discussion Paper Nov 2002.

（根据对东盟五国贸易数据的考察，一般是指欧元或者德国马克等独立浮动国家货币）。υ_t、τ_t 表示干扰项。联合式（3.3）、式（3.5）、式（3.6），可以得到：

$$\Delta PHP_t = \left[d_1 + \frac{d_3(a_1+a_3b_1)}{1-a_3b_3} \right] \times \Delta USD_t + \left[d_2 + \frac{d_3(a_2+a_3b_2)}{1-a_3b_3} \right] \times \Delta JPY_t + M + \delta_t \tag{3.7}$$

$$\Delta IDR_t = \left[e_1 + \frac{e_3(a_1+a_3b_1)}{1-a_3b_3} \right] \times \Delta USD_t + \left[e_2 + \frac{e_3(a_2+a_3b_2)}{1-a_3b_3} \right] \times \Delta JPY_t + N + \zeta_t \tag{3.8}$$

其中，

$$M = \frac{a_4d_3}{1-a_3b_3} \times \Delta A_t + \frac{a_5d_3}{1-a_3b_3} \times \Delta B_t + \frac{a_3b_4d_3}{1-a_3b_3} \times \Delta C_t + \frac{a_3b_5d_3}{1-a_3b_3} \Delta D_t + d_4 \times \Delta F_t + d_5 \times \Delta G$$

$$\delta_t = \upsilon_t + d_3\phi_t$$

$$N = \frac{a_4e_3}{1-a_3b_3} \times \Delta A_t + \frac{a_5e_3}{1-a_3b_3} \times \Delta B_t + \frac{a_3b_4e_3}{1-a_3b_3} \times \Delta C_t + \frac{a_3b_5e_3}{1-a_3b_3} \Delta D_t + e_4 \times \Delta H_t + e_5 \times \Delta I_t$$

$$\delta_t = \tau_t + e_3\phi_t$$

可以看到，d_3 对于美元和日元在菲律宾比索中的影响非常重要，尤其是当 a_3、d_3 同时较大，即马来西亚与新加坡和菲律宾与新加坡之间的经济联系非常紧密时，这一影响更加突出。所以，不能忽视经济联系对于东盟各国货币汇率间相互影响的传递作用。同理，e_3 数值较大对于日元和美元在印度尼西亚卢比汇率中的作用的影响也不可以忽略。b_1 表示美元波动与马来西亚汇率波动的关系，其数值也影响到美元在比索和卢比汇率中的作用。当马来西亚宣布钉住美元时，$b_1=1$，$b_2=b_3=b_4=b_5=0$。由此可以得到：

$$\Delta PHP_t = [d_1 + d_3(a_1+a_3)] \times \Delta USD_t + [d_2 + d_3a_2] \times \Delta JPY_t + M + \delta_t \tag{3.9}$$

$$\Delta IDR_t = [e_1 + e_3(a_1+a_3)] \times \Delta USD_t + [e_2 + e_3a_2] \times \Delta JPY_t + N + \zeta_t \tag{3.10}$$

由于 $\frac{d_3(a_1+a_3b_1)}{1-a_3b_3} > d_3\ (a_1+a_3)$，$\frac{e_3(a_2+a_3b_2)}{1-a_3b_3} > e_3a_2$，$\frac{e_3(a_1+a_3b_1)}{1-a_3b_3} > e_3(a_1+a_3)$，$\frac{d_3(a_2+a_3b_2)}{1-a_3b_3} > d_3a_2$，当马来西亚宣布钉住美元时，各国间的经济联系强化了对美元的钉住程度。当各国间经济联系非常紧密时，即使汇率制

度没有任何变化，其他东盟国家货币也会受到马来西亚钉住美元的影响，表现出钉住美元的特征。20 世纪 90 年代以来，东盟区域内经济联系日益加强，马来西亚和新加坡在其他东盟国家的贸易、投资中的地位日益增强，这一现状，以及马来西亚坚持钉住美元的汇率制度决定了东盟国家向“钉住美元”的回归。

3.2 东盟五国汇率制度变迁的演化分析

上一节对 1997—1998 年亚洲金融危机后初期，学术界关于各国汇率制度走向，即“回归钉住美元”的分析以及汇率制度这种变化产生缘由进行了分析。事实上，受危机影响的国家，如东盟国家中受危机影响比较严重的印度尼西亚、菲律宾等从危机中恢复得较慢，各国间经济恢复程度各异，现有大部分文献研究期限较短，不利于得出准确的研究结论。前文也提到，危机后初期，各学者有关东盟各国汇率制度的讨论，其结论具有开放性。本书第 2 章通过延长研究期限，分国别进行实证分析发现，危机后的东盟五国汇率制度与危机前事实上“钉住美元”的汇率制度已经根本不同，各国货币兑美元汇率运行均不存在明显的路径。然而，除印度尼西亚外，其他四国汇率运行对美元仍然存在相当大的依赖性，其货币兑美元波动幅度类似于软钉住类型中的窄幅汇率带制度下汇率波动程度，即事实汇率制度应当为重度干预管理浮动汇率制度，该制度属于中间汇率制度而非浮动类型汇率制度。

与此同时，危机后的东盟五国，其法定汇率制度几经变迁，到 2005 年 7 月马来西亚实现汇改后，已全部转向浮动汇率制度。其中，菲律宾和印度尼西亚宣布实施独立浮动汇率制度，而新加坡、马来西亚以及泰国则实行管理浮动汇率制度。这意味着“事实汇率制度与法定汇率制度不一致”在大多数东盟国家依然存在。其原因为何？危机初期各学者有关的结论是否依然适用？本节将从制度演化角度进行分析，并且在下一节对分析结论给出实证检验。

3.2.1 法定汇率制度与事实汇率制度的演变及其相互关系

根据第 2 章的理论分析，制度演变中既存在成本—收益规则发挥决定作用的理性部分，也存在不符合这一费效比规则，仅仅由路径依赖、决策滞后性、人们的行为惯性以及社会文化等决定的非理性部分。制度演变非理性部分虽然不符合成本—收益配比规则，可能造成经济活动效率低下，但随着时间的推移及其他条件变化这部分占比最终趋于缩小。这是因为，随着人们对经济现实认识的深化，他们在制定组织和交易规则时会更主动、更多地遵循其发展规律。这使得经济活动效率越来越高，政策决策结果也越来越符合费效比最小化要求。

但由于有限理性，以及人们能力所限，人不可能设计出完全符合自然规律的制度，两者间总会存在或大或小的差距。制度非理性虽然在制度演变中占比越来越小，但相当长一段时期仍会持续存在，并且对有关经济活动的效果、政策决策、结果等产生巨大的影响。

现实生活中，这两种制度演变过程的确是同时存在的，两种制度演变规则也确实是同时发挥作用的。在汇率制度演变中，法定汇率制度变迁更多地遵循新制度经济学提出的“费效比最小化”规则，即只有制度变迁收益大于成本，制度变迁才可能发生。事实汇率制度的演变则更类似于制度演变的非理性部分，在其演变过程中不仅有人的主观能动性起作用的“有限理性人的理性选择”，更有一国政策历史的路径依赖、社会文化，以及现存制度环境下各种正式、非正式规则协调融合等因素。

与此同时，法定汇率制度和事实汇率制度作为一国汇率运行相关的正式和非正式规则体系，其演变互相影响。由一国各利益集团代表博弈后决定的法定汇率制度是该国事实汇率制度的主要投入要素之一，同时事实汇率制度作为各种因素融合结果的非正式规则也制约和影响一国政策当局对汇率制度的选择，影响该国政府法定汇率制度的变迁。

3.2.1.1 东盟五国法定汇率制度的变迁

“二战”后，东盟五国长期维持钉住单一货币或钉住篮子货币的法定汇率制度。20 世纪 80 年代中期后，除了泰国外，各国逐步放弃钉住制，转向浮动类型的汇率制度。1997—1998 年亚洲金融危机爆发迫使各国放弃了原来的汇率制度，短时间内选择独立浮动，之后对汇率制度进行重新定位。总体上，危机后各国的法定汇率制度，或早或晚，均走向浮动类型的汇率制度。

东盟国家的法定汇率制度改革是一个政府主动选择的过程，也是国内各利益集团博弈的结果。在这个选择和博弈的过程中，“相对完全理性”原则和“追求利润最大化”主导着各利益集团以及代表国家的政策当局的选择。东盟各国的法定汇率制度变迁经历了一个由“反对贬值”向“偏好贬值”的转变过程。这个过程也是国内各利益集团力量消长的过程。在“二战”后初期，各国实行内向型经济发展策略，内向型产业在国内经济发展中占主导优势。代表性利益集团主要是传统贵族及民族利益集团，它们主要控制种植园、农业，喜欢进口奢侈品和西方生活用品，主张独立自主，发展国内各类产业。但很多国内产业的原材料及技术设备则不得不从国外进口。这些人及其代表把持政权，反对汇率贬值。封闭式的经济和内向型经济发展策略造成国内经济发展成本居高不下，债台高筑。旧制度和发展策略远远偏离了“成本—收益配比”规则，这激发了国内制度变革的需求。

新的产业（主要是外向型产业）及其利益集团在博弈中逐步占据优势。新兴产业基于产业发展需要，主张货币贬值以促进出口，提升产品的国际竞争力。20 世纪 70 年代后期，新加坡、菲律宾等国率先转向外向型经济发展，借鉴西方自由主义的政策思想，提高经济开放度，放开国内商品和资本市场，实行浮动汇率制度。这实际上是新兴外向型产业利益集团为了实现潜在利益与旧利益集团博弈的结果。在整个博弈过程中，外向型产业及其利益集团，如印度尼西亚的苏哈托集团充当了制度变迁中第一集团的角色，它们把持国家政权，接受西方政策主张，积极变革各项制度。在东盟几个国家当中，第一集团的力量往往是由传统势力蜕变而成的，他们本身经济实力强，经过政治斗争逐步掌握政权，因此，东盟国家的法定汇率制度变革相对是比较顺利的。而第二集团往往只是起到附和的作用，在变革对其有利时，追随和拥戴前者的政策主张，反之则倒戈，但作用不大。

整体来看，各国根据本国经济状况对本国汇率进行管理，并根据国内外经济条件的改变，而选择不同的汇率制度。其中，新加坡在布雷顿森林体系崩溃后，由钉住英镑转向钉住美元和黄金，1973 年 6 月实施灵活钉住“一篮子货币”的制度，随后于 1987 年转向管理浮动汇率制度。在这种灵活的汇率制度下，新加坡成功地度过了金融危机，一直维持管理浮动汇率制度不变，形成了特色的 BBC 制度。马来西亚在牙买加货币体系下，不断增加钉住美元的灵活度，并于1993年4月实施管理浮动汇率制度。由于危机的影响，马来西亚于1998年9月宣布单一钉住美元，一直到2005年7月转向管理浮动汇率制度。马来西亚的汇率制度选择为经济从危机中恢复提供了保障，并且顺应国内外经济形势转变转向浮动汇率制度。印度尼西亚和菲律宾是受危机影响严重的东南亚国家，危机爆发后，其汇率波动大，经济遭受重创。危机后，菲律宾保持独立浮动汇率制度不变，印度尼西亚官方也宣布实施独立浮动汇率制度。泰国是实施钉住制度最久的东盟国家，危机爆发后被迫放弃几十年的钉住制度，转向独立浮动汇率制度，直到2001年9月后走向管理浮动汇率制度。

各国政府根据本国经济状况对本国汇率进行管理，并根据国内外经济条件的改变而选择不同类型的法定汇率制度。按照制度变迁的类型划分，法定汇率制度演变是一种强制性制度变迁。东盟各国法定汇率制度的变革均是通过政府以命令和法规的形式引入并实施的。由于国家是唯一具有垄断力量的暴力机构，由国家代表博弈中优胜的利益集团来颁布新的汇率制度可以保证新的制度的实施，保证制度变迁短时间内快速实现。各国在危机前后，尤其是危机后能够根据经济状况迅速、灵活地改变汇率制度类型，体现了制度变迁的高效性、强制性特征。

3.2.1.2 东盟五国事实汇率制度的演变

事实汇率制度属于非正式制度，事实汇率制度演变遵循非正式制度的演变过程。非正式制度由约束对象相同的一系列非正式规则及制度实施构成。非正式规则的实施完全是个体行为，其形成是自然演化的结果，其实施依靠个人的自觉执行。事实汇率制度是内生于经济增长过程的，事实汇率制度即汇率运行的非正式规则集合。它没有成文的载体，不能够直接观察。经济学家所言的事实汇率制度实际上是一种经济运行的结果，也就是已经得到实施的经济结果。考察东盟国家的事实汇率制度不用单独考察其表现形式。

非正式规则没有强制约束力，其形成源自越来越多的行为者对某些符合“满意原则”的范例行为的模仿和遵循。也就是说，非正式规则的演变是多数个体行为的集合，是约定俗成的。在这一过程中，个体行为者由于信息不充分或成本—收益计算成本过大，而只得放弃“利益最大化”，采取“模仿或遵照”行为模式，并以“满意原则”作为判断的标准。

由于非正式规则的约束力弱，以及其形成、演变主要受个体行为者自觉行为来实现，而具有长期持续性和稳定性的“日常惯例”——经济变迁的基因，在行为者的选择中又发挥着重要作用，它们控制、复制和模仿着经济演化的路径和范围，所以，非正式规则的演变总是需要漫长的时间，并且具有路径依赖特性。

东盟国家的事实汇率制度演变由于非正式规则的特性及其演变特点具备了与法定汇率制度迥异的特点。与法定汇率制度变迁相比，东盟五国事实汇率制度表现出强烈的路径依赖性、漫长性和反复性。

由于历史的原因，东盟五国的汇率制度有着相当长的钉住历史。布雷顿森林体系崩溃后，各东盟国家当局接受西方自由主义政策思想，迅速且大幅度放开国内市场，实行自由主义经济政策，其中就包括法定汇率制度快速从固定钉住转向浮动。然而，实际经济运行中的汇率波动却依然表现出“传统钉住”的特征。直到 1997—1998 年亚洲金融危机爆发，事实钉住制度被打破。其中，菲律宾和新加坡保持独立浮动和管理浮动汇率制度不变，泰国从钉住“一篮子货币”转向管理浮动，马来西亚从管理浮动转向单一固定钉住，再转向管理浮动制度。印度尼西亚则因受危机破坏严重，卢比大幅度贬值，汇率波动幅度巨大，且持续到危机后相当长一段时间。不过，印度尼西亚最终走向独立浮动（来自印度尼西亚央行资料）。

但学者很快发现，危机后的东盟国家汇率制度走向“钉住美元”的回归之路。其汇率波动呈现高频钉住特征，且各国积累了大量外汇储备，利率波动也远远高于自由浮动国家。

本书第 2 章延续这一研究，延长了危机后时期，发现除了印度尼西亚外，东盟四个国家货币兑美元汇率月度尽管已经摆脱了“软钉住”特征，不存在明确的汇率路径，但其波动性仍然非常小，基本相当于软钉住里窄幅汇率带制度下汇率的波动水平。这说明，东盟国家的事实汇率制度仍然延续了历史上的重度干预特征，汇率波动水平仍然非常小，即呈现出高度的路径依赖性。东盟国家除印度尼西亚外，其事实汇率制度均为重度干预管理浮动制度，属于中间汇率制度，其真正走向浮动仍需要很长一段时间。

3.2.1.3　东盟五国法定汇率制度与事实汇率制度的关系

一国的法定汇率制度与其事实汇率制度，因其内含的各类正式规则与非正式规则的作用而相互作用、相互影响。通过考察各经济指标的运行特征及其相互关系得到的“事实汇率制度”，则是正式规则与非正式规则相互作用的结果。一般可以将由这些指标得到的结果作为对一国事实汇率制度的描述。

尽管法定汇率制度对该国货币的波动程度、方式，政府干预方式、目的等进行了详细的规定，但在东盟各国的外汇市场上，市场主体的交易行为和风险对冲行为等仍然受到非正式规则的制约。法定汇率制度由国家这个暴力机构保证实施，其变迁快速，实施也更有效率。政府可以根据经济发展的需要，综合考虑国内外各种因素，设计对本国最为有利的制度类型，并且可以利用统治权贯彻实施。因此，一国法定汇率制度一定是反映该国经济发展需求的制度。而且，随着经济的不断发展，政府可以改变法定汇率制度的类型。由于法定汇率制度反映了一国经济发展的内外变化，满足了新的发展需求，因此，其所包含的主要正式约束规则会从无到有，逐步替代那些低效率的非正式规则来成为市场交易的规则。同时，新制定的法定汇率制度在某种程度上有一定的超前性，加之作为正式制度具有强制约束性，其实施会影响市场主体的行为和预期，从而使其改变许多旧式“交易行为惯例”，产生新的与法定汇率制度融合度更高的非正式规则，或以此为方向修正现有非正式规则。这表现在，东盟国家的汇率运行不再呈现出明确的路径特征，事实汇率制度与危机前的传统钉住已经根本不同。政府干预更多以“熨平”过度汇率波动为目的，而非旨在改变汇率变动趋势。

一国法定汇率制度由于其明文化和强制执行的特性，作为一国经济制度体系的一部分，一直是经济学家关注的焦点。早期有关文献均以法定汇率制度作为研究对象。直到20世纪末，经济危机的爆发使人们对法定汇率制度的效果产生了疑问。人们开始质疑各国法定汇率制度是否真实地描述了一国汇率运行的实际情况。麦金农、卡尔沃·莱因哈特等经济学家发现，危机前及危机爆发后，东盟国家均存在“法定汇率制度与事实汇率制度不一致”的现象。至此，事实汇率制度才更广泛地得到学者的关注。

尽管一国法定汇率制度的设计更加符合效率原则，也更能代表经济发展的要求，但事实汇率制度才是研究一国经济实际运行状况的基础。第2章的实证研究也证明，尽管东盟有四个国家的汇率运行已经不再呈现明确的汇率路径，但其波动性依然非常小，类似于窄幅汇率带制度下的汇率波动水平。这其实是各国以往长期钉住制度的延续，充分体现了事实汇率制度演变的长期性、缓慢性和路径依赖。

对于发展中国家接受外来经济治理思想、引入国外新制度（如汇率制度）而言，其国内现存的事实汇率制度及其所含各非正式规则是新进制度最终去留的决定因素。诺思认为，非正式规则规定了正式规则变迁的方向，使其向着边际成本小的方向变化。非正式规则与正式规则的紧张程度决定了正式规则变迁的成败，即所谓的制度融合。布雷顿森林体系崩溃后，东盟国家接受西方新自由主义的经济思想，引入浮动汇率制度，放开利率机制。最终却以事实上的"钉住美元"收场，并且由于市场机制不完善，各类制度不配套，导致了危机的爆发。这正说明了新进制度与原有制度环境下各种正式、非正式规则（制度）融合的重要性。

最后，由于一国面临的内外经济环境在不断地发生变化，加上人的有限理性，一国政府制定的关于汇率运行的规则体系不完善。在这些正式规则覆盖不到的地方，非正式规则发挥着约束交易行为的作用。无论一国法定汇率制度如何演变，那些与外汇交易有关的"惯例"总是在发挥着作用，对规范一国汇率运行起着辅助作用。这些均以"不同国家货币兑换行为"为约束对象的各类正式、非正式规则相互影响、相互作用，最后形成了作为"经济运行结果"的"事实汇率制度"。对于作为经济运行结果的事实汇率制度来说，该国法定汇率制度是其主要的投入要素之一。

3.2.2 法定汇率制度和事实汇率制度不一致的演化解释

社会经济实践中，制度演变的理性过程和非理性过程的确是同时存在的，两种制度演变规则同时发挥作用。在汇率制度演变中，法定汇率制度变迁更多的是遵循新制度经济学提出的"费效比最小化"规则，即只有制度变迁收益大于成本，制度变迁才可能发生。事实汇率制度的演变则更类似于制度演变的非理性部分，在其演变过程中起作用的不仅有人的主观能动性的"有限理性人的理性选择”，更有一国政策历史的路径依赖、社会文化，以及现存制度环境下各种正式、非正式规则协调融合等因素，并且后者在某些条件下往往决定了制度选择的最终结果。这正是东盟五国亚洲金融危机前后法定汇率制度和事实汇率制度不一致产生的原因。

3.2.2.1 事实汇率制度的演变是一个缓慢的、渐进的过程

事实汇率制度属于非正式制度，其演变属于制度演变非理性（有限理性）内容，是一个缓慢的、渐进的过程。在有限理性条件下，经济个体无法拥有进行选择所需的充分信息，或者获取充分信息的成本过高，不能遵循成本—收益配比原则，从而选择符合“利润最大化”的决策。这种情况下，经济个体的选择遵循“模仿或遵照”的行为模式，选择标准也不再是“利润最大化”，而是采用“满意”原则。整个非正式规则及非正式制度的演变过程是一个自然演化的过程，起始于单个个体或少数个体因为面临选择条件的改变而改变自身行为方式。这些规则演变的“先头兵”发现新的行为方式可以改善境遇，因此选择坚持新的行为方式。随着时间的推移，先是周围的人模仿这种新的行为方式，然后模仿圈子逐步扩大，并且在这一过程中，最初的行为方式可能得到逐步改善、提升。当大多数行为者自觉采用新的行为方式，且持续遵循该规则，非正式规则的演变即宣告完成。

汇率制度是有关外汇交易行为的规则体系的总称。在一国与另一国经济交易的过程中，两国货币交换比例应当如何决定、如何变化，这在最初的经济交易行为中并没有明确的规定。早期，东盟国家由于历史缘故，其货币均采取与殖民国家货币挂钩的原则。也就是说，汇率采取规定各国货币含金量，再以含金量决定本国货币与殖民国家货币的交换比例，进而本币与世界上其他国家货币间的交换比例的方式确定。这是金本位制度下东盟国家乃至世界各国货币交换比例的确定方式，派生于当时的货币体系，也是经济交易过程中自然形成的。这种汇率一旦形成，几乎很少发生改变，除非一国改变本币含金量。而政府机构央行，参与外汇市场也主要以维持这种固定汇率为目的。在世界经济交易还不是很发达，各国间经济往来以商品贸易为主的时代，这种汇率制度基本满足交易需求。

随着各国经济联系日益紧密，经济交往除了商品贸易外，投资及其引起

的资本流动开始日益频繁且规模巨大。资金在各国间快速频繁地流动，以及世界各国间金融经济联系的加强，加剧了各国货币在外汇市场上相对供给和相对需求的变动。汇率作为一种货币的价格，取决于这种货币所在市场的供给和需求力量的对比。供需变动使两种货币间实际交换比例发生剧烈波动，其中也蕴含了大量的投资、投机机会。各国间经济交往的参与者发现使用旧的固定不变的交换比例给贸易、投资等活动带来不便，他们由少及多，逐步采纳了新的、变化更多的交易规则。譬如，按照交货时汇率计算货款，采纳根据经济发展实力等因素预测的汇率作为交易汇率，等等。当外汇市场上和实际经济交易当中足够多的人接纳了这种波动较频繁，且波动幅度较大的汇率时，早期的较为固定的汇率运行规则就发生了改变。

根据汇率波动的幅度及波动方式，以及新的政府干预行为的特征，可以将其划分为不同类型的汇率制度，如传统钉住制度、水平带汇率制度、管理浮动汇率制度、独立浮动汇率制度等。

然而，事实汇率制度演变过程，即非正式规则演变过程是一个相当漫长的过程。经济主体的行为"惯例"在其中发挥着自然演化中"基因"的作用，非正式规则演变起始于这种"基因"的变异。同时，在生物延续中，基因总是保存了尽可能多的遗传因子，其变异总是需要经历长期的过程。

在东盟国家的事实汇率制度演变过程中，可以发现，曾拥有长期历史的"钉住"总是若隐若现。从"二战"后的传统钉住制度，到1997—1998年亚洲金融危机后的"美元本位"，尽管汇率波动幅度有所增加，但波动幅度相对于其法定汇率制度的规定来说依然很小。经过延长考察期，进一步研究发现，除了印度尼西亚，其他东盟四国事实汇率运行虽然已经不再呈现出明显的汇率路径，但其波动幅度依然非常小，与20世纪80年代流行甚广的窄幅汇率带波动水平相当。各国货币对美元的"依赖"以另一种方式呈现出来，"事实汇率制度与法定汇率制度不一致"的现象依然存在。

3.2.2.2 "事实汇率制度与法定汇率制度不一致"的路径依赖

"路径依赖"是指一个具有正反馈机制的系统一旦在偶然因素的影响下被采纳，便会沿着特定路径演进，很难被其他系统替代。人们最早在技术研究中发现了"路径依赖"这一现象，即已被采用的技术因先占优势收益递增，不断自我强化。诺思借用术语“路径依赖”以描述制度变迁。他认为，报酬递增和自我强化同样存在于制度变迁中，制度变迁路径一旦形成，就会沿着该路径不断强化，但这一过程既可能导致制度变迁进入良性循环，也可能使之陷入恶性循环，从而导致“制度悖论”持续存在。当制度变迁被锁定到无效率状态无法自拔，只有强大的外力冲击或者政权更迭才能破局。路径依赖意味着今天的选择受历史的影响，一些偶然因素可能改变整个制度变迁的方向。

诺思认为，对制度变迁路径起规范作用的因素有两种：收益递增和市场不完全。市场不完全主要源于交易费用不为零。制度变迁自我强化的作用机制有四种：规模效应、学习效应、协作效应和适应性预期。制度初始建立的成本很大，但当其被越来越多的人接受，应用广泛使得单位成本和边际成本越来越低。制度一旦设立，相关组织会利用制度提供的获得机会增强其应用性。制度在实施过程中会与其他制度相互影响，形成互补或者其他紧密联系，从而构成一个有机的制度体系，这会加强其不可或缺性。在既定的制度体系中，人们产生适应性预期，有利于制度持续存在下去。这些都会增强制度演化的路径依赖。除此之外，非正式规则本身是“非强制约束”的，其实施完全靠自觉，其演变经历一个行为特征改变的个体数目由多到少的漫长过程。只有当大多数人的行为特征发生了改变，非正式规则演变才宣告成功。这也是导致路径依赖产生的重要原因。

法定汇率制度和事实汇率制度演变均具有路径依赖的特征，但其程度稍有不同。其中，事实汇率制度的路径依赖性更强，其演变几乎是自然演变的结果。而法定汇率制度变迁虽然也会经历一个多集团博弈，乃至重复博弈的过程，但其变迁相对而言效率更高，其实施也因为暴力机构国家的作用更加有效。这样，在其他条件相同的情况下，法定汇率制度与事实汇率制度往往出现不一致的现象。

3.2.2.3 “事实汇率制度与法定汇率制度不一致”的制度融合论

一国法定汇率制度变迁的过程，除了制度设计和国家暴力机构所保障的强制性实施外，其变迁效果如何最终取决于新制度所含各项规则与现存制度环境中各类正式、非正式规则的关系，也就是融合程度。在制度演变过程中，各项正式规则与非正式规则相互影响、相互作用，其关系的演变及融洽程度决定了一国制度演变的结果及方向。

20 世纪 70 年代后期，东盟各国政府接受西方自由主义政策思想，引入浮动汇率制度。新的法定汇率制度下，汇率运行的新规则便开始与原有的交易行为者的交易惯例、交易传统、汇率波动加大所要求的抗风险能力、抗风险意识等展开一番较量。这些新旧规则、正式与非正式规则之间的较量体现在外汇市场的各参与主体，包括央行的交易行为变化上。浮动汇率制度既然能获取政府支持，必然有其利益代表。新类型的汇率制度必然满足那些支持它的利益集团的利益。然而，对于其他利益集团来说，新制度的采纳可能导致利益受损、不变或者增加。那些利益可能受损的利益集团必然采取行动展开博弈。

与此同时，新的法定汇率制度的实施需要其他制度的配套。譬如，汇率浮动加大提高了一国经济交易商面临的汇率风险，为了对冲风险，要求一国有比较完善的资本市场以及金融衍生品市场以提供风险对冲场所。另外，长期的固定汇率制度实际上把汇率风险转嫁到政府头上，个体经济参与主体不曾面临此类风险，突然放开汇率浮动，即使交易商存在风险对冲的意识，一时也无法聘请到合格的职员或服务机构进行相应的操作。因此，即使汇率风险会带来一定损失，交易惯例的更改也会产生很高的成本，很多企业可能依然按照旧制度下的规则从事交易。

对于政府来说，一方面由于利益集团的游说，另一方面由于政府央行还不善于、不能够很好地应对新制度下产生的各种经济状况，其政策制定存在一定的路径依赖。出于保守考虑，很多政府央行在进行外汇干预时，依然延续了过去的操作惯例。随着政府干预能力的提升，这种政策惯性会逐步减弱，但在这之前会持续很长一段时间。

随着交易主体越来越适应汇率浮动，交易行为惯例逐步改变，国内满足风险对冲需要的各类金融市场及衍生品市场的完善与发达，以及政府对新的法定汇率制度运行机制的熟悉及新制度下外汇干预能力的提升，新的法定汇率制度的变迁最终得以顺利实现。

在这一过程中，制度间的不融洽往往长期存在，“制度悖论”是常态。正式制度变迁的成败取决于正式规则和非正式规则间的关系，正式规则与非正式规则的紧张程度则决定了制度变迁完成所需要的时间长短[①]。事实汇率制度与法定汇率制度不一致表明制度融合欠佳，新的法定汇率制度与当前金融经济发展阶段及国内市场体系发展状况不是十分融合。

3.3 本章小结

本章对东盟五国汇率制度演变从不同角度进行了解释。造成东盟五国"法定与事实汇率制度不一致"的原因是多方面的。"原罪"的普遍存在和各国间密切的政治经济联系是其内因，包括东盟五国在内的东亚各国区域货币合作进展缓慢则间接导致这一现象的长期存在。

正式规则与非正式规则的变迁过程不同，遵循不同的规则。由于制度演变本身的复杂性、制度演变的路径依赖性与缓慢性，"制度悖论"长期存在，最有效率的制度并非总能成为最后的选择。

① 道格拉斯·C. 诺思. 经济史中的结构与变革［M］. 上海：上海三联书店，1994：225.

4　东盟五国汇率制度演变的经济影响

开放经济条件下，汇率作为一种市场价格机制对一国经济发展产生重要的影响。本章第一部分简略分析了东盟五国汇率制度的经济影响，考察了五国对外贸易的发展概况。

由于汇率对一国经济、贸易以及投资的影响往往与其他政策的影响交织在一起，且存在着复杂的互相抵消或增强的汇率传递问题，人们往往不能直接推导汇率对一国经济或某种经济活动的影响。但利用向量自回归以及协整与误差修正技术，可以分析几个变量之间的长短期关系，从而考察汇率在对某种经济活动譬如贸易产生影响的诸因素中的重要性，以及这种影响的程度。因本书考察国家数量较多，篇幅所限，本章只详细考察东盟五国汇率对出口的长短期影响。此外，本书还将利用分析结果为东盟五国“法定汇率制度与事实汇率制度不一致”现象提供佐证。

4.1　东盟五国汇率制度演变的经济影响概述

东盟五国汇率制度由固定转向新类型的汇率制度，顺应经济发展的要求和区域汇率制度主流趋势，有利于政府在新条件下对汇率的管理。新的汇率制度对各国经济的影响是多方面的。亚洲金融危机后，各国经济持续增长，进出口贸易进一步扩大，失业率在波动中一路走低，通货膨胀方面除印度尼西亚在 2005 年和 2006 年比较高外，也都保持在 5% 左右，较为稳定（见表 4.1）。具体来说，东盟五国汇率制度由钉住式的固定汇率制度逐步转向更灵活的新的中间制度类型，对经济的影响体现在以下几个方面：

一是有利于政府的宏观调控。在新的汇率制度下，各国政府不再负有维持固定汇率或某种幅度汇率波动带的义务，这为国内货币政策提供了更大的操作空间，货币政策独立性进一步增加，政府政策有效性得到提升。这其实也是各国通货膨胀目标的顺利实现，以及物价能够保持长期稳定的重要原因。如表4.1所示，各国通货膨胀率持续稳定，尤其是印度尼西亚，通货膨胀率在2007年降为6.41%的水平，2008年国际金融危机后，连续保持在5%左右。其他国家的通货膨胀率也相对较低，除了2008年外，大都低于5%。更加灵活的汇率形成机制也意味着市场在资源配置中将发挥更大的调节作用，这更有利于节约资源、促进经济增长。

表4.1 东盟五国GDP环比增长率及CPI

单位：%

		2000	2001	2002	2003	2004	2005	2006	2007	2008	2009	2010	2011
印度尼西亚	GDP	4.92	3.64	4.50	4.78	5.03	5.69	5.50	6.35	6.01	4.63	6.20	6.46
	UR	15.00	8.00	10.60	8.70	9.20	11.80	12.50	9.10	8.40	8.10	7.10	6.60
	CPI	3.72	11.5	11.88	6.59	6.24	10.45	13.11	6.41	9.78	4.81	5.13	5.36
马来西亚	GDP	8.86	0.52	5.39	5.79	6.78	5.33	5.85	6.48	4.83	-1.51	7.15	5.08
	UR	2.80	3.70	3.80	3.60	3.00	3.60	3.50	3.20	3.30	3.70	3.50	3.10
	CPI	1.53	1.42	1.81	0.99	1.52	2.96	3.61	2.03	5.44	0.58	1.71	3.17
菲律宾	GDP	4.01	2.89	3.65	4.97	6.70	4.78	5.24	6.62	4.15	1.15	7.63	3.72
	UR	10.00	10.00	10.20	11.40	11.70	8.70	7.90	7.30	7.40	7.50	7.30	7.00
	CPI	3.95	5.35	2.72	2.29	4.83	6.52	5.49	2.90	8.26	4.13	3.88	4.65
新加坡	GDP	9.07	-1.09	4.20	4.58	9.16	7.37	8.76	8.86	1.70	-0.98	14.76	4.89
	UR	3.00	4.70	4.60	4.80	3.40	3.10	3.10	2.10	2.20	3.00	2.10	2.00
	CPI	1.36	1.00	-0.39	0.51	1.66	0.43	1.02	2.10	6.52	0.60	2.80	5.24
泰国	GDP	4.75	2.17	5.32	7.03	6.17	4.46	5.57	4.93	2.46	-2.25	7.81	0.05
	UR	3.70	3.90	2.90	2.20	1.50	1.80	2.10	1.40	1.40	1.50	1.20	0.70
	CPI	1.59	1.63	0.70	1.80	2.76	4.54	4.64	2.28	5.40	-0.85	3.31	3.81

注：UR代表年失业率（Unemployment Rate）。

资料来源：笔者根据IMF数据库数据计算得出；失业率数据来自Index Mundi网站。

二是有利于市场体系的培育和市场主体风险意识的培育。新的汇率制度下，东盟各国名义汇率运行路径没有明确的规律，呈现出随机游走形态。这对于市场交易主体来说，交易风险有所增加。在波动幅度较小的条件下，有利于培育市场主体的风险意识，也为将来进一步放开汇率、增加汇率波动幅度做准备。另外，各国的期货期权市场以及各类型衍生品金融市场正处于深化和完善过程，如果汇率在政府干预下仍然呈现固定的或者是某种类似于汇率带制度的波动方式，会大大限制资本市场的交易频率和交易活跃度。因此，更加灵活的汇率运行方式是各类资本金融类市场深化发展的前提，为市场体系的进一步完善提供条件。

三是在新的汇率制度下，各国汇率基本呈现缓慢升值趋势。这一方面是各国经济快速、健康发展的结果，另一方面缓解了以往长期实行固定汇率制度时积累的升值压力。货币升值有利于推动经济转型中的东盟国家进一步优化产业结构，推动经济增长方式转型，且有利于低通货膨胀的实现和维持。货币缓慢升值一定条件下可以通过降低进口价格而降低通胀压力，长远来看还有助于一国产业更新换代，由以价格竞争为主导向以服务、技术、质量和品牌竞争为主导转变；面对金融危机，东盟各国都意识到，挖掘内需，提高国内消费和投资对经济增长的贡献不仅有助于增加国民收入，还有助于提升经济在金融危机中的抗风险能力。与新加坡、泰国和马来西亚 2009 年的负增长以及菲律宾 1. 15%的增长率相比，印度尼西亚在本轮国际金融危机中依然实现 4. 63%的经济增长，与其国内消费和投资在经济增长中占主导地位有关。

四是东盟五国除印度尼西亚外，汇率运行无明确路径，但波幅较小的特征意味着，汇率变动呈现连续的、微小的波动态势，投机者获利空间小，从而抑制投机行为。汇率运行不再呈现出特定的路径则增加了投机风险，因此相对于之前的“软钉住”制度，新的汇率制度更有利于抑制外汇投机。

4. 2　东盟五国贸易发展概况

“二战”后，实现民族独立的东盟五国纷纷采取措施发展民族经济，其经济发展经历了进口替代和出口导向两个阶段。各国在不同阶段采取的贸易政策不同，其贸易增长的特征也各有特点。

4. 2. 1　进口替代时期东盟五国的贸易发展

独立初期，东盟五国实行进口替代战略，贸易增长极慢。贸易结构也以初级产品和原料出口为主，新加坡则以转口贸易为主。

4.2.1.1 新加坡实施进口替代战略时期的贸易概况

独立前，新加坡经济以转口贸易为主。当时的新加坡主要经营来自邻近国家马来西亚、印度尼西亚等国的橡胶、锡、木材、棕油、香料和咖啡等物品向西方的出口，同时，西方各国生产的各种生产资料和消费资料也通过新加坡销往东南亚各国。1960 年，转口商品占新加坡出口总额的比重高达 93.6%。新加坡国内工业比较弱小，且只作为转口贸易的补充，为之服务的主要是橡胶、木材等加工工业和维修业。随着战后各邻国的相继独立，转口贸易逐步萎缩，给新加坡经济带来不利影响。为了摆脱这一困境，结合当时外汇短缺等各种经济条件，新加坡政府决定实施进口替代战略，走工业化的发展道路。20 世纪 60 年代前半期是新加坡实行进口替代战略的时期。这一时期，政府着重鼓励供应国内居民消费需要的劳动密集型工业的发展，但这一战略由于其国内市场狭小和新马共同市场设想的落空很快被抛弃。这一时期，进出口额均逐步萎缩，出口额由 1960 年的 3477 百万新加坡元下降到 1965 年的 3004 百万新加坡元，进口额则由 1960 年的 4080 百万新加坡元下降到 1965 年的 3806 百万新加坡元，且贸易逆差逐步扩大。贸易总额总体上也是下降的，由 1960 年的 7557 百万新加坡元降到 1965 年的 6810 百万新加坡元。从表 4.2 中可以看到，进出口占国内生产总值的比重总体上也是下降的。

表 4.2 1960—1965 年新加坡对外贸易增长 单位：百万新加坡元

年份	进口额	出口额	贸易总额	贸易差额	进口/GDP（%）	出口/GDP（%）
1960	4080	3477	7557	-603	188.6	160.8
1961	3965	3309	7274	-656	160.6	134.1
1962	4037	3417	7454	-620	160.5	135.9
1963	4280	3475	7755	-805	153.4	124.6
1964	3480	2772	6252	-708	128.2	102.1
1965	3806	3004	6810	-802	128.8	101.6

资料来源：IMF 数据库及笔者的计算。

4.2.1.2 马来西亚实施进口替代战略时期的贸易概况

马来西亚联合邦于 1957 年获得独立，1963 年与新加坡、沙捞越、沙巴合并组成马来西亚，新加坡则于1965年退出。在独立后的一段时间内，直到1968年前，马来西亚实施进口替代经济贸易战略。由表4.3可知，与新加坡相比，马来西亚进口、出口及贸易占国内生产总值比重要小得多。实施进口替代战略时期的贸易收支尽管也是持续逆差，但是逆差额呈减少趋势。虽然实行进口替代战略，但马来西亚的进口额和出口额呈增加趋势，进口额由1957年独立初期的23.94亿林吉特，增加到1967年的33.25亿林吉特；出口额则由27.96亿林吉特增加到37.24亿林吉特。但是，进出口占国内生产总值的比重和新加坡一样是下降的，说明国内工业有所增长，这是该时期进口替代战略实施的结果。

表4.3 实施进口替代战略时期马来西亚贸易增长 单位：百万林吉特

年份	进口额	出口额	贸易总额	贸易差额	进口/GDP（%）	出口/GDP（%）
1957	2394	2796	5190	-402	46.70	54.55
1958	2214	2472	4686	-258	45.22	50.49
1959	2344	3182	5526	-838	42.41	57.57
1960	2786	3633	6419	-847	47.49	61.93
1961	2816	3238	6054	-422	48.37	55.62
1962	3056	3260	6316	-204	49.88	53.21
1963	3193	3330	6523	-137	41.55	43.34
1964	3205	3382	6587	-177	39.15	41.31
1965	3356	3783	7139	-427	37.08	41.80
1966	3380	3846	7226	-466	35.12	39.97
1967	3325	3724	7049	-399	34.06	38.15

资料来源：根据IMF E-Library数据计算得出。

4.2.1.3 泰国实施进口替代战略时期的贸易概况

泰国在历史上由于其恰好位于英法殖民地之间的缓冲地带，得以免受被殖民国家占领的命运，是东南亚唯一一个始终维持独立的国家。“二战”期间被日本占领，战争结束后重新恢复独立。“二战”前，泰国是农业国家，几乎没有工业。其1960年国民收入有80%为农业收入，从事农业的劳动力占比83%，工业和服务业劳动力占比分别仅为5%和12%。泰国工业基础弱，为了发展工业，开始实施进口替代战略。从1954年《鼓励工业发展方案》公布开始，到 1972 年结束，是泰国进口替代经济贸易战略发展时期。其基本内容就是对原先直接出口的各类初级产品进行一定程度的加工，提高附加值，然后再出口；同时对原先依赖进口的日用工业品则尽量由国内生产来替代。所发展的工业部门以碾米、食品、饮料、纺织、印染等为主，日用五金、汽车拖拉机零配件、造纸、陶瓷、水泥等也有一定规模。总的来说，轻工业占了很大比重。实际上，泰国农业的出口导向战略起步于 20 世纪 60 年代，工业出口导向发展战略则起步于 70 年代。如果将进口替代同时作为工业化战略的话，则认为泰国的进口替代战略时期是从“二战”后到 1972 年。

表 4. 4 反映了在 1960 年到 1972 年经济向出口导向战略转变前这段时间里，泰国贸易的发展概况。进口额和出口额在这一段时间均有所增长，但出口额增长小于进口额增长。整个时期，泰国均处于贸易赤字状态，并且赤字额不断增大，从 1960 年的 47. 56 百万美元增加到 1972 年的 403. 10 百万美元。

表 4. 4　实施进口替代战略时期泰国贸易增长　　单位：百万美元

年份	进口额	出口额	贸易总额	贸易差额	进口/GDP（%）	出口/GDP（%）
1960	454. 26	406. 7	860. 96	-47. 56	16. 46	14. 74
1961	488. 52	474. 73	963. 25	-13. 79	16. 12	15. 67
1962	550. 98	456. 19	1007. 17	-94. 79	16. 65	13. 78
1963	614. 31	466. 4	1080. 71	-147. 91	17. 35	13. 18
1964	685. 24	593. 22	1278. 46	-92. 02	17. 62	15. 25
1965	741. 97	622. 16	1364. 13	-119. 81	16. 90	14. 17
1966	889. 62	677. 84	1567. 46	-211. 78	16. 85	12. 84
1967	1066. 7	681. 06	1747. 76	-385. 64	18. 91	12. 08
1968	1158. 8	657. 64	1816. 44	-501. 16	19. 06	10. 82
1969	1248. 4	707. 16	1955. 56	-541. 24	18. 63	10. 55
1970	1298. 5	710. 19	2008. 69	-588. 31	18. 31	10. 02
1971	1288. 2	830. 53	2118. 73	-457. 67	17. 46	11. 25
1972	1484. 4	1081. 3	2565. 7	-403. 10	18. 15	13. 22

资料来源：根据 IMF E-Library 数据计算得出。

4. 2. 1. 4　菲律宾实施进口替代战略时期的贸易概况

1946 年，美国宣布菲律宾独立。菲律宾经济从 1946 年到 1954 年逐步恢复。进口替代工业政策开始取得成就，到1964年，菲律宾经济已达到经济增长的顶点。关于菲律宾经济贸易战略的实施期限，学术界存在纷争。华欣①认为菲律宾的进口替代开始于20世纪50年代，是东南亚国家中最早实施该战略的。关于结束时间，周颖认为菲律宾进口替代战略结束于1973年。沈红芳从经济发展实际效果上判断，认为这一战略实际上一直持续到20世纪90年代才结束。鉴于贸易战略的实施一般以政府制定和形成规划的时间为主，这里采用第二种观点，即同意菲律宾进口替代战略实施时间为从1955年到1973年。这一时期，菲律宾的工业特别是制造业得到较快的发展，经济稳定，制造业的比重占到国民经济总量的20%以上，这在当时的发展中国家是绝无仅有的。

由表4.5可知，其进出口的绝对值是逐年增加的，分别从1955年的12.49亿比索和12.22亿比索增加到1972年的103.34亿比索和98.77亿比索，均增加了7倍多。进出口占国内生产总值比重呈现增长态势，贸易总额占国内生产总值的比重从25.82%增加到36.04%。尽管如此，贸易差额和新加坡、马来西亚等国类似，大多年份为负，且越来越大。这说明，进口替代后期，工业迅速发展使得对机器设备的需求越来越大，加上汇率高估导致进口成本增加，贸易逆差越来越大。这一战略越来越不适应经济发展的要求。

表4.5 实施进口替代战略时期菲律宾贸易增长 单位：十亿比索

年份	进口额	出口额	贸易总额	贸易差额	进口/GDP（%）	出口/GDP（%）
1955	1.249	1.222	2.47	-0.027	13.05	12.77
1956	1.208	1.165	2.37	-0.043	11.56	11.15
1957	1.443	1.116	2.56	-0.327	12.67	9.80
1958	1.300	1.200	2.50	-0.100	10.81	9.98
1959	1.213	1.275	2.49	0.062	9.26	9.73
1960	1.460	1.489	2.95	0.029	10.41	10.61
1961	1.942	1.708	3.65	-0.234	12.72	11.19
1962	2.980	2.572	5.55	-0.408	17.44	15.06

① 华欣．东盟五国对外经贸战略研究［M］．北京：中国经济出版社，2010：79.

续表

年份	进口额	出口额	贸易总额	贸易差额	进口/GDP（%）	出口/GDP（%）
1963	3.053	3.284	6.34	0.231	15.38	16.54
1964	3.600	3.468	7.07	-0.132	16.77	16.16
1965	4.040	4.046	8.09	0.006	17.19	17.22
1966	4.303	4.716	9.02	0.413	16.63	18.22
1967	5.438	4.903	10.34	-0.535	18.74	16.89
1968	5.754	4.713	10.47	-1.041	17.91	14.67
1969	5.807	4.578	10.39	-1.229	16.45	12.97
1970	8.236	8.095	16.33	-0.141	19.40	19.07
1971	9.648	9.260	18.91	-0.388	19.25	18.48
1972	10.334	9.877	20.21	-0.457	18.43	17.61

资料来源：根据 IMF E-Library 贸易与投资数据库数据计算得出。

4.2.1.5 印度尼西亚实施进口替代战略时期的贸易概况

印度尼西亚于 1945 年宣布独立。但是独立初期由于民族和党派矛盾不断，经济发展基本停滞不前。印度尼西亚作为一个工业落后的国家，各种工业消费品和生产器材、设备长期大量依赖进口。苏哈托担任总统后，印度尼西亚经济逐步开始发展。为了减少对外国工业品的依赖，苏哈托政府重点发展“进口替代”工业，以减少对国外进口工业品的依赖，特别是发展轻纺工业，以解决人民的穿衣问题。苏哈托政府还利用巨额油气收入努力发展资金密集型企业，建立钢铁、汽车、石化、造船等产业。为促进进口替代工业的发展，政府向企业提供如低息贷款和补贴、实行关税和非关税壁垒等各种优惠和保障。

印度尼西亚实施进口替代战略时期，轻纺工业发展迅速，1970 年纺织品产量达 14 亿米，人均达 11.5 米，不仅满足了国内需求，还出口到国外，建成了一批大型企业，包括炼油厂、钢铁厂、水泥厂、造船厂、化肥厂等。印度尼西亚开始推行初级产品出口发展战略和由石油产业支持的进口替代发展战略，同时对外国资本进入印度尼西亚加以限制，以保护民族经济的发展。1974 年前主要是发展石油等采矿工业和替代进口工业。

1965—1978 年是印度尼西亚进口替代经济和贸易发展时期。从表 4.6 中可以清楚地看到，与其他四个国家不同，印度尼西亚的贸易余额逐步由负转为正，1977 年，印度尼西亚贸易余额为 6486 亿卢比，出口额占国内生产总值比重为 23. 49%。贸易总额在国内生产总值中占 43. 57%。这与苏哈托继任总统初期阶段实行自由主义、开放国内市场、吸引外资的经济政策是分不开的。在这一时期，印度尼西亚进口额和出口额分别由 1965 年的 14 亿卢比、13 亿卢比，增加到 1977 年的 38172 亿卢比和 44658 亿卢比，均增长了 2700 多倍，年平均增长速度分别为 59. 6%和 62. 7%。

表 4. 6 实施进口替代战略时期印度尼西亚贸易增长 单位：十亿卢比

年份	进口额	出口额	贸易总额	贸易差额	进口/GDP（%）	出口/GDP（%）
1965	1. 4	1. 3	2. 70	-0. 10	5. 90	5. 48
1966	69. 8	40. 3	110. 10	-29. 50	22. 10	12. 76
1967	143. 0	74. 4	217. 40	-68. 60	16. 87	8. 78
1968	326. 6	227. 9	554. 50	-98. 70	15. 58	10. 87
1969	402. 6	245. 2	647. 80	-157. 40	14. 81	9. 02
1970	529. 0	428. 8	957. 80	-100. 20	15. 84	12. 84
1971	611. 1	529. 5	1140. 60	-81. 60	16. 64	14. 42
1972	862. 4	753. 8	1616. 20	-108. 60	18. 90	16. 52
1973	1315. 6	1354. 3	2669. 90	38. 70	19. 48	20. 05
1974	2293. 7	3105. 1	5398. 80	811. 40	21. 42	29. 00
1975	2778. 0	2850. 6	5628. 60	72. 60	21. 97	22. 55
1976	3222. 1	3429. 6	6651. 70	207. 50	20. 83	22. 17
1977	3817. 2	4465. 8	8283. 00	648. 60	20. 08	23. 49

资料来源：根据 IMF E-Library 贸易与投资数据库数据计算得出。

4. 2. 2 出口导向贸易战略时期东盟五国贸易发展

20 世纪 70 年代至 90 年代是东盟国家出口导向经济发展的重要时期。各国抓住西方国家和亚洲新兴国家产业向外转移的机遇，大力促进本国出口导向产业发展。在政策上倾向于开放和自由化，同时利用各种税收和非税收政策鼓励出口，各国贸易发展十分迅速。

4.2.2.1 新加坡

新加坡的进口替代时期非常短。由于国内市场狭小、资源贫乏，加上新马共同市场的落空，新加坡政府于20世纪60年代中后期就开始转向发展出口替代工业，采取措施鼓励出口，以发展国内经济。主要措施是通过进口原料和零部件，利用劳动力的优势，经加工装配，向外出口制成品，赚取附加值。在经济发展到一定程度后，政府积极推动产业结构调整，出口产品结构更加高级化。根据出口导向的概念，实际上进口替代倾向弱化以后的经济发展政策均带有出口导向性质。

综合表4.2和表4.7，可以看到出口占国内生产总值的比重是在下降的，直到1973年，才重新恢复增长势头，而由于新加坡国内资源缺乏，进口在国内生产总值中的比重无论是进口替代战略时期还是出口导向战略时期，都一直非常高。加上产业发展需要一定时间，从1966年到1997年，新加坡的贸易差额延续了实施进口替代战略时期负值的特征，且在1982年到达峰值，随后随着产业政策调整，贸易逆差逐步下降。1997—1998年亚洲金融危机后期，新加坡经济出人意料迅速恢复，并且扭转了贸易余额为负的趋势。

表4.7 出口导向经济贸易战略下新加坡贸易增长概况

单位：百万新加坡元

年份	GDP	进口额	出口额	贸易总额	贸易差额	进口/GDP（%）
1966	9983.22	12183.06	10112.09	22295.15	-2070.97	122.04
1967	11164.76	13131.86	10404.74	23536.6	-2727.12	117.62
1968	12714.74	14977.75	11465.36	26443.12	-3512.39	117.80
1969	14456.03	17977.88	13652.59	31630.48	-4325.29	124.36
1970	16439.17	21338.36	13468.51	34806.86	-7869.85	129.80
1971	18496.03	23470.41	14559.90	38030.31	-8910.51	126.89
1972	20980.06	24537.62	15817.36	40354.98	-8720.26	116.96
1973	23398.99	28690.99	20422.81	49113.8	-8268.18	122.62
1974	24884.44	40484.08	28082.53	68566.61	-12401.55	162.69
1975	25901.11	37320.60	24709.96	62030.56	-12610.64	144.09
1976	27836.68	42571.06	30905.15	73476.21	-11665.91	152.93
1977	29996.26	47731.44	37574.34	85305.78	-10157.10	159.12

续表

年份	GDP	进口额	出口额	贸易总额	贸易差额	进口/GDP（%）
1978	32573.94	54131.57	41993.53	96125.11	-12138.04	166.18
1979	35607.34	66540.59	53680.80	120221.4	-12859.79	186.87
1980	39058.83	79943.65	64527.78	144471.4	-15415.87	204.67
1981	42811.28	84996.57	64629.15	149625.7	-20367.42	198.54
1982	45749.25	84362.35	62277.52	146639.9	-22084.83	184.40
1983	49494.72	80176.78	62190.09	142366.9	-17986.7	161.99
1984	53607.47	81832.78	68722.73	150555.5	-13110.1	152.65
1985	52738.97	78340.22	67988.62	146328.82	-10351.60	148.54
1986	53951.85	76320.49	67310.65	143631.14	-9009.84	141.46
1987	57964.31	92283.21	81290.04	173573.2	-10993.17	159.21
1988	64707.68	112573.00	100863.81	213436.9	-11709.2	173.97
1989	70936.60	118109.00	106200.10	224309.1	-11908.9	166.50
1990	77790.18	127975.10	110730.40	238705.5	-17244.7	164.51
1991	82790.19	127088.50	113045.50	240134	-14043	153.51
1992	88330.16	127826.70	112393.02	240219.7	-15433.6	144.71
1993	99155.55	144704.10	125641.48	270345.6	-19062.6	145.94
1994	110463.46	160185.40	150895.68	311081.1	-9289.7	145.01
1995	119344.90	176883.00	168052.77	344935.8	-8830.26	148.21
1996	129094.87	183186.30	174370.36	357556.6	-8815.91	141.90
1997	139865.38	193186.60	182384.79	375571.4	-10801.8	138.12
1998	137933.72	174907.20	183805.28	358712.5	8898.047	126.81
1999	147869.43	198687.30	205178.84	403866.2	6491.504	134.37
2000	162745.00	236395.70	242148.35	478544.05	5752.685	145.26

资料来源：IMF 数据库及笔者计算。

4.2.2.2 马来西亚

20 世纪 70 年代以来，马来西亚不断调整产业结构，大力实施出口导向型发展战略。制造业、服务业、建筑业和电子业均获得迅速发展。经济发展过程中积极利用国内和国外资本，工业发展迅速，经济年均增长率达 7.8%，国内生产总值从 1971 年的 52.8 亿美元增加到 1980 年的 112.5 亿美元，产业结构由农矿产品主导向工业化发展阶段转变。经过多年的努力，马来西亚经济结构摆脱了殖民地经济的不合理性，制造业特别是以出口为导向的电子、纺织业发展得很快，其中电子产品的产量和出口量仅次于美国、日本，居世界第三位。

出口导向战略的实施对马来西亚经济增长产生了良好的推动作用。总体来看，国内生产总值及进、出口均呈增加趋势。按照 2005 年不变价格换算后，它们分别从 1970 年的 527. 87 亿林吉特、191. 35 亿林吉特、230. 40 亿林吉特增加到 2000 年的 4144. 68 亿林吉特、3622. 04 亿林吉特、4340. 85 亿林吉特，分别增加了 6. 85 倍、17. 93 倍和 17. 84 倍。贸易差额除 1982 年、1991 年和 1994—1995 年三个时间段外，均为正，且呈增加趋势（见表 4. 8）。进出口占国内生产总值的比重增加，到 2000 年时，该比重分别为 87. 39% 和 104. 73%。贸易总额占国内生产总值的比重在 2000 年时达 192. 12%，说明马来西亚进出口在国民经济增长中的作用增大，其经济开放程度也比较高。尤其是金融危机后，经过短暂的经济调整后，经济状况明显改善，出口导向经济战略切实得到了落实。马来西亚成为五国中继新加坡之后经济发展程度排第二位的国家，经济增长态势良好，这也是马来西亚在亚洲金融危机中受创伤较小的主要原因。

表 4. 8　出口导向经济贸易战略下马来西亚贸易增长概况

单位：百万林吉特

年份	GDP	进口额	出口额	贸易总额	贸易差额	进口/GDP（%）
1970	52786. 83	19135. 17	23039. 85	42175. 02	3904. 68	36. 25
1971	58083. 75	19799. 14	22493. 72	42292. 86	2694. 62	34. 09
1972	63538. 87	20299. 37	21689. 01	41988. 38	1389. 64	31. 95
1973	70971. 53	22493. 46	27944. 35	50437. 82	5450. 89	31. 69
1974	76877. 54	33266. 07	34288. 50	67554. 57	1022. 43	43. 27
1975	77493. 23	29599. 56	32032. 06	61631. 62	2432. 50	38. 20
1976	86452. 63	29899. 03	41377. 82	71276. 86	11478. 79	34. 58
1977	93155. 89	32160. 96	43089. 64	75250. 60	10928. 68	34. 52
1978	99354. 87	35786. 22	44776. 04	80562. 26	8989. 82	36. 02

续表

年份	GDP	进口额	出口额	贸易总额	贸易差额	进口/GDP（%）
1979	108642.40	40160.54	56684.84	96845.38	16524.30	36.97
1980	116729.40	51351.06	61688.71	113039.77	10337.65	43.99
1981	124827.80	57641.81	58735.97	116377.78	1094.163	46.18
1982	132291.10	61354.22	59419.92	120774.14	-1934.3	46.38
1983	140522.60	61430.28	65372.03	126802.31	3941.75	43.72
1984	151428.60	62676.79	73567.09	136243.88	10890.3	41.39
1985	149723.60	58826.49	73474.16	132300.6	14647.68	39.29
1986	151448.00	59063.31	74712.84	133776.2	15649.53	39.00
1987	159609.90	62859.73	89022.09	151881.8	26162.36	39.38
1988	175471.60	82241.98	104975.20	187217.2	22733.23	46.87
1989	191367.50	110671.00	123340.60	234011.6	12669.58	57.83
1990	208610.30	138603.40	139526.70	278130.1	923.30	66.44
1991	228520.20	170524.30	159812.30	330336.60	-10712.00	74.62
1992	248826.70	167513.30	171172.60	338685.90	3659.30	67.32
1993	273445.30	186440.00	192526.80	378966.80	6086.80	68.18
1994	298637.10	238225.50	235169.80	473395.4	-3055.72	79.77
1995	327991.00	286522.00	272725.50	559247.5	-13796.5	87.36

资料来源：根据 IMF E-Library 贸易与投资数据库数据计算得出。

4.2.2.3 泰国

到20世纪60年代末，进口替代部门的发展因国内市场渐趋饱和而达到极限，它们的发展虽减少了部分日用工业品的进口，却增大了生产所必需的机器设备及某些原材料的进口，国际收支并未得到改善。在这种形势下，泰国遂改变工业化发展战略，由进口替代转向出口导向，其内容一是本国出口初级产品的加工；二是国际市场上需要的多种劳动密集型制成品。经过十余年的发展，上述战略取得了丰硕成果。

泰国在世界出口中地位节节攀升，其1965年占比为0.26%，1980年和1990年分别增加到0.34%和0.7%。随着出口发展，泰国综合实力和产业结构发生了深刻变化，为经济起飞打下了基础。

20世纪70年代后，泰国轻纺工业、食品工业达到自给且有结余，发展战略开始转向出口导向型。工业在产业产品结构调整后加速发展，年平均增长率高达15%。工业门类多样化，资本和技术密集型产业出现。其工业类型包括纺织业、汽车摩托车装配业、电子电器产业、石化、食品业、轮胎工业、建筑材料和建筑机械业、鞋类、家具、玩具珠宝、皮革业等。制造业在国民经济中的地位不断提升，2000年占国内生产总值的32%。值得注意的是，2001年泰国经济由于受不利的国际环境影响，国内生产总值增长率仅为1.8%。泰国政府刺激内需并促进出口带动整个经济增长，2002年使泰国经济从挫折中复苏。

制造业和服务业发展、旅游业崛起使泰国经济结构发生重大变化。泰国由过去以农业出口为主的国家逐步向新兴工业国转变。这一时期的贸易发生了根本性变化，贸易余额由过去持续赤字转为盈余。这是泰国工业发展战略的成功，也是出口导向型经济发展的成果。此外，贸易额在GDP中的比重迅速增加，进口、出口占GDP比例分别由1973年的19.03%和14.52%增加到2000年的50.30%和56.01%。泰国的经济开放度大大增加。

表4.9　出口导向经济贸易战略下泰国贸易增长概况　单位：百万美元

年份	GDP	进口额	出口额	贸易总额	贸易差额	进口/GDP（%）	出口/GDP（%）
1973	10770.00	2049.0	1563.6	3612.6	-485.4	19.03	14.52
1974	13700.00	3143.2	2444.1	5587.3	-699.1	22.94	17.84
1975	14880.00	3279.6	2208.5	5488.1	-1071.1	22.04	14.84
1976	16990.00	3572.4	2980.2	6552.6	-592.2	21.03	17.54
1977	19780.00	4616.5	3490.1	8106.6	-1126.4	23.34	17.64
1978	24010.00	5355.9	4085.4	9441.3	-1270.5	22.31	17.02
1979	27330.00	7158.0	5297.9	12455.9	-1860.1	26.19	19.38
1980	32355.52	9213.6	6505.4	15719.0	-2708.2	28.48	20.11
1981	34930.94	9955.0	7030.6	16985.6	-2924.4	28.50	20.13
1982	36591.46	8548.5	6944.7	15493.2	-1603.8	23.36	18.98
1983	40044.65	10287.0	6368.3	16655.3	-3918.7	25.69	15.90
1984	41933.69	10398.0	7412.8	17810.8	-2985.2	24.80	17.68
1985	38910.90	9242.0	7120.6	16362.6	-2121.4	23.75	18.30
1986	43114.54	9178.3	8875.8	18054.1	-302.5	21.29	20.59

续表

年份	GDP	进口额	出口额	贸易总额	贸易差额	进口/GDP（%）	出口/GDP（%）
1987	50514.11	13000.0	11727.0	24727.0	-1273.0	25.74	23.22
1988	61674.49	20285.0	15953.0	36238.0	-4332.0	32.89	25.87
1989	72255.87	25770.0	20078.0	45848.0	-5692.0	35.66	27.79
1990	85422.43	33045.0	23068.0	56113.0	-9977.0	38.68	27.00
1991	98233.65	37569.0	28428.0	65997.0	-9141.0	38.24	28.94
1992	111452.50	40686.0	32472.0	73158.0	-8214.0	36.51	29.14
1993	125025.40	46076.0	36969.0	83045.0	-9107.0	36.85	29.57
1994	144301.00	54459.0	45261.0	99720.0	-9198.0	37.74	31.37
1995	168034.10	70786.0	56439.0	127225.0	-14347.0	42.13	33.59
1996	181950.10	72332.0	55721.0	128053.0	-16611.0	39.75	30.62
1997	156791.00	62854.0	57345.0	120199.0	-5509.0	40.09	36.57
1998	113069.20	42970.0	54477.0	97447.0	11507.0	38.00	48.18
1999	122697.70	50350.0	58473.0	108823.0	8123.0	41.04	47.66
2000	123116.70	61923	68962	130885	7039	50.30	56.01

资料来源：根据 IMF E-Library 数据计算而得。

4.2.2.4 菲律宾

20 世纪 50—60 年代，菲律宾工业在进口替代发展战略实施下取得了较快发展，但以国内市场为导向的进口替代战略使经济受制于国内市场狭小，经济停滞不前。直到 1990 年，制造业占国内生产总值比重仍低于农业。马科斯统治时期优先发展重工业，建立了 20 多个资本密集型大型工业项目。这些项目一方面使政府背上了沉重的债务；另一方面其制成品没有国际竞争力，而国内市场狭小又限制了其发展。这一时期，后来的“亚洲四小龙”已转向出口导向发展战略，选择了依靠出口来发展经济。进口替代被证明不利于出口和产业发展，菲律宾的制造业在国民经济中所占的比重长期维持在 20%左右，远远落后于实施出口导向战略，依靠出口发展经济的国家和地区。

由表 4.10 可以看出菲律宾在出口导向战略实施时期贸易发展的基本概况。首先，从贸易差额来看，情况不容乐观。贸易余额在大部分时间里为负值，且呈增加态势，到 1999 年，情况才开始扭转。其间，只有 1985—1988

年，贸易余额为正，其余年份均为负值。这一状况与菲律宾的出口导向战略并未切实得到实施相符，正如沈红芳等指出的，由于国内各种因素的干扰，实际上，进口替代产业仍然得到增长，从实际经济效果来看，菲律宾直到20世纪90年代末才真正实行出口导向的经济和贸易发展战略。这一状况和菲律宾外债持续增加的现实也是相符的。按照2005年不变价格计算，进、出口额分别从1973年的2140.61亿比索和2104.22亿比索增长到2000年的23110.30亿比索和23933.14亿比索，平均增长率均为3.7%。进出口占国内生产总值的比重增加，到2000年时，该比重分别为53.50%和55.40%。贸易总额占国内生产总值的比重在2000年时达108.9%，说明菲律宾进出口在国民经济增长中的作用增加，其经济开放程度也比较高。尤其是亚洲金融危机后，经过短暂的经济调整后，经济状况明显改善，出口导向经济战略切实得到了落实。

表4.10 出口导向经济贸易战略下菲律宾贸易增长概况

单位：十亿比索

年份	GDP	进口额	出口额	贸易总额	贸易差额	进口/GDP（%）	出口/GDP（%）
1973	1879.714	214.0611	210.4224	424.48	-3.64	11.39	11.19
1974	1946.568	496.9479	435.6316	932.58	-61.32	25.53	22.38
1975	2054.966	520.5855	381.1094	901.69	-139.48	25.33	18.55
1976	2235.831	526.2888	384.2581	910.55	-142.03	23.54	17.19
1977	2361.181	532.0657	442.8267	974.89	-89.24	22.53	18.75
1978	2483.263	577.5364	453.1287	1030.67	-124.41	23.26	18.25
1979	2623.239	645.8374	499.9518	1145.79	-145.89	24.62	19.06
1980	2758.383	785.3384	650.2201	1435.56	-135.12	28.47	23.57
1981	2852.830	775.1471	679.9279	1455.08	-95.22	27.17	23.83
1982	2956.011	772.5722	601.0811	1373.65	-171.49	26.14	20.33
1983	3011.423	845.6266	642.624	1488.25	-203.00	28.08	21.34
1984	2790.975	699.7659	670.4981	1370.26	-29.27	25.07	24.02
1985	2586.99	566.3621	621.2793	1187.64	54.92	21.89	24.02
1986	2675.381	598.6203	704.3807	1303.00	105.76	22.38	26.33
1987	2790.648	731.7502	743.4807	1475.23	11.73	26.22	26.64
1988	2979.125	802.5423	845.8585	1648.40	43.32	26.94	28.39

续表

年份	GDP	进口额	出口额	贸易总额	贸易差额	进口/GDP（%）	出口/GDP（%）
1989	3164.006	957.708	889.4663	1847.17	-68.24	30.27	28.11
1990	3259.995	1085.101	897.0735	1982.17	-188.03	33.29	27.52
1991	3241.222	1056.254	959.3289	2015.58	-96.92	32.59	29.60
1992	3252.322	1106.67	947.3748	2054.04	-159.30	34.03	29.13
1993	3321.17	1322.026	1041.467	2363.49	-280.56	39.81	31.36
1994	3466.713	1391.354	1172.67	2564.02	-218.68	40.13	33.83
1995	3629.025	1603.302	1319.377	2922.68	-283.92	44.18	36.36
1996	3841.08	1893.393	1555.903	3449.30	-337.49	49.29	40.51
1997	4040.19	2395.611	1977.89	4373.50	-417.72	59.29	48.96
1998	4017.032	2361.293	2094.958	4456.25	-266.34	58.78	52.15
1999	4153.389	2131.038	2137.735	4268.77	6.70	51.31	51.47
2000	4319.838	2311.03	2393.314	4704.34	82.28	53.50	55.40

资料来源：根据 IMF E-Library 数据计算而得。

4.2.2.5 印度尼西亚

表 4.11 出口导向经济贸易战略下印度尼西亚贸易增长概况

单位：十亿卢比

年份	GDP	进口额	出口额	贸易总额	贸易差额	进口/GDP（%）
1978	755179.28	111879.15	163841.30	275720.45	51962.15	14.81
1979	802410.36	189288.67	241254.29	430542.96	51965.62	23.59
1980	881710.42	195564.87	268688.28	464253.15	73123.41	22.18
1981	951591.25	231140.72	264832.03	495972.75	33691.31	24.29
1982	972979.71	236501.53	235208.92	471710.45	-1292.61	24.31
1983	1013778.60	256321.18	259207.50	515528.68	2886.32	25.28
1984	1084480.53	239433.90	277487.54	516921.44	38053.64	22.08
1985	1111191.41	227441.59	246920.13	474361.72	19478.54	20.47
1986	1176476.21	240668.71	228350.98	469019.68	-12317.73	20.46
1987	1234452.98	276631.48	295940.50	572571.98	19309.02	22.41
1988	1305786.21	286950.44	318966.87	605917.31	32016.43	21.98
1989	1403187.50	324718.75	357531.25	682250.00	32812.50	23.14

续表

年份	GDP	进口额	出口额	贸易总额	贸易差额	进口/GDP（%）
1990	1504788.41	391258.12	398572.75	789830.87	7314.64	26.00
1991	1609380.63	434284.06	440715.94	875000.00	6431.88	26.98
1992	1713353.96	463766.53	503883.02	967649.56	40116.49	27.07
1993	1824587.81	433678.21	488165.32	921843.53	54487.11	23.77
1994	1962215.72	497730.89	520211.51	1017942.40	22480.62	25.37
1995	2123500.28	587072.51	558736.68	1145809.19	-28335.83	27.65
1996	2289531.83	605356.61	591260.05	1196616.65	-14096.56	26.44
1997	2397063.32	674406.17	667803.41	1342209.58	-6602.76	28.13
1998	2082432.02	899986.93	1103026.41	2003013.33	203039.48	43.22
1999	2098921.65	575730.51	745414.64	1321145.15	169684.13	27.43
2000	2202174.02	670772.79	902391.10	1573163.89	231618.31	30.46

资料来源：根据 IMF E-Library 贸易与投资数据库数据计算得出。

由表 4.11 可知，印度尼西亚在出口导向战略实施时期，进口和出口发展迅速，按照 2005 年不变价格计算，分别从 1978 年的 111.88 兆卢比和 163.84 兆卢比增长到 2000 年的 670.77 兆卢比和 902.39 兆卢比，平均增长率均为 4.54%。进出口，尤其是出口占国内生产总值的比重增加，到 2000 年时，该比重为 40.98%，说明印度尼西亚经济的对外依赖度增强。而贸易总额占国内生产总值的比重在 2000 年时达 71.44%。这一时期，除了 1982 年、1986 年、1995—1997 年三个时期外，其余年份贸易余额为正，且增加迅速。这三个时期是经济危机时期，尤其是 1997 年亚洲金融危机，印度尼西亚遭受的影响最大。

20 世纪 70 年代末，印度尼西亚着力发展出口导向工业，鼓励初级加工产品的出口，如大力发展原料出口加工业等，并开设了出口加工区。印度尼西亚大力发展外向型的制造业，包括采矿业、纺织业、轻工业、加工业等。这一时期印度尼西亚的进出口贸易继续不断扩大。在进出口贸易中，每年继续保持贸易盈余。与此同时，印度尼西亚石油出口是国家主要收入来源，石油收入 1982 年占比 80%，但其非油气收入占比不断增加（见表 4.12）。

表 4.12　1989—1992 年印度尼西亚进出口贸易增长情况

单位：百万美元

	1989 年	1990 年	1991 年	1992 年
出口	22160	25675	29142	33967
石油天然气	8680	11071	10895	10671
非石油天然气	13480	14604	18247	23295
进口	16360	21837	25869	27280
石油天然气	975	1920	2311	2115
非石油天然气	15385	19917	23558	25165
两项差额	5800	3838	3273	6687

资料来源：印度尼西亚《中央统计局》资料。

4.2.3　21 世纪东盟五国对外贸易发展概况

到 2000 年，除了印度尼西亚外，东盟四个国家均已从金融危机中复苏，经济迈向新的发展阶段。新时期，亚洲邻国中国、越南等与东盟五国竞争投资，它们拥有更廉价的劳动力和更优惠的投资政策。同时，西方国家对外政策中贸易保护主义日益浓厚，各国开始限制进口，寻求公平贸易，实施管理贸易和战略性贸易政策，组建区域性组织实行区内区外歧视性贸易措施。这都对东盟五个老成员国的进一步发展提出了严峻的挑战。为了应对新的国际经济环境，各国危机后对本国经济结构进行调整，采取多种措施推动产业结构升级，发展高附加值、资本密集型和技术密集型的产业。贸易战略也有所调整，在继续开放市场实行贸易自由化的同时，积极与东盟其他国家建立自由贸易区，积极利用多边或双边贸易体制为本国利益服务。这一时期，各国的贸易增长状况有以下三个特征：

第一，经济对外依赖度进一步增强。新的发展时期，贸易总额占 GDP 比重上，印度尼西亚保持平稳，新加坡、泰国、马来西亚的这一数据都较前期更大。其中，新加坡外贸依存度从 2000 年的 295.03% 增加到 2008 年的 367.86%；马来西亚、泰国这一数据分别从 2000 年的 199.50% 和 106.64% 增加到 2008 年的 230.92% 和 154.90%。与新加坡、马来西亚、泰国三国相比，印度尼西亚的外贸依存度基本保持不变，2000 年印度尼西亚外贸依存度为

65.74%，2008年则为70.05%。菲律宾的这一数据则有所下降，从2000年的101.19%下降到8年后的87.06%。根据世界银行的划分，印度尼西亚属于实施一般内向型战略的国家，外贸依存度较之其他国家偏低。至于菲律宾，2000年后政局不稳、政府政策失误给外来投资及贸易造成负面影响，外贸依存度有所降低。

第二，在贸易收支上，新加坡、马来西亚和泰国基本都保持了贸易盈余，且盈余数额呈增加态势。2008年，尽管受国际金融危机的影响，但新加坡和马来西亚仍然分别实现了183.96亿美元和452.63亿美元的盈余，分别是2000年的5.64倍和2.78倍。进入21世纪，印度尼西亚的贸易虽然持续顺差，但数目逐渐减少。而泰国贸易盈余受外界经济环境的影响呈现出明显的波动，且总体上数额也是不断减小的。菲律宾的对外贸易虽然发展迅速，但一直表现为逆差，且逆差数额逐步加大，这也加剧了菲律宾巨额赤字和外债的不断扩大。菲律宾是五个国家中贸易发展状况最不好的国家。

第三，贸易增长受经济危机影响。通过数据分析不难发现，作为外向型经济体，东盟五国的贸易增长呈现出有规律的波动。其中，2000年、2005年和2008年分别为三个波谷的低端。这三个点，世界经济增长速度有所下降，2000年美国IT泡沫破裂，经济衰退，对世界经济增长产生较大影响。2005年，石油价格大涨抑制世界经济增长，东盟各国贸易发展也受到不同程度影响。2008年，国际金融危机的蔓延对东盟国家经济增长产生了影响。21世纪东盟五国贸易发展概况见表4.13。

表4.13 21世纪东盟五国贸易发展概况 单位：亿美元

		2000	2001	2002	2003	2004	2005	2006	2007	2008
新加坡	GDP	923.13	829.11	910.82	954.74	1134.56	1209.67	1441.99	1745.84	1788.62
	进口	1345.45	1160.00	1164.48	1279.39	1638.54	2000.47	2387.1	2631.55	3197.80
	出口	1378.04	1217.51	1251.77	1441.81	1986.37	2296.49	2718.07	2992.72	3381.76
	贸易余额	32.59	57.51	87.29	162.42	347.83	296.02	330.97	361.17	183.96
	贸易总额/GDP（%）	295.03	286.75	265.28	285.02	319.50	355.22	354.04	322.15	367.86
	进口/GDP（%）	145.75	139.91	127.85	134.00	144.42	165.37	165.54	150.73	178.79
	出口/GDP（%）	149.28	146.85	137.43	151.02	175.08	189.84	188.49	171.42	189.07

续表

		2000	2001	2002	2003	2004	2005	2006	2007	2008
马来西亚	GDP	903.20	880.00	951.60	1039.90	1247.50	1371.60	1560.90	1807.10	1620.00
	进口	819.63	738.66	798.69	819.48	1052.98	1144.11	1310.80	1467.74	1644.10
	出口	982.29	880.05	932.65	993.69	1257.44	1408.70	1605.73	1760.27	2096.73
	贸易余额	162.66	141.39	133.96	174.21	204.46	264.59	294.93	292.53	452.63
	贸易总额/GDP（%）	199.50	183.94	181.94	174.36	185.20	186.12	186.85	178.63	230.92
	进口/GDP（%）	90.75	83.94	83.93	78.80	84.41	83.41	83.98	81.22	101.49
	出口/GDP（%）	108.76	100.01	98.01	95.56	100.80	102.70	102.87	97.41	129.43
泰国	GDP	1227.30	1155.40	1268.80	1426.40	1613.40	1764.20	2067.00	2458.20	2270.00
	进口	619.23	619.60	646.45	758.24	944.10	1181.58	1287.23	1407.95	1787.70
	出口	689.62	649.19	681.08	803.24	962.48	1101.78	1308.03	1531.24	1728.60
	贸易余额	70.39	29.59	34.63	45.00	18.38	-79.8	20.80	123.29	-59.10
	贸易总额/GDP（%）	106.64	109.81	104.63	109.47	118.17	129.43	125.56	119.57	154.90
	进口/GDP（%）	50.45	53.63	50.95	53.16	58.52	66.98	62.28	57.28	78.75
	出口/GDP（%）	56.19	56.19	53.68	56.31	59.66	62.45	63.28	62.29	76.15
菲律宾	GDP	759.10	712.20	768.10	796.30	869.30	987.10	1175.60	1441.30	1260.00
	进口	370.27	349.21	371.80	395.02	423.45	469.64	540.81	577.08	604.85
	出口	397.83	326.64	365.02	362.29	396.8	398.79	474.16	502.70	492.05
	贸易余额	27.56	-22.57	-6.78	-32.73	-26.65	-70.85	-66.65	-74.38	-112.80
	贸易总额/GDP（%）	101.19	94.90	95.93	95.10	94.36	87.98	86.34	74.92	87.06
	进口/GDP（%）	48.78	49.03	48.41	49.61	48.71	47.58	46.00	40.04	48.00
	出口/GDP（%）	52.41	45.86	47.52	45.50	45.65	40.40	40.33	34.88	39.05
印度尼西亚	GDP	1650.20	1604.50	1956.60	2347.70	2568.40	2869.70	3644.60	4328.20	3960.00
	进口	430.75	384.32	377.30	415.68	550.08	756.31	787.81	930.88	1297.67
	出口	654.04	573.62	587.74	641.09	721.64	867.21	1034.93	1187.28	1476.40
	贸易余额	223.29	189.30	210.44	225.41	171.56	110.90	247.12	256.40	178.73
	贸易总额/GDP（%）	65.74	59.70	49.32	45.01	49.51	56.57	50.01	48.94	70.05
	进口/GDP（%）	26.10	23.95	19.28	17.71	21.42	26.36	21.62	21.51	32.77
	出口/GDP（%）	39.63	35.75	30.04	27.31	28.10	30.22	28.40	27.43	37.28

资料来源：根据 IMF E-Library 贸易与投资数据库数据计算得出。

4.3 东盟五国汇率与贸易关系实证分析

推动贸易增长是各国对外经济政策，尤其是实施外向型经济政策的东盟国家的重要目标。汇率政策是一国对外经济政策的重要构成部分，能否为贸易增长提供良好的制度环境因而也成为判断一国汇率政策适合与否的手段。

4.3.1 东盟五国实际有效汇率及波动性计算

根据 Cote（1994），对于从事贸易的单个经济个体来说，因为购买和销售行为事先确定，因此研究时应当采用名义汇率。而当研究对象为整个国家时，汇率是衡量国家竞争力的标准，对资源配置产生影响，因此研究选择实际有效汇率为佳。本研究中，新加坡、菲律宾和马来西亚的实际有效汇率数据来自 IMF 官方网站，泰国和印度尼西亚的实际有效汇率则由笔者根据实际有效汇率计算公式（见第 2 章）计算，所有国家实际有效汇率指数均以 2005 年为基期。

新加坡、菲律宾和马来西亚的实际有效汇率来自 IMF，从 1980 年 1 月到 2008 年 6 月，本次经济危机前。由于数据可得性，由笔者计算得出的印度尼西亚和泰国实际有效汇率数据范围则仅为 1991 年 1 月到 2008 年 6 月，并且采纳的贸易伙伴为总贸易额（进口、出口额之和）占研究对象国总贸易额比重前 10 位的国家。其中，印度尼西亚的 10 个贸易伙伴分别为日本、新加坡、美国、中国、韩国、马来西亚、澳大利亚、德国、英国和荷兰；泰国的 10 个贸易伙伴分别为日本、新加坡、美国、中国、韩国、马来西亚、澳大利亚、德国、英国和中国香港。

关于汇率波动的计算，则有多种方法。本书根据需要采用 GARCH 方法（见第 2 章）得到汇率波动，分别引入模型进行分析。根据汇率月度变化绝对百分比计算得出的实际有效汇率波动见图 4.1、图 4.2。

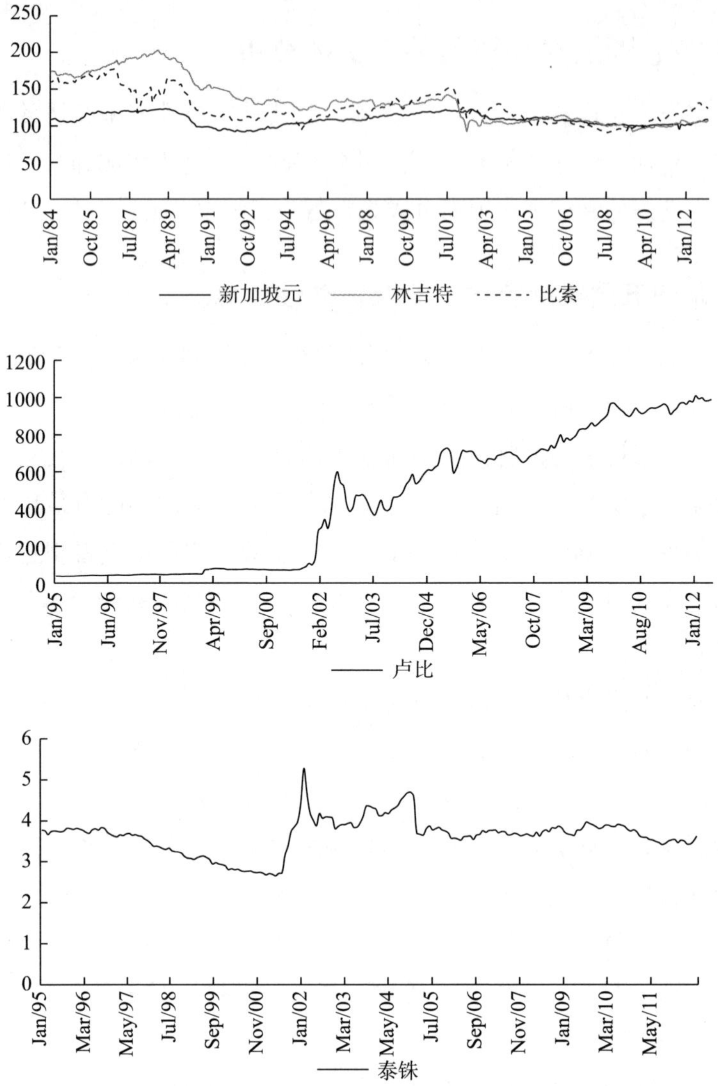

图 4.1　东盟五国货币实际有效汇率曲线

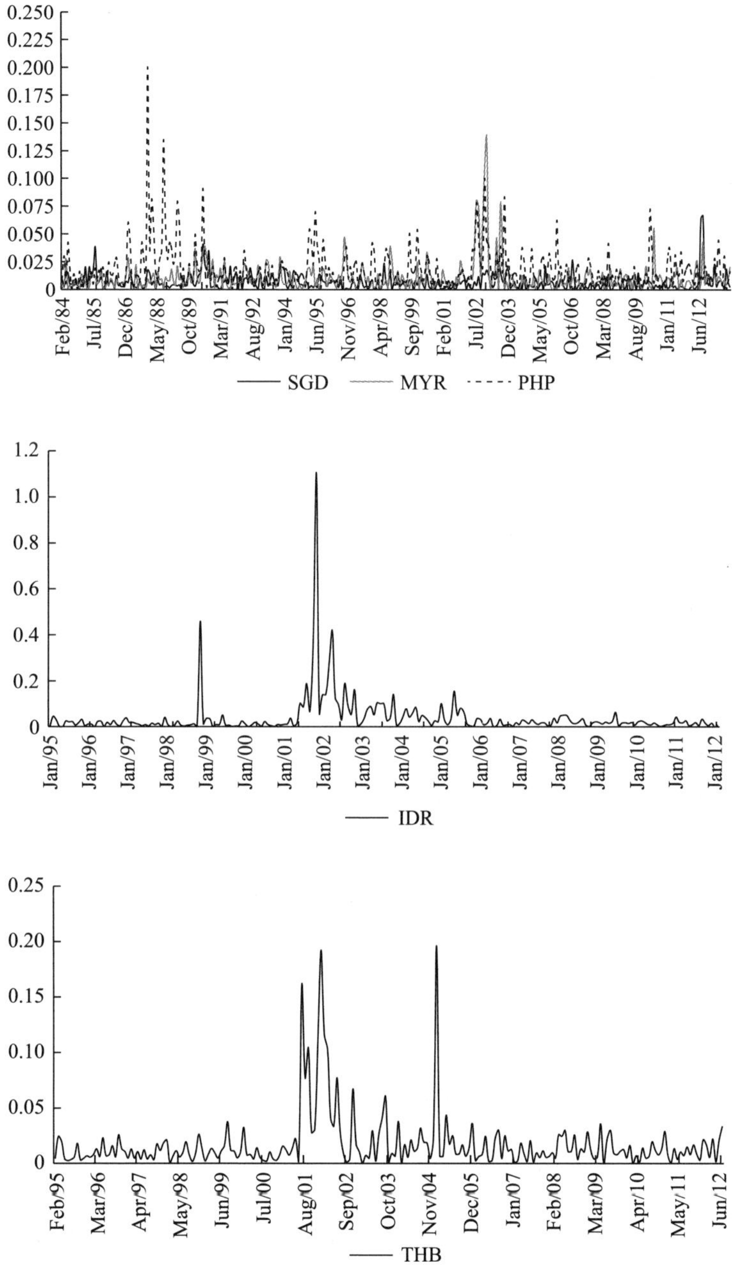

图 4.2 东盟五国货币实际有效汇率波动曲线

下面详细分析使用 GARCH 方法得出汇率波动数据的过程。由于是月度数据，首先采用 HP 滤波对数据进行预处理。该方法在 Hodrick 和 Prescott（1986）分析战后美国经济周期的论文中首次使用。假定$\{Y_t\}$包含趋势成分和波动成分，$\{Y_t^T\}$代表其趋势成分，$\{Y_t^c\}$代表其包含的波动成分。

则$\{Y_t\}=\{Y_t^T\}+\{Y_t^c\}$，$t=1, 2, \cdots, T$

使用 HP 滤波方法的目的就是将$\{Y_t^T\}$从$\{Y_t\}$中分离出来。一般地，时间序列$\{Y_t\}$中不可观测的趋势部分$\{Y_t^T\}$常被定义为最小化问题的解，即

$$\min \sum_{t=1}^{T} \{(Y_t-Y_t^T)^2+\lambda\,[c(L)\,Y_t^T]^2\} \tag{4.1}$$

式（4.1）中，$c(L)$是延迟算子多项式：$c(L)=(L^{-1}-1)-(1-L)$。

将后者代入前者，则 HP 滤波的解是损失函数最小的解，即

$$\min\left\{\sum_{t=1}^{T}(Y_t-Y_t^{T})^2+\lambda\sum_{t=2}^{T-1}[(Y_{t+1}{}^{T}-Y_t{}^{T})-(Y_t{}^{T}-Y_{t-1}{}^{T})]\right\}$$

一般 λ 的取值如下，$\lambda=\begin{cases}100，年度数据\\1600，季度数据\\14400，月度数据\end{cases}$。对原实际有效汇率数据进行 HP 滤波处理后，取序列$\{Y_t-Y_t^T\}$作为研究对象。对五个国家的该序列进行平稳性检验发现，各序列都是平稳序列。其平稳性检验结果如表 4.14 所示。

表 4.14　变量平稳性检验

REER（$Y_t-Y_t^T$）	ADF 值	滞后阶数	REER（$Y_t-Y_t^T$）	ADF 值	滞后阶数
新加坡元（*SGD*2）	-4.5689	0	泰铢（*THB*2）	-4.3023	0
林吉特（*MYR*2）	-5.2163	0	卢比（*IDR*2）	-5.1496	0
比索（*PHP*2）	-5.7119	0			

注：为了与原序列区别，将 HP 滤波处理后的序列以各国货币简写字母后缀 2 的形式表示。

由于各序列为平稳序列，可直接进行建模。观察各序列的自相关、偏自相关函数，选择合适的阶数进行 ARMA 建模。五国汇率经甄选后的最佳模型估计结果分别为：

$$IDR2_t=1.13\times IDR2_{t-1}-0.31\times IDR2_{t-2}$$

$$(17.04)\qquad(-4.65)\qquad R^2=0.77$$

$$THB2_t = 1.85 \times THB2_{t-1} - 0.88 \times THB2_{t-2} - 0.99 \times u_{t-1}$$

(55.43)　　(−26.52)　　(−137.01)　　$R^2 = 0.77$

$$MYR2_t = 1.12 \times MYR2_{t-1} - 0.29 \times MYR2_{t-2} + 0.21 \times MYR2_{t-3} - 0.18 \times MYR2_{t-4}$$

(21.00)　　(−3.57)　　(2.64)　　(−3.46)　　$R^2 = 0.84$

$$SGD2_t = 0.9 \times SGD2_{t-1} + 0.16 \times SGD2_{t-3} - 0.2 \times SGD2_{t-4}$$

(22.48)　　(2.58)　　(−3.70)　　$R^2 = 0.79$

$$PHP2_t = 1.07 \times PHP2_{t-1} - 0.22 PHP2_{t-2}$$

(20.04)　　(−4.09)　　$R^2 = 0.77$

对估计残差进行序列自相关检验，发现五个模型均不存在序列自相关（检验结果省略）。对估计残差进行 ARCH-LM 检验，发现五个模型均存在异方差，检验结果如表 4.15 所示。

表 4.15　异方差检验结果

	ARMA 模型	ARCH-LM 检验		
		滞后 1 阶 $T \times R^2$	滞后 4 阶 $T \times R^2$	滞后 8 阶 $T \times R^2$
IDR2	AR (2)	20.57	34.68	49.57
THB2	ARMA (2, 1)	26.99	26.71	26.77
MYR2	AR (4)	50.98	61.99	84.42
SGD2	AR (4)	52.63	68.33	69.16
PHP2	AR (2)	1.49	1.99	49.09

注：T 为样本容量，$T \times R^2$ 为 LM 统计量。

为了修正残差异方差，进行 GARCH 建模。各模型估计结果如下：

印度尼西亚：

$$IDR2_t = 1.41 \times IDR2_{t-1} - 0.36 \times IDR2_{t-2} + \hat{u}_t$$

(21.12)　　(−4.92)

$$\hat{\sigma}_t^2 = 2.56 + 0.76\, \hat{u}_{t-1}^2 + 0.56\, \hat{\sigma}_{t-1}^2$$

(11.15)（7.8）(17.16)　$adjR^2 = 0.71$

泰国：

$$THB2_t = -0.11 \times THB2_{t-1} + 0.72 \times THB_{t-2} + \hat{u}_t + 0.96 \times \hat{u}_{t-1}$$

(40.16)

$$\hat{\sigma}_t^2 = 0.0000605 + 0.44\ \hat{u}_{t-1}^2 + 0.69\ \hat{\sigma}_{t-1}^2$$

(1.61) (4.34) (12.04) $adjR^2 = 0.74$

马来西亚：

$$MYR2_t = 1.16 \times MYR2_{t-1} - 0.29 \times MYR2_{t-2} + \hat{u}_t$$

(19.83) (−5.2)

$$\hat{\sigma}_t^2 = 0.72 + 0.24\ \hat{u}_{t-1}^2 + 0.54\ \hat{\sigma}_{t-1}^2$$

(4.71) (4.28) (6.89) $adjR^2 = 0.83$

新加坡：

$$SGD2_t = 0.98 \times SGD2_{t-1} - 0.11 \times SGD2_{t-4} + \hat{u}_t$$

(30.54) (−3.39)

$$\hat{\sigma}_t^2 = 0.85 + 0.1\ \hat{u}_{t-1}^2$$

(27.21) (2.72) $adjR^2 = 0.78$

菲律宾：

$$PHP2_t = 1.3 \times PHP2_{t-1} - 0.44 \times PHP2_{t-2} + \hat{u}_t$$

(18.69) (−6.47)

$$\hat{\sigma}_t^2 = 0.46 + 0.29\ \hat{u}_{t-1}^2 + 0.73\ \hat{\sigma}_{t-1}^2$$

(4.31) (7.53) (23.52) $adjR^2 = 0.76$

其中，马来西亚和新加坡的模型根据系数显著性进行了调整，因为ARCH 项的加入会使原模型中的解释变量不显著。菲律宾的 AR（2）模型残差 1 阶和 4 阶 ARCH-LM 检验都不存在异方差，但滞后 8 阶的检验显示，存在异方差，因此依然建立 GARCH 模型。根据模型估计，收集条件方差序列作为五种货币实际有效汇率的波动性度量。

以上为东盟五国实际有效汇率月度数据的计算及波动性测算过程。在下文进行分析时，由于数据可得性，使用季度数据进行分析。季度数据的计算过程同上，但各国实际有效汇率季度数据的波动规律与月度数据存在差异性。其中，新加坡、马来西亚和泰国数据 ARMA 建模后的残差检验不存在序列自相关或 ARCH 效应（检验步骤省略），为白噪声序列。因此，可以使用其残差平方作为这些国家货币实际有效汇率波动性的衡量。为与上述月度数据相区别，以各国货币简写字母后缀 3 的形式表示。各国 ARMA 或 GARCH 模型估计结果如下：

印度尼西亚：

$$IDR3_t = 0.49 \times IDR3_{t-1} + 0.24 \times IDR3_{t-2} + \hat{u}_t$$

（8.09）　　（4.17）

$$\hat{\sigma}_t^2 = 82.80 + 2.69\,\hat{u}_{t-1}^2$$

（2.58）　（5.02）　　$adjR^2 = 0.42$

泰国：

$$THB3_t = 0.81 \times THB3_{t-1} - 0.26 \times THB3_{t-3} + \hat{u}_t$$

（9.01）　（−2.89）　　$adjR^2 = 0.55$

马来西亚：

$$MYR3_t = 1.29 \times MYR3_{t-1} - 0.70 \times MYR3_{t-3} + 0.47 \times MYR3_{t-4} - 0.27 \times MYR3_{t-2} + \hat{u}_t$$

（13.98）　（−4.73）　（3.21）（−3.01）　$adjR^2 = 0.81$

新加坡：

$$SGD3_t = 1.27 \times SGD3_{t-1} - 0.41 \times SGD3_{t-2} + \hat{u}_t$$

（14.74）　（−4.74）　　$adjR^2 = 0.84$

菲律宾：

$$PHP3_t = 0.68 \times PHP3_{t-1} - 0.28 \times PHP3_{t-5} + \hat{u}_t$$

（13.91）　　（−6.20）

$$\hat{\sigma}_t^2 = 45.11 - 0.95\,\hat{\sigma}_{t-1}^2$$

（3.69）（−2.36）　　$adjR^2 = 0.60$

图 4.3 给出了东盟五国货币实际有效汇率。

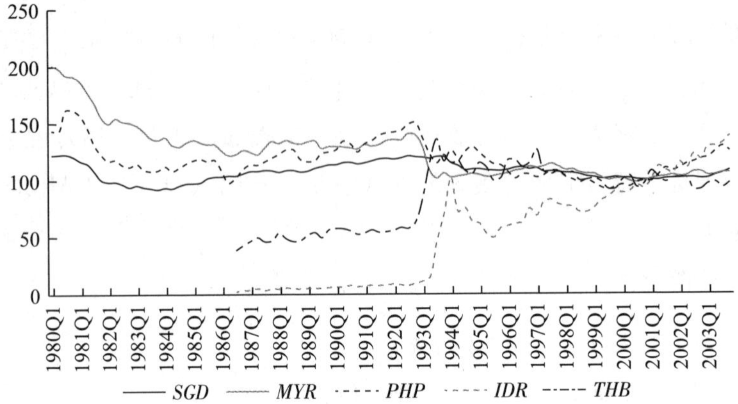

图 4.3　东盟五国货币实际有效汇率

4.3.2　汇率影响出口贸易的理论前提

汇率对贸易的影响有多种理论解释，这里着重梳理基本供求分析和弹性分析。

4.3.2.1　传统供求分析

标准凯恩斯比较静态贸易模型假设如下：

①世界上只有两个国家：本国和外国，本国的出口就是外国的进口。

②$S_x = S_x(P_x, Y_x)$，表示本国出口供给，其中 P_x 表示本国出口品的本币价格，Y_x 表示本国总产出。$\partial S_x/\partial P_x>0$，表明随着出口产品本币价格上升，本国出口供给会增加。$\partial S_x/\partial Y_x>0$，表明随着本国总产出的上升，本国出口供给逐步增加。

③$D_x = D_x(P_w, Y_w)$，表示外国对本国出口的需求，$P_w = (1/E) \times P_x$ 表示以外币表示的出口产品价格（E 表示名义汇率），Y_w 表示外国的国民收入。$\partial D_x/\partial P_w<0$，表明随着以外币表示的出口产品之价格上升，外国人对本国出口的需求将会下降；$\partial D_x/\partial Y_w>0$，表明随着外国国民收入增加，外国人对本国出口的需求会增加。

④本国最终出口量由本国出口供给与外国人对本国出口品需求的均衡决

定，即 S_x（P_x，Y_x）$=D_x$（P_w，Y_w）。

⑤本币与外币的实际汇率 $RER=E\times P_w/P_x$，其中 P_w 表示外国消费价格指数，P_x 表示本国消费价格指数。

由上述五个假设可以推知本国出口函数实际上为 $D=D$（Y_x，Y_w，RER），即本国出口主要取决于国内总产出、外国总收入、实际汇率。

4.3.2.2 弹性分析法

弹性分析法分析了一国汇率变动对进、出口额以及贸易收支的影响。这里仅分析汇率对进、出口额的影响。

（1）一国进、出口额对汇率的弹性分析

以小型开放经济体为对象进行分析，假设 P_x、P_x^* 分别为本国出口的本币价格和外币价格，R 为直接标价法下的汇率，D_x、S_x 分别为出口需求和供给。当市场均衡时，有 $D_x=S_x$，令 η_x、ε_x 分别为出口产品的需求价格弹性和供给价格弹性，X 表示出口额，即有 $X=D_x\times P_x$。出口额对汇率的弹性推导过程为：

$$
\begin{aligned}
\mathrm{d}X/\mathrm{d}R &= \frac{\mathrm{d}(D_xP_x)}{\mathrm{d}R} = \frac{\mathrm{d}D_x}{\mathrm{d}R}\times P_x + D_x\times\frac{\mathrm{d}P_x}{\mathrm{d}R} \\
&= \frac{\mathrm{d}D_x}{\mathrm{d}R}\times\frac{\mathrm{d}P_x^*}{P_x^*}\times P_x + D_x\times\left(P_x^* + R\times\frac{\mathrm{d}P_x^*}{\mathrm{d}R}\right) \\
&= D_xP_x^* + D_xR\left(\frac{\mathrm{d}P_x^*}{\mathrm{d}R} + \frac{\mathrm{d}D_x}{D_x}\times\frac{P_x}{\mathrm{d}P_x^*}\times\frac{1}{R}\right) \\
&= D_xP_x^* + D_xR\times\left(1+\frac{\mathrm{d}D_x}{D_x}\times\frac{P_x}{\mathrm{d}P_x^*}\right)\times\frac{\mathrm{d}P_x^*}{\mathrm{d}R} \\
&= D_xP_x^* + D_xR\times(1+\eta_x)\times\frac{\mathrm{d}P_x^*}{\mathrm{d}R}
\end{aligned}
\tag{4.2}
$$

其中，$\frac{\mathrm{d}P_x^*}{\mathrm{d}R}$为汇率变化对出口价格（假定出口市场上外国货币为交易媒介）的影响。当出口市场达到均衡时，有 D_x（P_x）$-S_x$（P_xR）。

又由于$\eta_x=\frac{\mathrm{d}D_x}{D_x}\times\frac{P_x}{\mathrm{d}P_x}$

$$\varepsilon_x=\frac{\mathrm{d}S_x}{S_x}\times\frac{P_x}{\mathrm{d}P_x} \tag{4.3}$$

式（4.3）联立可得，$\frac{dX}{dR}=\frac{X}{R}\left(\eta_x\times\frac{1+\varepsilon_x}{\eta_x-\varepsilon_x}\right)$　　（4.4）

式（4.4）中，$\eta_x\times\frac{1+\varepsilon_x}{\eta_x-\varepsilon_x}$，即出口额对汇率的弹性，用 η_{xR} 标示。因为 $\eta_x<0$、$\varepsilon_x>0$，可知 $\eta_{xR}=\eta_x\times\frac{1+\varepsilon_x}{\eta_x-\varepsilon_x}>0$，所以汇率贬值理论上有利于出口额的增加是必然结果。即本币贬值，出口一定会增加；反之则反是。

同理，令 η_m、ε_m 分别表示进口需求价格弹性和进口供给价格弹性，η_{mR} 表示进口额对汇率的弹性，可以推导出 $\eta_{mR}=\frac{M}{R}\left(\varepsilon_m\times\frac{1+\eta_m}{\varepsilon_m-\eta_m}\right)$。由 $\eta_m<0$，$\varepsilon_m>0$ 得 $\varepsilon_m-\eta_m>0$，η_{mR} 是否大于零，取决于 $1+\eta_m$ 是否大于零，即取决于 η_m 是否大于 1。

当进口需求价格弹性小于 1（缺乏弹性），进口额对汇率的弹性大于零，本币贬值将增加进口额；本币升值将减少进口额；当进口需求价格弹性大于 1（富有弹性），本币贬值将导致进口额减少，反之升值将增加进口额。

（2）弹性分析法的扩展

弹性分析是以局部均衡为基础的，其分析汇率变动的贸易收支效应存在诸多不完善之处，如未对贸易调整过程进行分析、没有考虑受汇率变动影响的其他因素、价格变动等对贸易量的影响等。后续研究在此基础上进行完善，产生了如时滞效应分析法、吸收法、货币分析法等。

时滞效应分析法将货币贬值后厂商的反应看作一个动态的过程。这一动态过程分为货币合同、汇率传递和产量反应三个阶段。三个不同阶段中，价格、产量和贸易量根据货币贬值所做的调整不同，它们对贸易差额的影响也不同。在货币合同阶段，由于进口合同相比出口合同往往用更多外币，本币贬值使出口利润增加不能够补偿总的进口成本的增加，贸易收支会立即下降。在汇率传递阶段，进口和出口的相对价格均发生了变化，但进出口量短期内难以变动，弹性低。量的调整慢于价格变动，汇率贬值使贸易收支进一步恶化。第三个阶段，也就是较长时期内，进出口弹性开始增加，进出口量开始变动。当马歇尔—勒纳条件成立时，贸易收支改善。整个动态过程中，贸易收支和汇率的关系呈现出字母J的形态（见图4.4）。

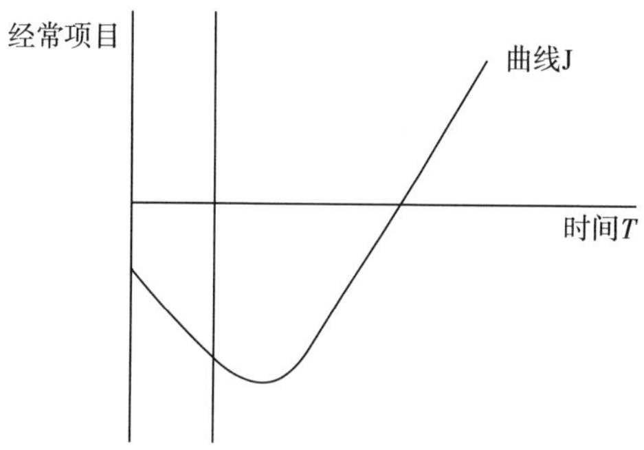

图4.4　本币贬值的"J曲线效应"

资料来源：马骥．人民币汇率调整的贸易效应研究［D］．北京：北京邮电大学，2008：19.

吸收法认为当贬值能增加本国收入或者贬值使本国实际支出减少时，本币贬值才能改善贸易收支。否则，货币贬值只能带来通货膨胀或者其他经济问题。货币分析法则认为一国的国际收支逆差是因为一国国内货币供应量超过名义货币需求量，贬值能否改善国际收支取决于实际货币供求的变化。因为价格完全弹性，资本在国际市场自由流动，国内货币供给不影响产出和利率时，国际收支只是一种货币现象。

4.3.2.3　微观分析法

假设世界上只有两个国家，本国与外国，且均为开放经济体，生产大量贸易品。两个国家的家庭均追求跨期效用最大化，也都受预算约束。本国代表性家庭的效用函数表达式即

$$U_t = \int_0^{\infty} u(C, C^*) \exp(-\theta t) \, dt \tag{4.5}$$

式（4.5）中，U_t 为本国家庭时刻 $t=0$ 时的跨期效用函数，该函数为瞬时效用函数 $u(C, C^*)$ 的贴现值。C、C^* 分别表示本国家庭对本国商品和外国商品的消费量。

假设本国家庭要在收入预算约束下最大化时刻 $t=0$ 时的跨期效用函数，即

$$\max\left[U=\int_{0}^{\infty}u\left(C,\ C^{*}\right)\exp\left(-\theta t\right)\mathrm{d}t\right],\ Y=WL=PC+EP^{*}C^{*} \tag{4.6}$$

求（4.6）中，$Y=WL=PC+EP^{*}C^{*}$ 表示本国家庭的预算约束条件，其中 Y 为本国居民总收入，WL 为本国居民工资收入，表明本国居民的收入均为劳动收入，PC 表示本国家庭用于本国商品的花费，$EP^{*}C^{*}$ 表示本国家庭用于外国商品的花费，其中 E 为本币与外币的名义汇率。

同样地，外国家庭在收入预算约束下最大化时刻 $t=0$ 时的跨期效用函数为：

$$\max\left[U_{w}=\int_{0}^{\infty}u_{w}\left(C_{w},\ C_{w}\right)\exp\left(-\theta t\right)\mathrm{d}t\right],\ Y=W_{w}L_{w}=P_{w}C_{w}+E_{w}P_{w}^{*}C_{w}^{*} \tag{4.7}$$

式（4.7）中，$Y=W_{w}L_{w}=P_{w}C_{w}+E_{w}P_{w}^{*}C_{w}^{*}$ 是其预算约束条件，下标 w 表示该变量为相应的外国变量，则 $E_{w}=1/E$。

运用优化法可以得到本国出口函数的表达式，即 $D=D$（Y_{w}，E_{w}，P_{w}，P_{w}），也可表示为 $D=D$（Y_{w}，RER），其中 RER 为考虑国内外价格影响的实际汇率。①

可以看出，微观分析和传统的凯恩斯供求分析均注重汇率对进、出口贸易额和贸易收支的影响，但对汇率变动引起的价格变化对出口额的影响则重视不足。而弹性分析法从汇率变动影响贸易品的角度来分析对贸易的影响。该理论强调汇率贬值对一国贸易差额的影响取决于进出口商品需求或供给价格弹性的大小。还可以看出，汇率及其变动对贸易的影响机制有两种：一是通过贸易量的变动；二是通过贸易价格的变动。后续学者在这两大方面继续深入研究，发展出许许多多新的研究角度和研究方法。

4.3.3 东盟五国汇率对出口贸易影响的实证分析

根据以上理论分析内容，及出口贸易理论方程（4.8）得到汇率影响贸易的实证模型（4.9）。

$$EX=X\left(YD,\ YF,\ ER,\ VER,\ Z\right) \tag{4.8}$$

---

① 李未无. 汇率与经济增长：来自中国的证据［M］. 成都：西南财经大学出版社，2005：33.

$$LnEX = \alpha_0 + \alpha_1 LnYD + \alpha_2 LnYF + \alpha_3 LnREER + \alpha_4 LnVER + \alpha_5 Z + \mu \qquad (4.9)$$

其中，*YD*、*YF*、*REER*、*VER*、*Z* 分别代表国内收入、国外收入、实际有效汇率、汇率波动率以及制度虚拟变量，*EX* 代表出口额。

一般情况下，在研究对象由多个不同个体的时间序列组构成时，面板数据方法往往被采纳，面板数据的好处是在研究时期较短时可以用截面数据关系进行补足。然而，由于面板数据是结构分析法，人为限制了变量的外生性，而经济变量间关系往往是相互的，因此本研究弃用面板分析，针对每个国家建立向量自回归模型进行实证分析。

模型中，*YD* 为东盟五国实际国内生产总值季度数据。*YF* 为占总出口额80%以上的主要贸易伙伴以美元计的进口总额加权平均值，然后以美国 2005 年 CPI 指数进行平减后得到。*ER* 为各国实际有效汇率，来自本章第一部分内容。*VER* 是对季度实际有效汇率使用 GARCH/ARMA 方法得到的汇率波动率数据，用 *VER*01 表示。*EX* 为东盟五国以美元计算的实际出口额季度数据（IMF）。所有实际数据均以 2005 年为基年。

本研究对每个国家都分两个时间段进行分析：1980Q1—1997Q1 为第一时段的模型，1999 年 1 月至 2008 年 6 月为第二时段进行建模分析。由于数据局限，泰国和印度尼西亚分析时期仅限于 1999Q1—2008Q2。另外，由于危机并没有对新加坡产生严重的影响，因此，该国实证分析时期为 1984Q3—2008Q2。

4.3.3.1 变量的稳定性检验（单位根）

在对数据进行分析之前，首先必须保证所使用的时间序列是平稳的。但实际中的大多数经济数据序列都是非平稳的。除了通过去势平稳或差分平稳使之化为平稳序列再进行分析外，协整分析是另外一种重要的分析方法。根据 Engle 和 Granger 的协整理论，非平稳的经济时间序列之间，只要其线性组合是平稳序列，这些变量之间就存在协整，这种平稳的线性组合被称为协整方程且可被解释为变量之间的长期稳定的均衡关系。用数学的语言表示如下。

K 维向量 $Y=(y_1, y_2, \cdots, y_t)'$ 的分量间被称为 *d*，*b* 阶协整，记为 $Y \sim CI(d, b)$，如果满足：①$Y \sim I(d)$，要求每个分量 $y_t \sim I(d)$；②存在非零向量 β，使得 $\beta' Y \sim I(d-b)$，$0<b\leq d$，则简称 *Y* 是协整的，向量 β 称为协整向

量。因此，必须通过平稳性检验来确定各变量是否同阶单整。

变量的平稳性检验主要采用 ADF 检验和 PP 检验方法等。DF 检验通过构建包含常数项和时间趋势项以及不包含常数项和时间趋势项的一阶自回归方程，通过检验作为解释变量的一阶滞后因变量系数是否严格小于 1 来判断因变量序列是否存在单位根。但 DF 检验只有在序列为一阶自回归时才有效。ADF 检验在 DF 检验的基础上通过在回归方程右边加入因变量的滞后差分项来控制高阶自相关，扩展了 DF 检验的范围。五个国家相关变量的 ADF 检验结果见附录。

4.3.3.2　协整检验及变量长期关系分析

根据上述单位根检验结论，发现模型中所含各变量并非平稳序列，也不是同阶单整。对于平稳时间序列，可以直接建模分析。非平稳的两个时间序列，如果是同阶单整的，可以进行协整分析，并以此为基础建模。对于非平稳的多个（大于 2 个）时间序列，则不要求必须是同阶单整序列。只要它们之间存在协整关系，就可以此为基础分析相互间的关系。多变量间的协整检验，一般使用 JJ 检验（Johansen Soren and Katarina Juselius，1990）。JJ 检验构建最大特征值为基础的似然比统计量，然后判别变量之间的协整关系，该检验可以准确地给出协整方程及其数量。各国模型所含变量之间的协整关系检验结果见附录。

根据协整检验结果，1988—1997 年马来西亚出口贸易长期正规化方程为：

$$\mathrm{Ln}EX=-15.2733+0.7847\mathrm{Ln}YD+1.0778\mathrm{Ln}YF-0.694\mathrm{Ln}ER-\mathrm{Ln}0.00006VER01$$

$$(-20.6317)\qquad(-12.8420)\qquad(4.8754)\qquad(0.0616)$$

1999—2008 年危机后，马来西亚出口贸易长期正规化方程为：

$$\mathrm{Ln}EX=0.3611+0.5078\mathrm{Ln}YD+0.7221\mathrm{Ln}YF-0.8765\mathrm{Ln}ER-0.0344VER01$$

$$(-30.0330)\qquad(-29.5108)\qquad(29.3367)\qquad(27.1892)$$

协整方程中各变量间关系为长期均衡关系。首先可以看到危机前后各协整方程主要变量的系数符号是一致的。危机前，汇率及其波动性对马来西亚出口贸易的影响较小，尤其是汇率波动性（GARCH 计算法）的影响在统计上不具有显著性。危机后，汇率变量和汇率波动性变量对出口贸易的平均影响程度均增大，这体现出危机后政府放松了对汇率的干预，改变了危机前“美元本位”的事实汇率制度，使汇率作为市场价格的一种，增大了对资源配置的导向作用。但汇率波动性对出口贸易额产生影响的绝对程度较小，汇率波动程度每增加一个单位，长期内平均导致出口贸易额下降 0.03 个单位。这说明马来西亚出口贸易面临的汇率风险是比较小的。政府的外汇干预尽管有所放松，但仍然呈现出“重度干预”的特征。

根据协整检验结果，1981—1997 年菲律宾出口贸易长期正规化方程为：

$$LnEX=-22.5154+0.6570LnYD+1.1609LnYF+0.5264LnER\ (p=4)$$

$$(-8.0696)\qquad(-13.8834)\qquad(-4.6409)$$

1999—2008 年危机后时期，菲律宾出口贸易长期正规化方程为：

$$LnEX=-4.2818-0.9234LnYD+1.8199LnYF-0.3402LnER$$

$$(6.5266)\qquad(-10.1743)\qquad(2.2744)$$

在对菲律宾出口贸易模型所含变量间关系进行分析时，由于 GARCH 法计算得出的汇率波动性近似于奇异矩阵，无法建立包含以该方法计算汇率波动性在内的协整分析及相应的误差修正模型，退而排除波动性变量后，分析四变量间相互关系。从上述方程可以得到各变量在危机前后的均衡关系。值得注意的是，危机前后，菲律宾比索汇率对菲律宾出口的影响方向发生了逆转。这可能和菲律宾国内经济结构转型有关，但从影响程度上来说，危机后，菲律宾出口对比索升贬值的反应下降，这可能与菲律宾汇率波动程度下降有关，根据第 3 章的实证结论，危机后（2000 年 8 月至 2008 年 6 月），菲律宾由管理浮动汇率制度转向重度干预管理浮动汇率制度，汇率波动性有所下降。

根据协整检验结果，1999—2008 年危机后，印度尼西亚出口贸易长期正规化方程为：

$$LnEX=30.0334-3.1737LnYD-1.0292LnYF+4.3984LnER-0.3568LnVER01$$

$$(5.8169)\qquad(-1.4529)\qquad(-8.0981)\qquad(-4.9424)$$

由于数据不可得性，以及排除危机干扰等，对印度尼西亚出口贸易的分析仅使用 1999—2008 年的数据。从协整方程可以看出，印度尼西亚卢比实际有效汇率变动引致印度尼西亚出口贸易同方向变动，汇率变动 1%，出口贸易长期内同方向平均变动 4.3984%。汇率波动性对出口贸易产生负向冲击，汇率波动程度每增加 1 个单位，长期内会引致出口贸易额下降 0.3568 个单位。

汇率波动性对出口贸易的影响在统计上具有显著性，且其影响系数在五个国家中最大。这是因为印度尼西亚是东盟五国中汇率波动性最高的国家，且是五国中唯一一个（截止研究时间点 2008 年 6 月）不存在“事实汇率制度与法定汇率制度不一致”现象的国家。

根据协整检验结果，新加坡出口贸易长期正规化方程为：

$$\mathrm{Ln}EX=10.2158+1.8861\mathrm{Ln}YD-0.6829\mathrm{Ln}YF-2.8339\mathrm{Ln}ER+0.1641VER01$$

（−5.4837）　（1.1377）　（2.3348）　（−5.0763）

协整方程反映了变量之间长期均衡关系，该方程表明，新加坡元升、贬值在长期内对新加坡出口贸易产生负向冲击，新加坡元实际有效汇率增加 1%，长期内引致出口减少 2.83%。汇率波动每变动 1 个单位，在长期内会导致出口平均变动 0.164 个单位。汇率及其波动性对出口的影响在统计上均具有显著性，这从某种程度上说明了新加坡经济开放性高，汇率作为价格体系中的一种对新加坡贸易活动产生重要影响。同时，汇率波动对出口贸易产生正向冲击也说明新市场体系完善，为贸易商提供多种风险对冲及保值增值机制。而低的汇率波动影响值则是对新加坡政府汇率管理效果的反映。

根据上述协整检验结果，1999—2008 年危机后，泰国出口贸易长期正规化方程为：

$$\mathrm{Ln}EX=-7.9363+0.7006\mathrm{Ln}YD+0.8028\mathrm{Ln}YF+0.6895\mathrm{Ln}ER+0.0962VER01$$

（−8.2669）（−8.1482）　（−8.3275）（−0.5536）

协整方程代表变量之间的长期均衡关系，它表明，泰铢汇率与出口贸易存在正相关关系，泰铢汇率贬值 1%，泰国出口贸易将增长 0.69%。汇率波动则对出口贸易产生弱的正向冲击，且这种影响不显著。泰铢汇率对泰国出口贸易影响较大，这与泰国外向经济发展战略相一致。汇率波动对出口产生的冲击不显著，以及低的汇率波动影响系数某种程度上印证了泰国政府仍然存在“重度外汇干预”行为。

4.3.3.3　汇率对出口贸易短期影响分析

误差修正模型主要针对存在协整关系的变量，对其短期相互关系进行分析。下面建立误差修正模型，对东盟五国出口贸易的短期影响因素及其重要性进行分析。各国出口脉冲响应见图 4.5。

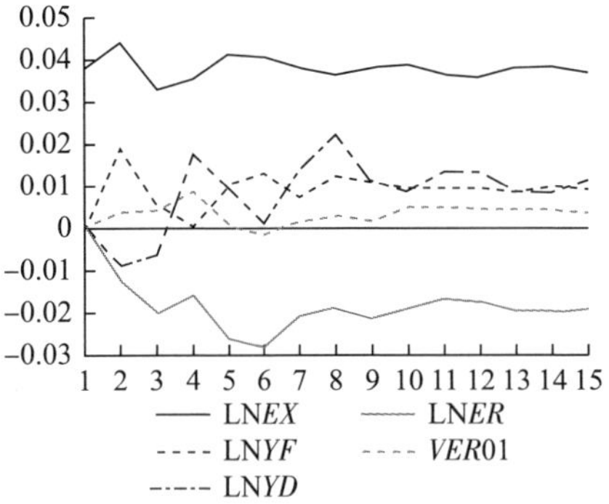

Response of LNEX to Cholesky
One S.D.Innovations for Thai

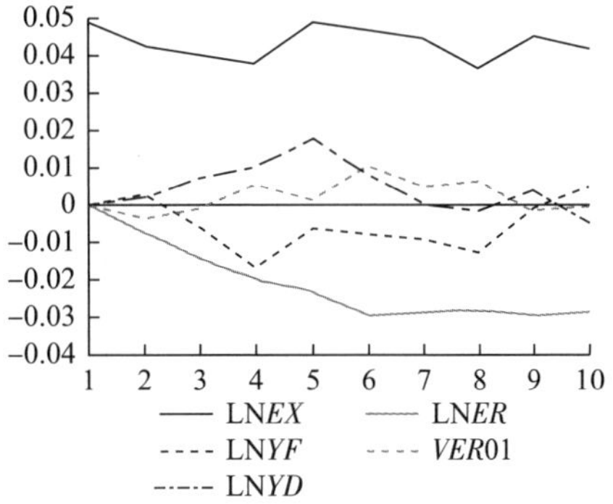

Response of LNEX to Cholesky
One S.D.Innovations for Singapore

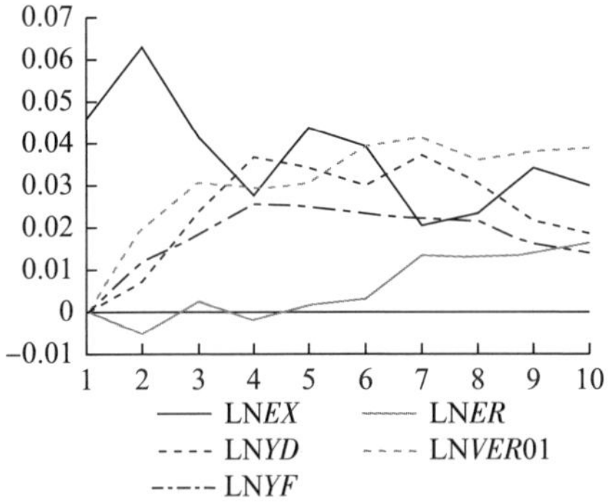

Response of LNEX to Cholesky
One S.D.Innovations for Indonesia

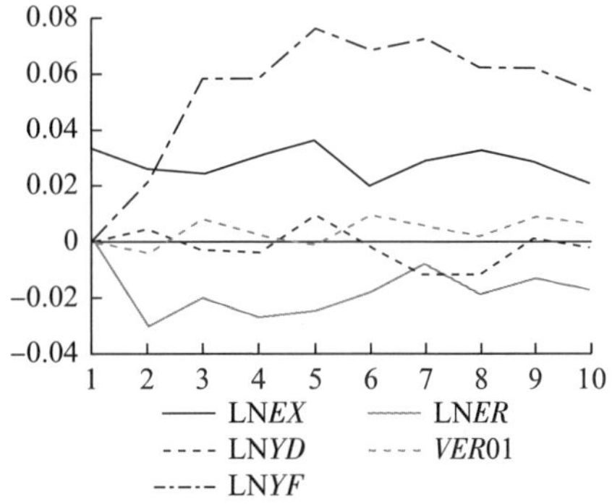

Response of LNEX to Cholesky
One S.D.Innovations for Malaysia

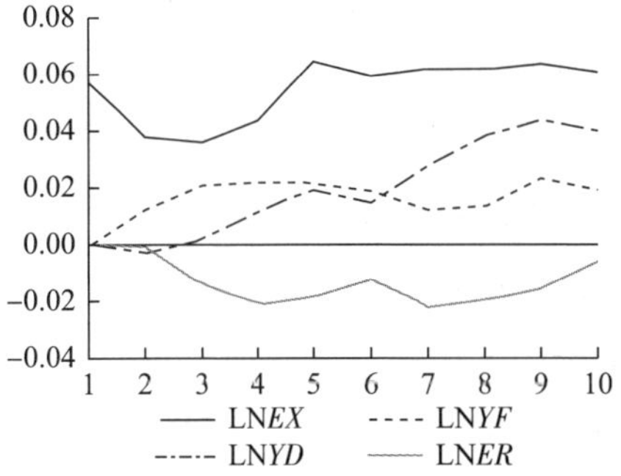

Response of LNEX to Cholesky
One S.D.Innovations for Philippines（1981—1997）

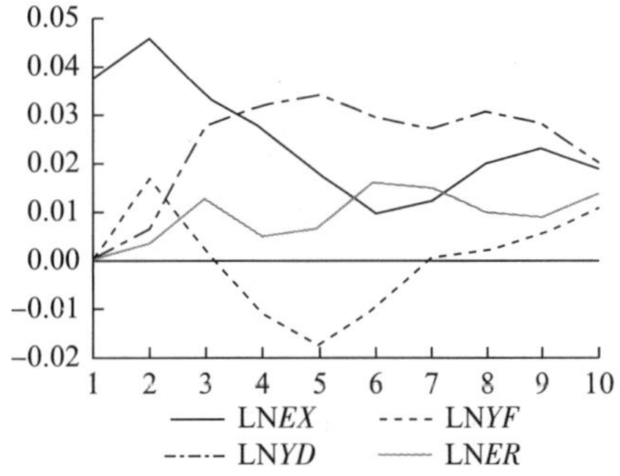

Response of LNEX to Cholesky One
S.D.Innovations for Philippines（1999—2008）

图 4.5 各国出口脉冲响应

①对系数进行调整后，马来西亚出口贸易误差修正模型如表 4. 16 所示。

表 4. 16　马来西亚出口贸易误差修正模型

1988—1997 年马来西亚出口贸易误差修正模型				1999—2008 年马来西亚出口贸易误差修正模型			
变量	系数	标准差	*T* 值	变量	系数	标准差	*T* 值
ECM_{t-1}	-1. 4206	0. 2151	-6. 6043	ECM_{t-1}	0. 810	0. 185	4. 369
D（LNEX（-1））	0. 3429	0. 1676	2. 0453	*D*（LNEX（-1））	-0. 267	0. 154	-1. 729
D（LNYD（-1））	-1. 7552	0. 3191	-5. 5013	*D*（LNYD（-2））	-0. 892	0. 218	-4. 092
D（LNYD（-2））	-1. 4734	0. 1641	-8. 9803	*D*（LNYD（-3））	-0. 736	0. 286	-2. 570
D（LNYD（-3））	-1. 6294	0. 2465	-6. 6096	*D*（LNER（-2））	-1. 424	0. 407	-3. 500
D（LNYF（-1））	-0. 6170	0. 1972	-3. 1293	*D*（LNER（-3））	-1. 094	0. 411	-2. 664
D（LNER（-1））	-0. 7032	0. 2635	-2. 6683	*D*（*VER*01（-1））	-0. 034	0. 006	-5. 543
D（LNER（-3））	-1. 0191	0. 2774	-3. 6739	*D*（*VER*01（-2））	-0. 033	0. 007	-4. 774
C	0. 1265	0. 0146	8. 6510	*D*（*VER*01（-3））	-0. 026	0. 006	-4. 186
				D（*VER*01（-4））	-0. 007	0. 003	-2. 009
				C	0. 058	0. 011	5. 194
$R^2=0.84$		$Adj\text{-}R^2=0.79$		$R^2=0.75$		$Adj\text{-}R^2=0.64$	

由表 4. 16 左半部分可知，短期内，误差修正项系数为负，且很显著。马来西亚出口在短期内主要受国内生产总值的影响，其国内收入滞后 1 期、2 期和 3 期对出口贸易额的冲击都较大，且方向均为负。滞后 1 期和滞后 3 期的林吉特实际有效汇率在短期内对马来西亚出口也产生重要影响，且方向为负。滞后 1 期的国外生产总值对出口产生负向冲击。短期内，出口受自身的短期影响为正，且影响系数为所有变量中最小。整个误差修正模型修正后调整系数为 0. 79，表明模型中变量很好地拟合了马来西亚出口短期的波动。

表 4. 16 右半部分代表了 1999—2008 年马来西亚出口贸易误差修正模型。从中可以看到，危机后时期，汇率波动成为短期内影响马来西亚出口新的因素。滞后 1 期到滞后 4 期的汇率波动均对出口形成负向冲击，但影响系数均非常小。这表明，一方面，由于政府改变汇率制度，汇率波动成为出口的影响要素；另一方面，由于政府外汇干预的特征，汇率波动较小，因而对出口的影响程度也较低。危机后时期的模型中，误差修正项系数为正，且统计上

显著。滞后 2 期和滞后 3 期的汇率对出口产生重要的负向冲击，且影响系数大于国内生产总值的影响系数，这和危机前模型截然不同。模型中，除误差修正项外，所有变量的系数均为负。另外，与危机前类似，出口受自身的影响较小，且在统计上不显著。

从图 4.5 中可以看出，危机前的马来西亚出口短期内面临的最大干扰来自贸易伙伴国的生产总值，该干扰在初期为 0，然后逐步增加，到第 5 期达最大值 0.077，然后逐步下降。出口自身对其造成的干扰次之，也在第 5 期达到最大值 0.036，随后呈现递减趋势。实际有效汇率对出口的冲击在第 2 期达到最大值 0.031，其冲击方向与前两类冲击相反，但汇率冲击在第 7 期达到谷底后又呈现逐步增加的趋势。国内生产总值和汇率波动对出口的冲击呈现出正负向交替冲击状态，在第 6 期分别稳定于正向和负向冲击，两类冲击程度均较小，且有收敛态势。

由图 4.5 可知，危机后的马来西亚出口短期内面临的最大干扰依然来自贸易伙伴国国内生产总值，该干扰在第 8 期达到最大值 0.087，冲击方向为负向。与危机前不同的是，马来西亚国内经济增长对出口的短期影响增大，超过汇率成为第二个干扰源，同样在第 8 期达到最大值 0.064，但冲击方向与上个变量相反。来自出口自身的冲击对出口的影响与危机前一样也是短期内出口额的重要影响因素，在第 4 期冲击值最大，为 0.05。危机后时期，实际有效汇率在短期内对马来西亚出口的冲击程度大大下降，这表明政府对外汇管理真正实现了实际有效汇率的稳定，是政府外汇管理能力增强的表现。另外，危机后，由于法定汇率制度由钉住美元转向管理浮动汇率制度，汇率波动增加，汇率波动在短期内对出口的冲击增加，但增加幅度不大。

由附录马来西亚出口贸易方差分解表可以看出，短期内，出口额 50.00%的比例由贸易伙伴国收入决定，中长期这一比例进一步增至 73.00%。短期内，出口自身也是主要决定要素，占比同样高于 50.00%，但这一比例迅速下降，中长期为 17.00%，然后趋于稳定。模型中其他因素在短期内对出口的决定作用较小，其中汇率是重要因素之一，短期内决定出口的 30.00%，之后逐步减少至 8.6%，并保持稳定。汇率波动短期内对出口也产生决定作用，但影响值非常小，不到 1.00%，并且逐步下降。

附录给出了危机后 1999—2008 年马来西亚出口方差分解表。从中得知，短期内，出口额 96.00%的比例由自身及模型外其他因素决定，中长期这一比例则迅速下降为 27.00%。国内外经济增长对出口影响则相反，短期影响只占 0.40%和 0.03%，中长期则迅速增加至 23.00%和 48.00%。这说明经济增长对出口的影响在中长期起决定作用。实际有效汇率对出口的短期影响为 1.12%，大大低于危机前时期，并随时间演变不断逐步下降。汇率波动在危机后对出口的短期影响高于汇率水平，也高于危机前的影响值，这说明危机后政府转变法定汇率制度使出口贸易的汇率风险增加。

②对系数进行调整后，菲律宾出口贸易的误差修正模型如表 4.17 如示。

表 4.17　菲律宾出口贸易误差修正模型

1981—1997 年菲律宾出口贸易误差修正模型				1999—2008 年菲律宾出口贸易误差修正模型			
变量	系数	标准差	*T* 值	变量	系数	标准差	*T* 值
ECM_{t-1}	-0.145	0.069	-2.099	ECM_{t-1}	0.067	0.056	1.198
D（LN*EX*（-4））	0.389	0.128	3.034	*D*（LN*EX*（-2））	-0.468	0.116	-4.033
D（LN*YD*（-2））	0.241	0.094	2.578	*D*（LN*EX*（-3））	-0.215	0.104	-2.066
D（LN*YD*（-3））	0.384	0.117	3.277	*D*（LN*YD*（-2））	0.284	0.087	3.267
D（LN*YD*（-4））	0.325	0.091	3.563	*D*（LN*YD*（-3））	0.218	0.097	2.242
D（LN*ER*（-2））	-0.324	0.151	-2.143	*D*（LN*YF*（-1））	0.572	0.110	5.199
D（LN*ER*（-3））	-0.419	0.152	-2.749	*D*（LN*YF*（-2））	-0.378	0.120	-3.160
$R^2=0.26$		$Adj\text{-}R^2=0.23$		$R^2=0.76$		$Adj\text{-}R^2=0.71$	

在对菲律宾出口贸易模型所含变量间关系进行分析时，由于 GARCH 法计算得出的汇率波动性图形近似于奇异矩阵，无法通过误差修正建模进行分析，转而剔除汇率波动性变量，进行四变量分析。表 4.17 左半部分，危机前，出口误差修正项系数为负，其大小反映了变量间关系朝着长期均衡的调整力度，大小为 0.145，调整力度较小。滞后 2 期至滞后 4 期的国内生产总值对出口贸易均产生正向冲击。滞后 2 期、滞后 3 期的实际有效汇率对菲律宾出口产生负向冲击。出口贸易短期内受自身滞后 4 期的影响也较为显著，方向为正。

危机后的情况由表 4.17 右半部分得到。由于危机影响及经济结构转变，危机后，菲律宾出口误差修正项系数为正，且修正力度低于危机前。这表明，危机后变量间要实现长期均衡，需要更长的修正期。短期内，菲律宾出口受自身滞后 2 期和滞后 3 期的负向冲击。滞后 2 期和滞后 3 期的国内生产总值对出口产生正向冲击。滞后 1 期和滞后 2 期的国外生产总值对出口的影响方向相反，大部分冲击相互抵消。

整体上，危机前后整个时期，菲律宾国内生产总值滞后值对其出口均产生正向冲击，出口自身滞后值对其产生冲击程度在危机后有所增加，且方向由正转负。危机后，汇率滞后值对出口产生的短期影响不再显著，滞后 1 期和滞后 2 期国外生产总值成为短期内影响出口的重要因素，但由于两期冲击方向相反，最终的影响程度较小。

从图 4.5 中可以看出，危机前，菲律宾出口短期内面临的最大干扰来自其自身，该冲击在第 5 期达到最大值 0.065，之后仍保持强烈的持续性。菲律宾国内经济增长对其出口在短期内的冲击从无到有，在第 9 期达到最大值 0.044，随后呈现出下降趋势。贸易伙伴国经济增长短期内对菲律宾出口也产生一定的冲击，在第 9 期达到最大值 0.023，随后有所下降。实际有效汇率短期内对菲律宾出口的冲击方向与前三类冲击相反，并呈现出先下降又上升的趋势，于第 7 期达到最大冲击 0.022。

危机后，菲律宾出口短期内面临的最大冲击来自其自身，该冲击在第 2 期实现最大值 0.046，随后波动式下降。国内外经济增长对菲律宾出口的冲击仅次于其自身，且均在第 5 期达到最大冲击 0.034 和-0.018，不同的是，前者呈现出先增后减的趋势，而后者呈现先降后升的趋势。实际有效汇率对菲律宾出口的冲击较小，且呈现出缓慢的波动式上升，并在第 6 期内达到最大冲击 0.016。

从附录菲律宾出口贸易方差分解表可以看出，短期内，出口额的绝大部分由自身决定，占 96%以上。中长期，这一比例下降到 72.00%，并趋于稳定。其他因素在短期内对出口的影响比例相对较小，但随着时间演变，其重要性有所增长。其中，长期国外经济增长是其中较为重要的因素，在短期内解释了 3.00%的出口额，中长期这一比例增至 7.00%；国内经济增长在短期内只能解释出口非常微小的部分，中长期这一比例则增至 15.00%。汇率也是影响出口波动的重要因素，汇率在短期内对出口额的影响非常小，只占

0.01%，但中长期，这一比例增加到5.00%还多。总之，出口本身，以及国内外经济增长是决定出口的主要因素。汇率尽管只能解释出口较小的部分，但对于出口仍然具有重要的影响。

可知，与危机前类似，出口本身仍然是短期内决定出口额的最重要因素，尽管这一比例在危机后已经大大下降。短期内，出口额的90.0%由其自身和模型外其他因素决定，中长期这一比例降至45.0%。危机后，国内经济增长对出口的解释能力大大增加，由短期内的1.0%增至中长期的42.0%。汇率仍然是出口的重要影响因素之一，短期内汇率决定了出口的0.3%，中长期这一比例增至7.0%。

③对系数进行调整后，新加坡出口贸易误差修正模型如表4.18所示。

表4.18　新加坡出口贸易误差修正模型

变量	系数	标准差	*T*值
ECM_{t-1}	-0.073	0.017	-4.349
D（LN*YF*（-3））	-0.143	0.084	-1.709
D（LN*YD*（-4））	1.138	0.157	7.266
D（*VER*01（-1））	-0.011	0.002	-4.437
D（*VER*01（-2））	-0.009	0.002	-4.140
D（*VER*01（-3））	-0.005	0.002	-2.780
D（*VER*01（-4））	-0.005	0.002	-3.078
$R^2=0.43$		$Adj\text{-}R^2=0.39$	

表4.18表明，短期内，新加坡出口的影响要素中，误差修正项系数为负，统计上显著，但修正系数值较小，只有-0.073。这说明，长期均衡的实现需要较长时期。滞后3期的国外生产总值对出口表现为负向冲击；滞后4期的国内生产总值对出口产生正向冲击。汇率波动滞后1期到滞后4期对出口产生负向冲击，但冲击程度非常小。

从图4.5中可以看出，短期内，新加坡出口面临的最大冲击来自其自身，该类冲击在初期冲击值为0.0489，在第5期达到最大值0.0494，并持续维持在高位震荡。汇率是新加坡出口短期内面临的第二大干扰因素，并且冲击方向与出口自身造成的冲击方向相反。汇率冲击在第9期达到最大值-0.03，而且表现出强烈的持续性。国内外经济增长对出口带来的冲击分别在第 5 期和第 4 期达到最大值 0.01767 和−0.01731。实际有效汇率的波动短期内对新加坡出口也产生一定的影响，并在第 6 期达到最大值 0.01040，并在中长期呈现出收敛态势。

根据附录新加坡出口贸易方差分解表，其出口在短期内绝大部分由其自身解释，这一比例占 98%多，中长期逐步下降为 73%。实际有效汇率在短期内对新加坡出口影响重大，其决定比例由 1.3047%逐步增至 21%。这说明高度开放环境下，汇率作为市场价格之一，已经成为影响新加坡贸易的重要因素。短期内，国内外经济增长也是影响新加坡出口的重要因素，这两类冲击分别从短期的不到 1%逐步增至 2%和 3%。汇率风险对新加坡出口的影响较小，在第 8 期达到最大值 1.724，并始终维持在 1%左右波动。

④对系数进行调整后，印度尼西亚出口贸易误差修正模型如表 4.19 所示，短期内，误差修正项系数为负，并且在统计上显著但值较小。这表明，朝向长期均衡的调整力度较小。出口在短期内受自身滞后 2 期的负向冲击；滞后 1 期和滞后 3 期的国外生产总值对出口产生正向冲击，且影响程度较大。滞后 3 期的汇率对出口产生负向冲击。

表 4.19　印度尼西亚出口贸易误差修正模型

变量	系数	标准差	*T* 值
ECM_{t-1}	−0.041	0.016	−2.567
D（LN*EX*（−2））	−0.390	0.169	−2.309
D（LN*YF*（−1））	0.773	0.226	3.414
D（LN*YF*（−3））	0.813	0.192	4.227
D（LN*ER*（−3））	−0.247	0.106	−2.327
$R^2=0.38$		$Adj\text{-}R^2=0.29$	

从图 4.5 中可知，印度尼西亚出口短期内面临的各种干扰因素错综复杂，且除汇率外均为正向冲击。来自其自身的冲击在第 2 期达到最大值 0.063，随后震荡下降。汇率波动对印度尼西亚出口的短期冲击仅次于来自其自身的冲击，在第 7 期达到最大值 0.0416，并表现出强烈的持续性。国内经济增长对出口的冲击大于来自国外经济增长的冲击，前者在第 7 期达到最大值

0.03724，后者在第4期达到最大值0.0256。与其他四国不同的是，实际有效汇率在短期内要远远小于汇率波动对出口的冲击，但这类冲击表现出逐步增加的态势。

由附录印度尼西亚出口贸易方差分解表可知，短期内，从贡献度上来说，出口额自身对其的解释能力最强，占91.00%，但中长期降至40.00%。汇率波动对出口额的解释能力次之，由短期的6.00%升至中长期的28.00%。国内经济增长也是印度尼西亚出口的重要决定要素，短期内解释了出口的6.00%，中长期则增至20.00%。外国经济增长对印度尼西亚出口的影响力较弱，但中长期逐步增加并保持稳定的态势，基本维持在10.00%左右。实际有效汇率在几个变量里对印度尼西亚出口的解释力最弱，由初期的0.44%缓慢增加至中长期的2.00%，并保持了这一趋势。

⑤经过系数调整后，泰国出口贸易误差修正模型如表4.20所示。

表4.20　泰国出口贸易误差修正模型

变量	系数	标准差	*T* 值
ECM_{t-1}	0.607	0.167	3.636
D（LN*EX*（-1））	-0.753	0.180	-4.195
D（LN*EX*（-2））	0.654	0.173	5.507
D（LN*YF*（-1））	0.953	0.122	-5.374
D（LN*YD*（-2））	-0.390	0.131	2.977
C	0.044	0.008	5.254
$R^2=0.59$		$Adj\text{-}R^2=0.54$	

由表4.20可知，泰国出口贸易短期波动主要受其自身及国内外经济增长的影响。滞后1期的主要贸易伙伴经济增长对出口的短期影响表现为正向冲击，滞后2期的国内经济增长对出口产生负向冲击。误差修正项的系数为正，符合调整机制，其大小反映了朝向长期均衡的调整力度，大小为0.61。

从图4.5中可以看出，泰国出口贸易的自发性干扰对其自身的冲击最大，最大反应数值为0.044，在第2期达到最大，随后逐步减小。可见，模型外仍然存在其他因素对出口额产生较大影响。泰铢实际有效汇率自发性干扰对出口额冲击程度次之，方向相反，在第 6 期达到最大值 0.03，随后有所下降，但表现出强烈的持续性。国内外经济增长自发扰动对泰国出口贸易的冲击较小，最大值分别是 0.028 和 0.047。汇率波动自发干扰对出口贸易的冲击最小，在第 4 期达到最大值 0.012，且短期内迅速衰减为 0，中长期逐步衰减至零。

从附录的泰国出口贸易方差分解表可以看出，短期内，出口额 85%的比例由自身及模型外因素决定，中长期这一比例为 70%，仍然较高。实际有效汇率对出口额的解释能力次之，短期内这一比例为 4%，长期增至 18%。由此可以得证汇率对于出口贸易的解释能力较强。

4.4　本章小结

通过对汇率与东盟五国出口关系的长短期变动的实证分析可以得出，除印度尼西亚外，汇率波动对于各国出口的影响要么显著，要么影响系数很小。危机前，汇率波动对马来西亚影响在统计上不显著；危机后，汇率及其波动对马来西亚出口的影响均有所增加，但其系数非常小，且呈现逐步下降的趋势，对出口的解释能力始终不到 1%。汇率波动与菲律宾出口不具有长、短期相关性。实际有效汇率在短期内对出口的影响也非常小，只有 0.01。国内外经济增长在短期内是决定菲律宾出口的主要因素。

对于新加坡来说，汇率波动成为短期内影响出口的因素之一，但影响系数非常小，不到 0.010。短期内，出口自身，以及汇率值高低和国内外经济增长是决定出口的主要因素，汇率波动的影响甚微。汇率波动不是影响泰国出口的重要要素，汇率波动对出口的冲击非常小，最大值为 0.012，小于 0.100，且迅速衰减至零。

当前，世界各国经济金融市场紧密联系，各主要世界货币波动异常剧烈。在经济开放程度已经相当高，同时市场体系并不十分完善的东盟各国，汇率波动本该是各国出口贸易的重要影响要素。但实际上，东盟各国出口受汇率，尤其是汇率波动的影响要么在统计上不显著，要么影响值很小，这表明各国的出口所遭遇的汇率风险非常小。这种现象印证了政府的外汇干预程度依然很高。各国的事实汇率制度并不是如所宣称的法定汇率制度一样，而是已经走向真正的浮动。

5 结论与启示

本章总结了本书的主要研究结论，并在此基础上分析了东盟五国汇率制度演变存在的问题、未来可能的走向以及对我国汇率制度改革的启示。

5.1 主要结论

通过分析，得出如下结论：

第一，本书通过大量数据考证了东盟五国法定汇率制度与事实汇率制度的演变过程，得出东盟五国除印度尼西亚外依然存在“法定与事实汇率制度不一致”的现象。其中，新加坡、马来西亚、泰国和菲律宾法定汇率制度为管理浮动汇率制度，但汇率运行表现为重度干预管理浮动汇率制度的特征。印度尼西亚是五个国家中汇率波幅最大的国家，在较长时期内考察其汇率运行，汇率波动符合浮动汇率制度特征。因此，不存在“法定与事实汇率制度不一致”的现象。

第二，本书运用相关理论从制度演化角度对东盟五国汇率制度的变迁进行分析。本书认为，由于正式规则与非正式规则的特性及其相互关系所导致的制度演变过程的路径依赖性与缓慢性，“法定与事实汇率制度不一致”在一国汇率制度变迁过程中是长期存在的。

第三，除了从理论上对东盟五国汇率制度变迁存在的“法定与事实汇率制度不一致”进行分析外，第 4 章还利用协整与误差修正技术考察了东盟五国汇率波动性对出口贸易的长短期影响。结果发现，汇率波动性在五个国家出口中影响甚小，其长短期影响系数要么在统计上不显著，要么数值非常小。只有印度尼西亚卢比的汇率波动性对其出口的影响程度稍高一些。国内外经济增长和汇率水平仍然是长短期内影响出口的主要因素。

第四，本书针对 2008 年国际金融危机前后，东盟五国汇率制度的实施进行考察，认为东盟五国政府汇率政策的运用表现出以下三个特征：外汇干预的多边性、汇率制度实施更具实用性，以及汇率波幅较小，仍呈现出“窄幅汇率带”波动特征。

5.2 东盟五国汇率制度存在的问题

前文详细考察了东盟国家法定汇率制度及事实汇率制度的演变。到 2005 年 7 月为止，马来西亚、泰国和新加坡实行法定管理浮动汇率制度，印度尼西亚和菲律宾法定汇率制度为独立浮动制度，五个国家均已转向浮动汇率制度。但汇率的实际运行却表现出重度干预管理浮动汇率制度的特征，即汇率运行没有明确的路径，同时汇率对美元表现出高度依赖性，其波动非常小，幅度类似于窄幅波动带汇率制度。事实汇率制度属于非正式制度，也可以当作法定汇率制度实施的结果，是政府制定的法定汇率制度与现存制度体系中其他正式、非正式制度相互作用的产物。东盟国家汇率实际运行呈现出这些特征有一定的合理性，并且会持续相当长的时间。不过，在汇率运行过程中可能会存在一些问题需要加以防范。

一是新的汇率制度下，东盟五个国家的汇率波动幅度有所增加，并且没有明确的路径。如表 5. 1 所示，在所截取的汇率制度转变前的时间段（1995 年 8 月至 1997 年 5 月），新加坡、马来西亚、泰国、印度尼西亚和菲律宾五国货币兑美元名义汇率月波动百分比绝对值分别为 0. 3903、0. 5373、0. 3487、0. 4949 和 0. 1547。而汇率制度转变后时间段（2004 年 1 月至 2006 年 12 月），这一数值分别为 0. 8959、0. 7371、1. 2662、1. 8972 和 0. 9215。汇率波动幅度有所增加，汇率运行无迹可寻。在固定钉住制度下，企业开展对外经济贸易，外汇风险由政府承担的情况已经不再是事实。新制度下，汇率波动加大，企业对外经济活动外汇风险增加。为了对冲外汇风险，需要完善的对冲工具和运行良好的金融市场。但是除了新加坡外，东盟其他国家的金融体系仍然停留在银行主导、金融市场种类少、规模小、运行不完善层面。在这些国家，除股票市场外，债券市场以政府债券为主导，其他衍生品和资本市场的规模、种类还有待完善。配套市场体系不完善条件下，汇率波幅增加，使企业经济活动风险增加，但又缺乏对冲外汇风险的工具，不利于对外贸易、投资的增长。

表 5.1　汇率制度转变前后截取时间段名义汇率波动绝对百分比　　单位:%

	新加坡	马来西亚	泰国	印度尼西亚	菲律宾
汇率制度转变前（1995 年 8 月至 1997 年 5 月）	0.3903	0.5373	0.3487	0.4949	0.1547
汇率制度转变后（2004 年 1 月至 2006 年 12 月）	0.8959	0.7371	1.2662	1.8972	0.9215

	英镑	欧元	日元	澳元
汇率制度转变前（1995 年 8 月至 1997 年 5 月）	1.5270	—	2.2706	1.3968
汇率制度转变后（2004 年 1 月至 2006 年 12 月）	1.9818	1.6199	1.8684	1.9975

注：马来西亚数值范围为 2005 年 7 月至 2006 年 12 月。

资料来源：由笔者根据 IMF 金融统计数据库数据计算。

二是过小的汇率波动不利于资源有效配置的实现，无法引导经济、产业结构调整。由表 5.1 可知，东盟五国在新的汇率制度下，汇率波动幅度增大，但其波动幅度仍小于真正的浮动汇率制度国家。汇率作为市场价格机制之一，本应由市场供求决定，过多干预导致汇率小幅度波动，不利于资源流向最有需求的地方，因此不利于资源高效配置。汇率波动幅度过小意味着市场交易盈利空间小，限制金融交易的规模和交易频率，也不利于培养市场交易主体的风险规避意识，不利于各类市场的深化，以及各项市场制度的建立与巩固。譬如，在亚洲债券市场建设方面，多数国家货币汇率仍然对美元保持稳定条件下，无论本币债券或者一篮子计价的债券都难以代替高流动性的美元债券，相关金融市场不能得到好的发展。放开汇率，有助于各类金融资本市场的深化。

三是有管理的浮动汇率制度对政府调控能力的要求大幅度提高，政府可能会因为调控失误而对经济产生不利影响。1997—1998 年亚洲金融危机首先爆发于泰国，其重要原因就在于泰国政府表面上宣布实施管理浮动汇率制度，实际上对汇率管制过多，导致汇率运行呈现出钉住的特征。加上汇率管理并没有随着资本流动性日益增强等经济条件的变化而增加灵活性，导致“原罪”越来越严重。这一状况成为危机爆发的重要“助推剂”。有管理的浮动汇率制度下，汇率受市场影响比较大，经济面临的外汇风险也大幅增加。新制度有利于一国政府根据经济发展需要调节汇率，通过篮子货币的种类和权重选择抵消一部分升值或者贬值压力，保持币值相对稳定。同时它也提高了政府当局根据经济发展需要配置货币篮子和权重、灵活管理经济的能力，增加了政策失误引致经济损失的可能性。同时，有竞争关系的国家之间如果对相互间竞争力的认知存在过大差异，可能会导致贸易摩擦、贸易战。这也对政府处理对外经济关系的能力提出更高的要求。

针对上述问题，各国应积极采取相应的措施，同时谨慎管理，提高管理能力，以更好地推动经济发展。

首先，加强汇率合作，不能放松对危机的警惕。针对经济运行风险增加的状况，东盟各国要加强货币、经济合作。当前，东盟区域邻国以及有竞争关系的国家如中国、印度，大多数都实行了有管理的浮动汇率制度。各国根据自身经济发展需要，以及对汇率水平的评估来管理汇率，不像固定汇率制度下那样有一个统一的参考标准。因此，不同货币间汇率波动可能会更加剧烈，对外经济交往面临的汇率风险更大，这就要求各国间加强汇率和货币合作，加强沟通，提高应对危机的能力。当前，东盟各国已经和区域邻国以及重要的经济伙伴在货币互换、亚洲债券市场以及外汇储备库的建设方面进行了积极的探索，日后需进一步加强相关合作，提高防范经济风险的效率。

其次，要逐步地、合理地进一步放开汇率波动幅度，以帮助资本市场机制实现有效运作，积极推动各类资本、金融衍生品市场机制的建立和完善。当前，除新加坡外，东盟其他国家的金融系统仍然以银行为主导，资本金融市场的种类少、规模小。债券市场以政府债券为主，譬如印度尼西亚 2006 年、2007 年政府发行债券分别占全年债券发行量的 94.7%和 95.3%，公司发行的债券占比甚小。2007 年底，政府债券的余额为 2.2 万亿卢比，其中 60.5%为国库券或者固定利率国债。要完善各类资本市场建设，先要逐步地放开汇率，通过价格波动，增加盈利空间，提高市场交易活跃度。同时，根据本国市场需求设计合理的投资产品，选择合适的时机推动上市，这样才能够为贸易商以及投资者提供多样化的、有效的风险对冲工具。

另外，提升政府管理能力。灵活汇率制度下，政府货币政策有了更大的操作空间，难度也更大。实施一项政策要综合考虑多要素之间的相互制约关系，以及对经济可能产生的综合作用，而不是单一地维护汇率稳定或是物价稳定。同时，新的、更灵活的汇率制度要求政府转变经济管理方式，以市场调节为主、政府干预为辅，干预方式也从直接管制向利用市场机制间接调控为主转变，这就要求政府提升宏观调控能力，对内协调好各项货币、财政政策以及产业政策等的实施，对外协调、处理与其他国家间的关系，巧妙化解矛盾，为经济贸易发展提供良好的环境。这方面，新加坡政府一直受到学界的称赞。2001 年，受全球经济放缓和国际市场电子产品需求下降的影响，新加坡经济陷入自独立以来最严重的经济衰退，全年出现 2%的负增长。之后，新加坡政府审时度势，提出“打造新的新加坡”，制定从传统经济向知识经济爬坡的战略规划，经济重新获得高速发展，2004—2007 年的平均增长率达到惊人的 8.1%，居东盟首位。新加坡政府在推动经济增长的同时，将通货膨胀率长期维持在低水平，各项制度改革也都位列东盟各国之首，值得其他四国学习。

最后，东盟各国经济发展仍然存在诸多问题。譬如，菲律宾的公共债务与财政赤字。除 2007 年外，菲律宾政府其他年份的公共财政一直处于赤字状态，甚至一度对外宣称陷入了“财政危机”，这极大地限制了政府灵活运用财政政策的可能性。印度尼西亚的贫富分化和腐败问题也常年困扰其经济增长。汇率制度转变不会自动纠正这些国家的严重问题，并且汇率制度转变需要协同这些问题的解决才能有效发挥对资源配置的调整作用。因此，在积极转变汇率形成机制改革的同时还要积极推动产业结构转型，解决好国内其他的问题，如就业问题、社会保障问题，为汇率制度成功转型解除后顾之忧。

5.3 东盟五国汇率制度未来可能走向

当前，东盟各国法定汇率制度已经全部实现从钉住制度向管理浮动/独立浮动汇率制度的转变。从事实汇率运行角度来看，中短期内，各国汇率制度仍然停留在重度干预的管理浮动阶段，长期则会走向真正管理浮动汇率制度，即实现“法定汇率制度与事实汇率制度的一致”，同时，区域货币金融合作的进展可能导致在某些经济联系紧密的国家间实现共同货币或共同钉住某一货币篮子的区域性汇率安排，且进一步成为未来东南亚或东亚地区货币合作的核心，以实现辐射性的扩张。

事实汇率制度中短期内仍停留在重度干预阶段，主要表现在汇率波动不存在明确的路径且汇率波动幅度较小。其原因有三：第一，这种类型的汇率制度对于抵御货币冲击是有效的，有其存在的合理性。规避名义经济冲击，尤其是货币冲击依然是亚洲汇率制度合作机制设计的核心目标，任何明确的政府干预条目的存在都是不合理的。而重度干预汇率运行一方面兼顾本国市场体系发育不完善导致的市场主体风险对冲能力偏弱的状况，将其面临的汇率风险降到最低；另一方面保证了汇率灵活性，以抵御货币冲击。第二，事实汇率制度的转变是一个渐进性、逐步实现的过程。正如前文所证明的，事实汇率运行状况取决于法定汇率制度及其与现存制度体系中各种正式、非正式规则的关系。汇率要真正实现浮动，要以完善的市场体系以及市场主体一定的风险抵御能力为前提。因此，各国汇率真正浮动也必然是伴随着各类型市场制度的完善而逐步实现的缓慢的过程。第三，当前国际货币体系的特征是不存在作为最后贷款人的货币，同时几大储备货币之间汇率波动剧烈。而东盟国家作为小国，其货币不能作为储备货币。这种状况增加了经济运行的风险，要真正实现货币的管理浮动/独立浮动，就需要建立某种区域货币合作机制以消除当前国际货币体系的弊端，即各国货币真正实现浮动，同时建立某种区域性合作机制减弱这种浮动在当前货币体系下可能给经济带来的风险。当前，东盟各国的确已经积极地参与区域性经济、货币合作的建设，譬如，东盟十国与日本、澳大利亚、中国、韩国、印度等建立了各种经济合作关系，东盟参与的区域性货币金融合作机制，如清迈协议、东亚债券市场建设、东亚外汇储备库等的建设。然而，这些合作机制的发展尚未达到消除大部分目前国际货币体系的弊端的程度，还需要进一步完善。

长期内，东盟国家会实现真正的管理浮动或独立浮动；同时，在个别国家间可能会形成范围较小的共同货币区，与欧元最初在较少数国家实行，之后欧元区逐步扩大类似。东盟各国货币运行最终会走向真正的浮动，原因类似于各国法定汇率制度走向管理浮动/独立浮动汇率制度，是经济发展的需要，是市场机制深化和完善的必然要求。

随着各国产业结构合理布局的形成，以及各国各项市场体系的建立和完善，最重要的是随着各国经济相似性进一步增强，文化、认识的逐步融通，在某几个国家会逐渐建立某种形式的共同货币或共同钉住某一货币篮子。根据共同货币区理论，一组国家在具备一定条件的基础上可以形成单一货币。形成最优货币区的标准主要有区域内贸易的重要性、经济发展水平和经济结构的相似性、遭受外界冲击的对称性、要素市场的灵活性以及政策目标的一致性等。目前，东盟区内贸易的重要性不断提升，各国经济增长相似程度以及经济发展水平也逐步趋同，随着各国市场体制改革的进一步深化和经济发展的进一步趋同，未来的某个时刻，可能具备建立共同货币的条件。不过，单一货币最可能实现的路径，最大可能是类似于欧盟那样，先在某几个具备条件的少数国家间实现，然后逐步扩大到其他国家。

需要注意的是，无论是真正的管理浮动/独立浮动汇率制度的实现，还是共同货币的建立，都将是一个相当漫长而复杂的过程。当前，东盟各国的经济、市场发展状况离实现真正浮动的要求，尤其是建立单一货币还有一些差距。一是各国虽然经济开放度较高，经济联系紧密，但经济结构相似程度很高、经济发展差距较大且其具体格局不利于区内共同货币的建立。譬如，新加坡电子产品出口额占其出口总额的 70.0%，马来西亚占 65.0%，菲律宾的这一比例为 58.1%。相似的产业结构导致产品多样化程度低，抵御冲击的能力较弱，从而降低汇率合作的愿望。在几个国家间，新加坡人均 GDP 达 37293.0 美元，泰国、印度尼西亚、菲律宾的这一数据分别为 3892.5 美元、2349.4 美元和 1752.4 美元①。新加坡位于经济发展梯度的顶端，但就经济规模来看属于一个小国。而印度尼西亚是一个大国，如果两者间组成最优货币区，由发达小国对较不发达的大国进行财政转移是不现实的。二是生产要素流动性较低不利于区内国家间财政转移支付，不利于组成最优货币区。各国

① 数据为 2009 年 IMF 数据。

的要素市场间开放程度虽有所提升，但基本仍处于非自由流动状态。各国对资本跨境流动仍然有一定限制，劳动力市场更是基本处于相互独立状态。东盟各国，乃至东亚国家间生产要素流动要达到欧盟的程度还需要一个很长的过程。另外，最优货币区的建立需要各国进行财政、货币政策的高度协调。而当前，各国间的合作程度还远远不够，尤其是泰国、马来西亚和菲律宾的政局波折使政府无暇他顾。建立区域性汇率制度安排，进行货币合作要求各国政府让渡一部分经济政策主权，遵循一种共同的区域性的货币安排。但是，东亚各国在这方面的意愿明显不足。各国已经签订的各种类型自由贸易协议、经济合作协议（东盟自由贸易协议、亚太经合组织相关协议等）因不具有强制性导致实施效果大打折扣。

此外，汇率制度本身的转变是一个系统性的事件，是现存制度体系中各类正式、非正式规则相互融合的过程，存在路径依赖性，且其路径会因突发内部、外来经济冲击发生不同程度的改变。譬如，自 20 世纪七八十年代以来，东盟各国转向法定的管理浮动汇率制度或独立浮动汇率制度以后，其事实汇率制度始终呈现出“钉住美元以及政府干预过多”的特征，而 1997—1998 年亚洲金融危机突发性地改变了汇率运行状态，汇率制度被迫发生改变。泰国、印度尼西亚、马来西亚均被迫短时间内允许汇率独立浮动。之后，泰国、印度尼西亚重又恢复管理浮动汇率制度。但在马来西亚，林吉特再次钉住美元，实行严格钉住的固定汇率制度，直到 2005 年 7 月宣布转向管理浮动汇率制度。印度尼西亚尽管是五个国家中汇率波动幅度最大的国家，但为了应对本轮国际金融危机冲击，其实际汇率运行在 2010 年 6 月 21 日至 2011 年 2 月 14 日曾短暂停留在 2%的波动带①。这表明，汇率制度转变过程不是一帆风顺的，首先是一个漫长的过程，其次是一个存在严重路径依赖特性的过程，最后这一过程可能因为外来冲击或政治事件等发生而出现反复等。

欧元的经历是最典型的例证。自 1969 年 3 月欧共体海牙会议到 1999 年 1 月 1 日，欧元从孕育到诞生经历了漫长的路程，其间经历了 1992 年的欧洲货

① IMF. Annual Report on Exchange Arrangements and Exchange Restrictions 2011 [Z] . IMF, 2011: 1336.

币危机和英镑退出欧洲货币体系，以及各国间政治、经济上艰难的协调与妥协。欧元诞生后尽管很快成为仅次于美元的第二大国际货币，在世界经济、金融体系中扮演越来越重要的角色，但其成长充满坎坷，包括来自美元方面的竞争和打压（2001—2003 年，美国利用科索沃冲突干扰欧元区东扩步伐）、区内国家民众对欧元看法的矛盾和分歧（瑞典、丹麦和英国全民就是否加入欧元区进行公投）等。2009 年，始于希腊的欧元区债务危机至今仍充满变数，欧元区经济复苏缓慢而艰难。对欧元区内深陷危机中各国（希腊、西班牙、葡萄牙等）的救援也反映了欧元本身面临的诸多问题，危机的解决关系到欧元的前途。欧元的经历反映了区域货币一体化和汇率制度演变的缓慢与曲折。而各国经济发展差异性更大、政治分歧更深的东亚，要实现局部或全区货币一体化，必将是一个更加漫长和曲折的过程。

5.4 对我国汇率制度改革的启示

新中国成立后至今，人民币汇率制度经历了几个大的发展阶段，分别是新中国成立初至 1978 年、1978—1994 年、1994—2005 年、2005 年至今。新中国成立后初期到 1978 年为计划经济体制时期，这一阶段的外汇管理特征为统收统支、高度集中，国务院授权中国人民银行管理外汇，中国银行是唯一一家进行外汇操作的专业银行。指令性计划和行政手段是维护外汇收支平衡的主要方式，汇率严格钉住美元，实施固定汇率制度，认为人民币与美元名义汇率应维持在 1∶1.5，人民币被高估。

1978 年，我国开启改革开放的伟大历程，汇率制度逐步变革，我国逐步在外汇分配领域引入市场机制，由严格钉住的固定汇率制度转向市场调剂和计划分配并存的双轨制。这一时期，政府开始实施出口导向政策。为提高出口竞争力，抑制进口，人民币逐步贬值，由 1985 年初的 1 美元兑 2.8 元降为 1994 年的 1 美元兑 8.7 元。

1994 年开始，我国官方汇率与调剂市场汇率统一，汇率制度向以市场供求为基础的单一的、有管理的浮动汇率制转变。外汇留成制逐步被取消，实行银行结售汇制度。具体为，经济体向各银行买卖外汇，银行则在银行间外汇市场交易，交易形成市场汇率。后者即银行进外汇市场，统一而规范的银行间外汇市场改变了以前外汇调剂市场分散的局面。然而，汇率仍然是钉住美元的，人民币在短期贬值后基本维持不变。国民经济快速发展致使贸易顺差逐年扩大，人民币面临越来越大的升值压力。

2005 年 7 月 21 日，中国人民银行宣布改革人民币汇率形成机制，实行“以市场供求为基础，参考（一篮子货币）进行调节的”管理浮动汇率制度。政府主动放开汇率管制，人民币在短短三年内升值 26%，直到 2008 年国际金融危机爆发。经济危机期间，为了保护经济免受冲击，人民币主动缩小波动幅度，暂时性地钉住美元，基本维持在 1 美元兑 6.83 元人民币附近。2010 年 6 月 19 日，央行重启人民币汇率改革，宣布进一步推进人民币汇率形成机制改革，增强人民币汇率弹性，强调参考“一篮子货币”和继续按照已公布的外汇市场汇率浮动区间，对人民币汇率浮动进行动态管理和调节①。

人民币汇率制度新一轮改革正在进行中，未来的路仍然很长。其面临的升值压力依然很大，本轮国际金融危机尚未完全结束，世界各国经济不景气使制度改革面临艰难的环境。同时，我国国内存在各种经济问题（如隐性失业、产业结构亟待调整、市场体系不完善），只有协同解决这些问题才能真正实现汇率制度的转变。在这方面，东盟国家为我们提供了可资借鉴的经验。

在大的原则上要坚持主动性、独立性，要对汇率制度转变的长期性有充足的心理准备；在具体操作上要注意配套制度的改革，提升政府经济管理能力，同时不能放松对经济运行风险的监管。

5.4.1 主动性和独立性

一国应当根据本国国内外经济条件和本国经济目标独立自主地选择适合本国的各项经济政策及制度。1998 年亚洲金融危机后，马来西亚政府顶住压力，拒绝 IMF 带有严苛附加条件（如实施紧缩性财政货币政策）的援助，选择实施资本管制和钉住美元的汇率制度，并且采取不同于 IMF“药方”的宽松财政、货币政策，如下调准备金率、恢复呆账期限、增大财政支出等。事

① 勒玉英．泰国、韩国、马来西亚、印度尼西亚现行汇率制度分析［J］．国际金融研究，2001（9）．

实证明马哈蒂尔政府在危机后的一系列政策措施符合马来西亚经济要求，推动马来西亚经济逐步复苏。到2004年基本摆脱全球经济衰退的影响，经济发展较为迅速，2002—2004年的经济增长率分别为4.4%、5.4%和7.1%，增速位居东盟前列。之后，马来西亚政府主动顺应经济发展的要求，为汇率制度转变做准备。马来西亚央行一方面加大收购外汇的力度，使外汇储备大幅增加。2005年，马来西亚外汇储备2535亿林吉特，约合667亿美元，增速仅次于中国。另一方面，从2007年1月开始，逐步放松资本管制。如取消大部分本国人投资外币的限制，让本国人可以开设联合外币户头用于任何方面，而不限于此前只用于教育和海外工作方面；大幅度提升本国个人以及公司投资海外的额度；废除一系列外汇登记的规定；等等。外汇储备的大量积累，增强了央行的外汇市场干预能力，加之资本管制放松为汇率制度改革提供了条件。2005年7月，马来西亚政府选择在中国政府宣布转变汇率制度之后，适时改变钉住美元的汇率制度，转向管理浮动汇率制度。

人民币汇率制度改革也应该秉持独立性原则，把握主动权。尽管我国货币自2005年汇改以来已经累积升值高达26%，但仍然面临较高的升值压力。各国为了缓解国内经济、政治压力可能会利用人民币升值问题大做文章。同时，经济危机本身也会使汇率制度改革面临更大阻力。经济贸易不景气，无法为汇率制度改革提供轻松的环境，一些相关部门可能会因此阻止汇率放开。无论如何，汇率制度改革应该抵制压力，根据经济和发展需要，充分考虑对本国经济增长、就业、物价和收入多重影响，同时考虑对世界经济的影响，根据本国经济与世界经济的关系以及制度体系的特征，主动把握汇改方式、内容、时机和节奏。

5.4.2 谨记汇率制度转变的长期性和当前汇率制度运行状况将持续存在，不能急于求成

根据本书研究，汇率制度改革是一个制度融合的过程，是正式规则、非正式规则相互作用的过程，具有强烈的路径依赖性。成功实现汇率制度演变是一个长期的过程，需要其他配套改革的同步，不能一蹴而就。1997—1998年亚洲金融危机后，泰国被迫改变汇率制度，经济在短时间内遭到重创，与

马来西亚政府在危机后审慎选择钉住汇率制度，在经济逐步恢复和资本管制缓慢放开的条件下于2005年由钉住制度转向管理浮动汇率制度形成了对比。泰国汇率制度之所以被迫改变是因为法定浮动、事实钉住的汇率制度状况与资本开放、各项国内政策以及市场制度不完善的状况等经济状况不适应，从而导致危机发生，制度被迫发生跳跃性改变，给经济造成严重损害。而马来西亚虽然也受到危机的冲击，但是马来西亚政府在应对危机的时候，除了坚持主动性和独立性外，还注意到汇率制度要与相应的资本管理、经济发展状况等国内外经济条件相一致。在汇率制度转变前进行了相应的改革，并坚持汇率制度转变渐进、逐步进行。

更为重要的是，各国汇率制度从20世纪80年代逐渐提高汇率波动灵活性到1997—1998年亚洲金融危机中被迫转变，到危机后再一次走向浮动，尽管历时已久，但其事实汇率运行仍然波幅较小。各国政府依然拥有高额外汇储备，以保证对外汇市场的干预。尤其是在经济受到外来冲击等条件下，为保护经济，政府入市干预保持汇率稳定，如印度尼西亚2010年6月至2011年2月，卢比兑美元汇率持续在2%的宽带范围内运行，其事实汇率制度被IMF定为稳定性安排（Stabilized Arrangement）。

我国幅员辽阔，各地区地理环境、资源禀赋、区位优势多样化，中东西部，甚至各省各地区经济发展需求各异。复杂的国情决定了我国的汇率制度改革要考虑多方面的因素，需要更长时间去应对和调整。另外，我国金融市场不完善，各类金融风险对冲规避工具有限，企业的汇率风险意识也需要逐步增强，整个制度框架体系中相关市场制度的完善也需要相当长的时间。总之，汇率制度改革要遵循自主、渐进和可控的原则，要对制度转变是一个长期的过程有充分的心理准备，制定合理的步骤循序渐进地实现。

5.4.3 加强经济运行风险监管

汇率制度转变后，由于汇率波动幅度增大，与世界其他国家间经济、金融的联系进一步增强，以及各国经济开放程度进一步加大，东盟国家经济运行的风险实际上进一步增大，因此，加强金融监管是经济健康、持续增长的必要条件。

1997—1998 年亚洲金融危机后至今，印度尼西亚、新加坡等国均非常注重对经济运行风险的监督，印度尼西亚建立了一整套经济增长预期指标体系，资本流动额度、资本充足率等不仅是反映经济增长的指标，更是央行等机构监督经济运行风险的媒介。各国面对 2008 年国际金融危机冲击迅速做出反应，及时采取财政经济刺激计划和宽松的货币政策、加强监管等措施。印度尼西亚央行多次入市干预，保持卢比汇率稳定，防止银行业出现外汇流动性短缺，为经济复苏创造了良好的环境。东盟五国经济能从本轮危机中迅速复苏，良好的、较为完善的经济监督体系功不可没。

到目前为止，中国及其邻国如东南亚各国、印度等有竞争或合作关系的国家均宣布实行法定浮动汇率制度，各国政府对汇率管理的主动性实际上有所增加，且各国货币汇率之间不再像以前那样因为不同程度地钉住美元而存在一种天然的、约定俗成的联系。这将使国家间的关系变得复杂，分歧和矛盾难免增加，从而加大经济运行风险。同时，随着各国对资本流动的逐步放开，世界各国经济一体化程度进一步增强，资本跨境流动规模和速度将大大增加，对各国经济造成的冲击力也将加大。而这正是我国资本项目开放面临的最大风险，因此要加强资本跨境流动管理。针对当前世界资本流动性过度的情况，国家应加强市场有效监管，打击“热钱”投机套利，跟踪分析跨境资金尤其是“热钱”的流动，并对其实施动态监控。除此之外，还应当对银行外汇资金来源、运用以及表外业务等开展重点检查，重点监测跨境关联交易、离岸账户等外汇交易的资金流动，规范服务贸易结算等项目。

5.4.4 积极推进各项市场制度建设

汇率制度改革和变迁是新制度与现存制度体系中各类正式、非正式制度相互作用、相互融合的过程，是一个系统性的、多元的事件。要成功实现制度变迁的目标，必须协同进行其他配套制度的改革。浮动汇率制度下，汇率作为价格机制要发挥对资源的配置作用，需要有完善的市场。在东盟各国当中，新加坡市场体系最为发达，是继伦敦、东京和纽约之后的第四大国际金融中心，是各类跨国公司亚洲总部集聚地。新加坡还有各类金融机构 600 余家，其中银行近 120 家、投资银行 50 余家、保险公司 130 余家、保险中介公司60余家、基金管理公司100家、证券行60余家、期货公司30余家、财务顾问公司50余家。新加坡各类型金融市场交易量和交易品种众多，且不断推陈出新。新加坡国际外汇市场外交易量居世界第四位，跨国界贷款居世界第十位，柜面市场衍生品交易居世界第十三位。其外汇市场日均交易量在2006年和2010年迅速增长，增长率分别为11%、10%，2010年这一数据为2660亿美元。新加坡金融衍生品交易数量也迅速增加，2006年衍生品交易量增长了40%，达到360万份，其中日经225指数期货合同和中国台湾MSCI指数期货合同交易量共有290万份，占总交易量的80%。作为世界金融中心，新加坡金融管理局特别注重金融业务创新，不断通过各领域创新以保证其国际金融中心地位和金融活力，例如，房地产信托投资、结构性认股权交易市场以及率先推出中国A股股指期货的新华富时中国A50等。另外，新加坡还利用自身在金融上的先发优势，即完善的金融服务基础设施、现金管理观念、人才优势和地理优势等积极参与伊斯兰金融服务业委员会的标准制定，发展伊斯兰金融服务业。完善的金融市场为投资者使用各种交易工具、对冲交易风险、抵消汇率变动对投资组合的冲击提供了便利。

对于我国来说，在汇率形成机制改革的同时，要积极完善外汇市场，建立各类金融市场体系。

首先，促进参与主体的多元化，建立竞争有序的外汇市场。一个相对健全的外汇市场是汇率真正实现浮动的前提。否则，不仅市场价无法主导汇率形成，政府也难以向汇率管理者角色转变。我国的外汇市场是银行间外汇市场，银行是主要交易主体，企业与个人的汇率风险意识和规避外汇风险的能力欠缺。要发展完善外汇市场，需要大量企业、投资者参与。我们要采取措施吸引各类型经济主体参与到外汇交易中来，完善“做市商”制度、加强经济主体外汇风险意识的培育，增强市场参与者的风险意识和操作能力。

其次，积极发展金融衍生品市场。我国银行间外汇市场已经推出人民币外汇掉期和外汇远期交易类型，交易方式也在原来的竞价交易方式基础上新增了询价交易方式，并且也已引入“做市商”制度。2007年5月21日起，银行间外汇市场即期交易人民币对美元交易价浮动率已由3‰扩大至5‰；自

2012年4月16日起，该波动率由5‰扩大至1%[①]。人民币汇率波动幅度扩大为人民币金融衍生品市场的发展奠定了基础。但中长期内，仍需进一步完善外汇市场运行机制，包括改变外汇市场交易模式单一化、清算集中化状况，使市场管理行政化等。外汇市场交易品种也亟须进一步完善，设计和推出更多外汇市场交易工具，如外汇期货和期权交易等，进一步推进市场机制在人民币汇率的形成机制中的主导作用。

另外，利率形成机制改革也要同步进行。利率和汇率、物价是开放经济中三种价格机制，对国内外资源配置发挥主导作用，相互关联，缺一不可。任何一种价格机制改革都需要另外的价格机制相配套。因此，在改革汇率制度的同时，在合适的条件下、合适的时间进一步推进利率形成机制的改革，是我国汇率制度改革的重要保障。利率和汇率都是我国重要的宏观调控工具，各自服务于一定的货币政策目标，我国汇率变动和利率的变动基本上相互独立，两者的联动机制尚未形成。这一方面与我国金融市场体系尚未完善有关，另一方面利率形成机制改革有待深化。汇率市场化需要利率市场化，只有人民币汇率和利率变动都由市场机制来决定，并良好联动，才能为外汇市场和货币市场定价机制的完善打下基础，更有效地推动汇率制度改革。

5.4.5 转变干预方式，提升政府经济管理能力和技巧

新的汇率制度下，经济运行的内外风险进一步增加，对政府经济管理能力的要求也大大增加。“有管理的浮动汇率制度”下，政府要综合运用货币政策工具，形成汇率、利率改革的联动来实现经济发展、物价稳定以及国际收支基本平衡的目标。这就要求政府转变宏观调控的方式，以市场机制为主、政府调控为辅；同时，要求政府提升经济调控的技巧和能力。在东盟国家中，新加坡政府的经济管理能力有目共睹。由于新加坡经济开放度高，总体经济规模很小以及资本自由流动，政府以利率或货币供给为中介目标调控经济不太现实。新加坡选择了与其他国家不同的货币政策框架，即以汇率管理为中心的货币政策，利用汇率与物价、利率的关系实现物价稳定，以支持经济长

---

① 张华忠．人民币汇率制度改革回顾与展望［J］．商业时代，2010（33）：48-49.

期持续增长。为实现这一目标，新加坡金管局通过在外汇市场上的干预，保持新加坡元兑依据贸易加权计算的、主要贸易伙伴的“一篮子货币”的名义有效汇率在一个规定的范围内波动，而货币篮子的权重以及汇率波动的范围都是不公开的。该汇率波动的区间则每半年会根据经济基础和市场状况需要加以调整。政府还通过货币市场操作以及建立相应的制度（所有银行都被要求在金管局保存一笔最低限额的无息现金储备，以满足其日常的储蓄和清算需要，数额依据为银行负债的3%），确保银行体系有充足的流动性，利用利率、汇率联动保证汇率的灵活性。新加坡货币政策框架的实施不仅保证了国内物价稳定，而且实现新加坡元汇率的灵活性。新加坡通胀率长期持续维持低位，除个别年份，年通货膨胀率保持在2%以内。

目前，我国政府对物价等经济变量的调控还存在管得过多，同时调控力度不到位，一些制度改革推进不能很好地实现预期目标等问题，这些都需要政府在吸取其他国家的经验教训基础上提高经济管理能力，提升管理技巧。另外，政府还要提升处理对外经济、政治关系的能力，一方面保证我国汇率制度改革独立、自主地进行，另一方面为经济发展扫清障碍，提供良好的发展环境。

参考文献

［1］ Aizenman Joshua, Hausmann Ricardo. Exchange Rate Regimes and Financial－Market Imperfections ［R］. The NBER Working Paper, 2000.

［2］ Agenor P., Masson P. Credibility Reputation and the Mexican Peso Crisis ［J］. Journal of Money, Credit and Banking, 1999, 31 (1): 70-84.

［3］ Bubula Andrea, İnci Ötker－Robe. The Evolution of Exchange Rate Regimes Since 1990: Evidence from De Facto Policies ［R］. IMF Working Paper, WP/2002/155.

［4］ Bailliu J., Lafrance R., Perrault J. F. Does Exchange Rate Policy Matter for Growth? ［J］. International Finance, 2003, 6 (3): 381-414.

［5］ Barro Robert and Cordon David. A Positive Theory of Monetary Policy in a Natural Rate Model ［J］. Journal of Political Economy, 2005, 91 (4): 589-610.

［6］ Barry Eichengreen and David Leblang. Exchange Rates and Cohesion: Historical Perspectives and Political-Economy Considerations ［J］. Journal of Common Market Studies, 2003, 41 (5): 797-822.

［7］ Calvo G. The Case for Hard Pegs in the Brave New World of Global Finance ［DB/OL］. Mimeo, 2000, University of Maryland.

［8］ Carmen M. Reinhart and Kenneth S. Rogoff. The Modern History of Exchange Rate Arrangements: A Reinterpretation ［J］. The Quarterly Journal of Economics, 2004, CXIX (1).

［9］ De Grauwe P., Schnabl G. Exchange Rate Stability, Inflation and Growth in (South) Eastern and Central Europe ［Z］. Mimeo Katholieke University Leuven, 2005 (6).

［10］ Dellas H., Tavlas S. G. Mixed Exchange Rate Systems ［J］. Journal of International Money and Finance, 2005, 24 (2): 243-255.

［11］ Eduardo Levy－Yeyati, Federico Sturzenegger. Classifying Exchange Rate Regimes: Deeds vs. Words ［Z］. Universidad Torcuato Di Tella, 2002.

［12］ Eichengreen Barry, Ricardo Hausmann. Exchange Rates and Financial Fragility ［R］.

NBER Working Paper, 1999, No. 7418.

[13] Finacial & Spicial Studies Division. Exchange Rate Policy in East Asia after the Fall: How Much Things Changed? [Z] . MAS Economic Department, Feb 2000.

[14] Francisco Ledesma - Rodríguez, Manuel Navarro - Ibáñez, Simón Sosvilla - Rivero etc. Implicit Regimes for the Spanish Peseta/Deutschmark Exchange Rate [EB/OL] . http: //www. alde. es/encuentros/anteriores/ixeea/. . . /l/. . . /ledesma. pdf, 2010.

[15] Frankel J. , Sergio Schmukler, Luis Serven. Verifiability and the Vanishing Intermediate Exchange Rate Regime [R] . NBER Working Paper, 2000, No. 7901.

[16] Frieden J. , Ghezzi P. , Stein E. Politics and Exchange Rates: A Cross Country Approach to Latin America [M] . Johns Hopkins Press, 2001.

[17] George Tavlas, Harris Dellas, Alan C. Stockman. The Classification and Performance of Alternative Exchange-Rate Systems [J] . European Economic Review, 2008 (52): 941-963.

[18] George Tavlas, Harris Dellas, Alan Stockman. The Classification and Performance of Alternative Exchange-rate Systems [R] . Bank of Greece (Eurosystem), Working Paper, Sep 2008.

[19] Goldstein Morris. The Asian Financial Crisis: Causes Cures and Systemic Implications [DB/OL] . Washington D. C. : Institute for International Economics, 1998.

[20] Hausmann Ricardo, Michael Gavin, Carmen Pages-Serra and Ernesto Stein. Financial Turmoil and the Choice of Exchange Rate Regime [DB/OL] . Inter American Development Bank, 1999.

[21] Heller H. R. Determinants of Exchange Rate Practices [J] . Journal of Money, Credit, and Banking , 1978 (10): 308-321.

[22] Hernandez, Leonardo, Peter J. Montiel, Williams College (2001): "Post-Crisis Exchange Rate Policy in Five Asian Countries: Filling in the 'Hollow Middle'?" [M] . The High Level Seminar "Exchange Rate Regimes: Hard Peg or Free Floating", the IMF Institute, Washington DC, March 19-20, 2001.

[23] Jay C. Shambaugh. The Effect of Fixed Exchange Rates on Monetary Policy [J]. Quarterly Journal of Economics, Jun 2003.

[24] Jeffrey A. Frankel, Shang-Jin Wei. Yen Bloc or Dollar Bloc? Exchange Rate Policies of the East Asian Economies [DB/OL] . http: //www. nber. org/chapters/c8537, 1994.

[25] Jeffrey Frankel, Shang-Jin Wei. Estimation of de Facto Exchange Rate Regimes: Synthesis of the Techniques for Inferring Flexibility and Basket Weights [Z] . Staff

Papers. IMF, 2008.

[26] Jeannine Bailliu, Robert Lafrance and Jean-François Perrault. Does Exchange Rate Policy Matter for Growth? [R] . Bank of Canada, Working Paper, 2002.

[27] Jeffry Frieden, Ernesto Stein. The Political Economy of Exchange Rate Policy in Latin America: An Analytical Overview [DB/OL] . The Inter-American Development Bank, 2000.

[28] Jürgen von Hagen, Jizhong Zhou. Fear of Floating and Pegging: A Simultaneous Choice Model of De Jure and de Facto Exchange Rate Regimes in Developing Countries [J]. Open Economic Review, 2009 (20): 293-315.

[29] Justin M. Dubas, Byung-Joo Lee. Effective Exchange Rate Classifications and Growth [M] . Notre Dame' s Econ Brownbag Workshop, The Kellogg Institute, and the NBER IFM Fall 2004 Program Meeting, Mar 2005.

[30] Kenen Peter. The Theory of Optimum Currency Areas: An Eclectic View in R. Mundell and A. Swoboda eds: Monetary Problems of the International Economy [M] . Chicago: The University of Chicago Press, 1969: 41-60.

[31] Kydland F. E. , Rescott E. C. Rules Rather than Discretion: The Inconsistency of Optimal Plans [J] . Journal of Political Economy, 1977 (85): 473-490.

[32] Levy-Yeyati, Eduardo, Federico Sturzenegger and Iliana Reggio. On the Endogeneity of Exchange Rate Regimes [R] . Universidad Torcuato Di Tella, Business School Working Paper, 2004.

[33] Michael Mussa, Paul Masson, Alexander Swoboda, Esteban Jadresic, Paolo Mauro, and Andrew Berg. Exchange Rate Regimes in an Increasingly Integrated World Economy [M]. IMF Occasional Paper, 2000.

[34] Nilsson K. , Nilsson L. Exchange Rate Regimes and Export Performance of Developing Countries [J] . The World Economy, 2000, 23 (3): 331-347.

[35] Obstfeld Maurice, Kenneth Rogoff. Exchange Rate Dynamics Redux [J] . Journal of Political Economy , 1995, 103 (6): 624-660.

[36] Poirson H. How do Countries Choose Their Exchange-rate Regime? [R]. 2001, IMF Working Papers WP/01/46.

[37] Ronald I. McKinnon. After the Crisis, The East Asian Dollar Standard Resurrected: An Interpretation of High Frequency Exchange Rate Pegging [R] . Stanford University, 2001.

[38] Ronald I. McKinnon. The East Asian Dollar Standard, Life after Death [R] . Stanford

University, Working Paper No. 99017, 1999.

[39] Ronald McKinnon. The East Asian Exchange Rate Dillemma [J]. Stanford University, Working Paper, 2001 (8).

[40] Ronald McKinnon, Gunther Schnabl. The East Asian Dollar Standard, Fear of Floating, and Original Sin [J]. Review of Development Economics, 2004, 8 (3): 331-360.

[41] Ronald McKinnon, Gunther Schnabl. The Return to Soft Dollar Pegging in East Asia Mitigating Conflicted Virtue [EB/OL]. http://www.stanford.edu/-mckinnon/, Jul 2004.

[42] Sebastian Edwards, Miguel A. Savastano. Exchange Rates in Emerging Economies: What do We Know? What do We Need to Know? [DB/OL]. http://www.anderson.ucla.edu/faculty/sebastian.edwards/emerging.pdf, 2008.

[43] Shin-ichi Fukuda. Post-crisis Exchange Rate Regimes in East Asia [Z]. Discussion Paper, CIRJE-F-181, Nov 2002.

[44] Shin-ichi Fukuda. Post-crisis Exchange Rate Regimes in ASEAN: A New Empirical Test Based on Intra-daily Data [Z]. CIRJE Discussion Paper CIRJE-F-441, Oct 2006.

[45] Soyoung Kim, Sunghyun H. Kim. Fear of Floating in East Asia [R]. Department of Economics Tufts University, Working Paper, Sep 2004.

[46] Taimur Baig. Characterizing Exchange Rate Regimes in Post-crisis East Asia [R]. IMF Working Paper wp/01/152. 2001.

[47] Tornell A., Velasco. Fiscal Discipline and the Choice of a Nominal Anchor in Stabilization [J]. Journal of International Economics, Supplement, 1998, 46 (1).

[48] Tony Cavol, Ramkishen S. Rajan. Have Exchange Rate Regimes in Asia Become More Flexible Post Crisis? ReVisiting the Evidence [EB/OL]. SCAPE Working Paper, Dec 2005.

[49] Virginie Coudert and Marc Dubert. Does Exchange Rate Regime Explain Differences in Economic Results for Asian Countries? [R]. CEPII Working Paper, 2003-05.

[50] Williamson J. The Crawling Peg [Z]. Princeton Essays in International Finance, 1965, No. 50.

[51] Williamson J. The Exchange Rate System [DB/OL]. Washington: Institute for International Economics, 1985.

[52] Wolf H. Exchange Rate Regime Choice and Consequences [DB/OL]. NBER, 2001.

[53] Yoshitomi M, Shirai S. Policy Recommendations for Preventing Another Capital Account Crisis [DB/OL]. Technical Background Paper of Asian Development Bank

Institute, 2000.

[54] 安德鲁·肖特．社会制度的经济理论［M］．上海：上海财经大学出版社，2004.

[55] 埃里克·弗鲁博顿，鲁道夫·芮切特．新制度经济学：一个交易费用分析范式［M］．姜建强，罗长远，译．上海：上海人民出版社，2006.

[56] 艾瑞克·G. 菲吕博顿，鲁道夫·瑞切特．新制度经济学［M］．孙经纬，译．上海：上海财经大学出版社，1998.

[57] 鲍尔斯．微观经济学：行为、制度和演化［M］．江艇，译．北京：中国人民大学出版社，2006.

[58] 陈永山，陈亚温，黄建忠．亚洲“四小”汇率制度与外贸发展［M］．厦门：厦门大学出版社，1995.

[59] 陈志昂，赵志皓．东南亚各国汇率制度选择的内在困境［J］．亚太经济，2003(3)：12-15.

[60] 陈支农．东盟主要国家汇率制度的变迁、波动与选择［J］．农金纵横，2004(1)：43-45.

[61] 道格拉斯·C. 诺思．制度、制度变迁与经济绩效［M］．杭行，译．上海：上海三联书店，2006.

[62] 道格拉斯·C. 诺思．理解经济变迁过程［M］．钟正生，等，译．北京：中国人民大学出版社，2008.

[63] 道格拉斯·C. 诺思．经济史中的结构与变迁［M］．陈郁，等，译．上海：上海三联书店，1994.

[64] 段文斌，陈国富，等．制度经济学：制度主义与经济分析［M］．天津：南开大学出版社，2003.

[65] 丁一兵．经济发展中的汇率制度选择［D］．长春：吉林大学，2004.

[66] 蒋鹏德，盛昭瀚．演化经济学［M］．上海：上海三联书店，2002.

[67] 贾根良．演化经济学：经济学革命的策源地［M］．西安：陕西人民出版社，2004.

[68] 贾根良．东亚模式的新格局创新：制度多样化与东亚经济的演化［M］．西安：陕西人民出版社，2002.

[69] 杰弗里·M. 霍奇逊．制度与演化经济学现代文选：关键性概念［M］．北京：高等教育出版社，2005.

［70］蒋德鹏，盛昭瀚．演化经济学动态与综述［J］．经济学动态，2000（7）：61-65.

［71］蒋德鹏．社会经济分析中的演化理论研究［J］．江苏社会科学，2001（5）：42-46.

［72］库尔特·多普菲．演化经济学：纲领与范围［M］．贾根良，刘辉锋，崔学锋，译．北京：高等教育出版社，2004.

［73］勒玉英．泰国、韩国、马来西亚、印度尼西亚四国现行汇率制度分析［J］．国际金融研究，2002（9）：31-36.

［74］罗昌瀚．非正式制度的演化博弈分析［M］．北京：中国财政经济出版社，2007.

［75］梁云萍．东亚汇率制度选择分析［J］．世界经济情况，2005（5）：9-12.

［76］栾雅钧．东南亚金融危机的汇率制度分析及最优汇率制度探索［J］．亚太经济，2000（5）：8-11.

［77］刘仁伍．东南亚经济运行报告 2008［M］．北京：社会科学文献出版社，2008.

［78］刘仁伍．东南亚经济运行报告 2009［M］．北京：社会科学文献出版社，2009.

［79］刘仁伍．东南亚经济运行报告 2010［M］．北京：社会科学文献出版社，2010.

［80］刘思跃．泰国金融危机与汇率制度改革［J］．经济评论，1999（1）.

［81］刘曙光．对泰国实行浮动汇率制度的思考［J］．外交学院学报，1998（2）.

［82］秦海．制度、演化与路径依赖：制度分析综合的理论尝试［M］．北京：中国财政经济出版社，2004.

［83］青木昌彦．比较制度分析［M］．上海：上海远东出版社，2001.

［84］沈红芳．菲律宾经济现状、问题及前景预测［J］．世界经济与政治，1995（10）：34-38.

［85］盛洪．现代制度经济学［M］．北京：中国发展出版社，2009.

［86］思拉恩·埃格特森．经济行为与制度［M］．北京：商务印书馆，2004.

［87］苏应蓉．东亚地区钉住汇率制度与外向型经济发展［D］．武汉：华中科技大学，2006.

［88］韦森．社会秩序的经济分析导论［M］．上海：上海三联书店，2001.

［89］韦森．经济学与哲学：制度分析的哲学基础［M］．上海：上海人民出版社，2005.

［90］汪丁丁，罗卫东，叶航．人类合作秩序的起源与演化［J］．社会科学战线，2005（4）：39-47.

［91］王士录．东南亚报告（2008—2009）［M］．昆明：云南大学出版社，2009.

[92] 王士录．东南亚报告（2009—2010）[M]．昆明：云南大学出版社，2010.

[93] 王士录．东南亚报告（2010—2011）[M]．昆明：云南大学出版社，2011.

[94] 王学真，李平．东盟主要国家的汇率制度选择与汇率波动 [J]．经济问题，2003（4）：37-39.

[95] 徐念沙，蓝庆新．东南亚国家最优汇率制度分析 [J]．东南亚纵横，2003（8）：6-10.

[96] 谢陈秀瑜，谌焕义．亚洲金融危机：新加坡的反应和经验 [J]．东南亚纵横，1999（Z1）：6-10.

[97] 约翰·福斯特，J. 斯坦利·梅特卡夫．演化经济学前沿：竞争、自组织与创新政策 [M]．北京：高等教育出版社，2005.

[98] 叶航．西方经济学效用范式的逻辑缺陷 [J]．经济学家，2003（1）：93-97.

[99] 叶航．利他行为的经济学解释 [J]．经济学家，2005（3）：22-29.

[100] 张旭昆．制度演化分析导论 [M]．杭州：浙江大学出版社，2007.

[101] 张华忠．人民币汇率制度改革回顾与展望 [J]．商业时代，2010（33）：48-49.

[102] 庄后响．管理浮动汇率制研究 [D]．上海：复旦大学，2008.

[103] 朱似澜，王钦．发展中国家汇率制度的选择：东南亚金融危机引发的思考 [J]. 福州大学学报（哲学社会科学版），2000（2）：37-39.

附　录

1　平稳性检验结果

IDR3 模型变量平稳性检验结果

被检变量	检验形式	ADF 统计量	1%临界	5%临界	10%临界	结论
Ln*ER*	(c, t, 0)	-4.7225	-4.2268	-3.5366	-3.2003	I (0)
ΔLn*ER*	(c, nt, 0)	-7.1502	-3.6268	-2.9458	-2.6115	
Ln*EX*	(c, t, 5)	-1.3110	-4.2733	-3.5578	-3.2124	I (1)
ΔLn*EX*	(c, t, 4)	-3.9970	-4.2733	-3.5578	-3.2124	
Ln*YD*	(c, t, 0)	-2.4286	-4.2268	-3.5366	-3.2003	I (1)
ΔLn*YD*	(c, nt, 0)	-8.0279	-3.6268	-2.9458	-2.6115	
Ln*YF*	(c, t, 0)	-5.1538	-4.3098	-3.5742	-3.2217	I (0)
Ln*VER*01	(c, nt, 0)	-4.3416	-3.6210	-2.9434	-2.6290	I (0)
*VER*02	(c, t, 3)	-3.2693	-4.2529	-3.5485	-3.2071	I (1)
Δ*VER*02	(nc, nt, 0)	-14.3586	-2.6308	-1.9504	-1.6112	

MYR3 模型变量平稳性检验结果

被检变量	检验形式	ADF 统计量	1%临界	5%临界	10%临界	结论
Ln*ER*	(c, nt, 9)	-2.6338	-3.6892	-2.9719	-2.6251	I (1)
ΔLn*ER*	(c, t, 8)	-6.2337	-4.3240	-3.5806	-3.2253	
Ln*EX*	(c, t, 0)	-5.2972	-4.2350	-3.5403	-3.2024	I (1)
ΔLn*EX*	(c, nt, 0)	-5.2850	-3.6268	-2.9458	-2.6115	
Ln*YD*	(c, nt, 6)	3.3414	-3.6617	-2.9604	-2.6192	I (1)
ΔLn*YD*	(c, t, 1)	-6.3263	-4.2436	-3.5443	-3.2047	

续表

被检变量	检验形式	ADF 统计量	1%临界	5%临界	10%临界	结论
Ln*YF*	(c, t, 0)	-2.6036	-4.2268	-3.5366	-3.2003	I (1)
ΔLn*YF*	(nc, nt, 3)	-2.0209	-2.6369	-1.9513	-1.6107	
*VER*01	(c, t, 0)	-7.2398	-4.2268	-3.5366	-3.2003	I (0)
*VER*02	(c, nt, 0)	-9.1935	-3.6210	-2.9434	-2.6103	I (0)

PHP3 模型变量平稳性检验结果

被检变量	检验形式	ADF 统计量	1%临界	5%临界	10%临界	结论
Ln*ER*	(c, nt, 0)	-1.5760	-3.5366	-2.9077	-2.5914	I (1)
ΔLn*ER*	(nc, nt, 0)	-6.7561	-2.6022	-1.9461	1.6134	
Ln*EX*	(c, t, 4)	-1.3008	-4.1184	-3.4865	-3.1715	I (1)
ΔLn*EX*	(c, t, 3)	-3.5231	-4.1184	-3.4865	-3.1715	
Ln*YD*	(c, t, 9)	-2.2241	-4.1338	-3.4937	-3.1757	I (1)
ΔLn*YD*	(c, t, 8)	-3.4857	-4.1338	-3.4937	-3.1757	
Ln*YF*	(c, t, 0)	-4.1175	-4.1079	-3.4816	—3.1687	I (0)
ΔLn*YF*	(nc, nt, 0)	-9.5927	-2.6022	-1.9461	-1.6134	
*VER*01	Near singular matrix					
*VER*02	(c, t, 0)	-6.8371	-4.1079	-3.4816	-3.1687	I (0)

SGD3 模型变量平稳性检验结果

被检变量	检验形式	ADF 统计量	1%临界	5%临界	10%临界	结论
Ln*ER*	(c, nt, 1)	-2.3956	-3.5014	-2.8925	-2.5834	I (1)
ΔLn*ER*	(c, nt, 0)	-5.7175	-3.5014	-2.8925	-2.5834	
Ln*EX*	(c, t, 4)	-3.6853	-4.0620	-3.4600	-3.1561	I (0)
ΔLn*EX*	(c, nt, 3)	-3.9363	-3.5039	-2.8936	-2.5839	
Ln*YD*	(c, t, 10)	-1.7909	-4.0696	-3.4635	-3.1528	I (1)
ΔLn*YD*	(c, nt, 9)	-3.6323	-3.5093	-2.8959	-2.5852	
Ln*YF*	(c, t, 8)	-3.2697	-4.0667	-3.4623	-3.1575	I (1)
ΔLn*YF*	(nc, nt, 7)	-2.206	-2.5918	-1.9446	-1.6143	
*VER*01	(c, t, 1)	-5.9135	-4.0586	-3.4583	-3.1552	I (0)

续表

被检变量	检验形式	ADF 统计量	1%临界	5%临界	10%临界	结论
*VER*02	(c, t, 1)	-5.9135	-4.0586	-3.4583	-3.1552	I (0)

THB3 模型变量平稳性检验结果

被检变量	检验形式	ADF 统计量	1%临界	5%临界	10%临界	结论
Ln*ER*	(c, nt, 2)	-1.3748	-3.6329	-2.9484	-2.6129	I (1)
ΔLn*ER*	(nc, nt, 1)	-9.0407	-2.6327	-1.9507	-1.6111	
Ln*EX*	(c, t, 2)	-1.1659	-4.2268	-3.5366	-3.2003	I (1)
ΔLn*EX*	(c, t, 1)	-6.9257	-4.2350	-3.5403	-3.2024	
Ln*YD*	(c, t, 0)	-1.8218	-4.2268	-3.5366	-3.2003	I (1)
ΔLn*YD*	(c, t, 0)	-5.9937	-4.2350	-3.5403	-3.2024	
Ln*YF*	(nc, nt, 1)	1.6267	-2.6308	-1.9504	-1.6112	I (1)
ΔLn*YF*	(c, nt, 0)	-4.2801	-3.6268	-2.9458	-2.6115	
*VER*01	(c, t, 0)	-4.6073	-4.2268	-3.5366	-3.2003	I (0)
*VER*02	(c, t, 0)	-8.1499	-4.2268	-3.5366	-3.2003	I (0)

2 协整检验

马来西亚出口模型中变量间协整关系检验

	Hypothesized No. of CE (s)	Eigenvalue	Statistic	0.05 Critical Value	Prob. **
出口模型 (1988Q1—1997Q1)					
迹统计量	None *	0.997758	354.9524	69.81889	0.0001
	At most 1 *	0.982372	159.7425	47.85613	0.0000
	At most 2 *	0.417071	30.51756	29.79707	0.0412
	At most 3	0.298522	13.24751	15.49471	0.1060
	At most 4	0.057688	1.901392	3.841466	0.1679

续表

	Hypothesized No. of CE（s）	Eigenvalue	Statistic	0.05 Critical Value	Prob. **
最大特征根	None *	0.997758	195.2100	33.87687	0.0001
	At most 1 *	0.982372	129.2249	27.58434	0.0000
	At most 2	0.417071	17.27005	21.13162	0.1596
	At most 3	0.298522	11.34612	14.26460	0.1377
	At most 4	0.057688	1.901392	3.841466	0.1679
出口模型（1999—2008Q2）					
迹统计量	0.948427	191.6825	69.81889	0.0000	0.948427
	0.784798	93.84538	47.85613	0.0000	0.784798
	0.488279	43.15155	29.79707	0.0008	0.488279
	0.437090	21.04237	15.49471	0.0066	0.437090
	0.061068	2.079396	3.841466	0.1493	0.061068
最大特征根	0.948427	97.83714	33.87687	0.0000	0.948427
	0.784798	50.69383	27.58434	0.0000	0.784798
	0.488279	22.10918	21.13162	0.0363	0.488279
	0.437090	18.96297	14.26460	0.0084	0.437090
	0.061068	2.079396	3.841466	0.1493	0.061068

菲律宾出口模型中变量间协整关系检验

	Hypothesized No. of CE（s）	Eigenvalue	Statistic	0.05 Critical Value	Prob. **
出口模型（1988Q1—1997Q1）					
迹统计量	None *	0.502162	74.00543	47.85613	0.0000
	At most 1 *	0.241950	32.15661	29.79707	0.0263
	At most 2 *	0.219877	15.53627	15.49471	0.0493
	At most 3	0.010577	0.638015	3.841466	0.4244

续表

	Hypothesized No. of CE (s)	Eigenvalue	Statistic	0.05 Critical Value	Prob. **
最大特征根	None *	0.502162	41.84882	27.58434	0.0004
	At most 1	0.241950	16.62034	21.13162	0.1907
	At most 2 *	0.219877	14.89825	14.26460	0.0396
	At most 3	0.010577	0.638015	3.841466	0.4244
出口模型（1999—2008Q2）					
迹统计量	None *	0.910762	128.0130	47.85613	0.0000
	At most 1 *	0.604549	50.68653	29.79707	0.0001
	At most 2 *	0.472570	20.99921	15.49471	0.0067
	At most 3	0.016351	0.527542	3.841466	0.4676
最大特征根	None *	0.910762	77.32647	27.58434	0.0000
	At most 1 *	0.604549	29.68732	21.13162	0.0025
	At most 2 *	0.472570	20.47167	14.26460	0.0046
	At most 3	0.016351	0.527542	3.841466	0.4676

印度尼西亚模型中变量间协整检验

	Hypothesized No. of CE (s)	Eigenvalue	Statistic	0.05 Critical Value	Prob. **
迹统计量	None *	0.986451	341.9917	88.80380	0.0000
	At most 1 *	0.952241	200.0451	63.87610	0.0000
	At most 2 *	0.766023	99.67291	42.91525	0.0000
	At most 3 *	0.726411	51.73940	25.87211	0.0000
	At most 4	0.237943	8.967205	12.51798	0.1824
最大特征根	None *	0.986451	141.9466	38.33101	0.0000
	At most 1 *	0.952241	100.3722	32.11832	0.0000
	At most 2 *	0.766023	47.93351	25.82321	0.0000
	At most 3 *	0.726411	42.77220	19.38704	0.0000
	At most 4	0.237943	8.967205	12.51798	0.1824

新加坡模型中变量间协整检验

	Hypothesized No. of CE（s）	Eigenvalue	Statistic	0.05 Critical Value	Prob. **
迹统计量	None *	0.358996	85.28706	69.81889	0.0018
	At most 1	0.178410	44.81759	47.85613	0.0938
	At most 2	0.138246	26.93484	29.79707	0.1032
	At most 3	0.106516	13.39532	15.49471	0.1011
最大特征根	None *	0.358996	40.46947	33.87687	0.0071
	At most 1	0.178410	17.88276	27.58434	0.5049
	At most 2	0.138246	13.53952	21.13162	0.4039
	At most 3	0.106516	10.24907	14.26460	0.1961

泰国模型中变量间协整检验

	Hypothesized No. of CE（s）	Eigenvalue	Statistic	0.05 Critical Value	Prob. **
迹统计量	None *	0.867251	108.8689	47.85613	0.0000
	At most 1 *	0.622869	42.23222	29.79707	0.0011
	At most 2	0.260914	10.05182	15.49471	0.2768
	At most 3	0.002257	0.074582	3.841466	0.7848
最大特征根	None *	0.867251	108.8689	47.85613	0.0000
	At most 1 *	0.622869	42.23222	29.79707	0.0011
	At most 2	0.260914	10.05182	15.49471	0.2768
	At most 3	0.002257	0.074582	3.841466	0.7848

3 各国出口模型方差分解表

1988—1997 年马来西亚出口贸易方差分解

Period	S. E.	LN*EX*	LN*YD*	LN*YF*	LN*ER*	*VER*01
1	0.032952	100.0000	0	0	0	0
2	0.056569	54.35082	0.596655	14.90103	29.60108	0.550407

续表

Period	S. E.	LNEX	LNYD	LNYF	LNER	VER01
3	0. 087983	29. 91440	0. 410846	50. 86761	17. 85045	0. 956686
4	0. 113544	25. 31632	0. 397449	57. 01193	16. 66892	0. 605387
5	0. 144068	21. 94513	0. 615366	63. 62846	13. 42104	0. 390001
6	0. 162248	18. 72876	0. 503875	68. 24021	11. 90722	0. 619943
7	0. 180849	17. 56368	0. 882794	71. 15699	9. 811531	0. 585003
8	0. 195355	17. 76291	1. 151760	71. 22022	9. 354965	0. 510141
9	0. 207636	17. 59658	1. 019982	72. 05680	8. 713628	0. 613013
10	0. 216467	17. 10249	0. 946712	72. 65162	8. 649746	0. 649424
Cholesky Ordering：LNEX LNYD LNYF LNER VER01						

1999—2008 年马来西亚出口贸易方差分解

Period	S. E.	LNEX	LNYD	LNYF	LNER	VER01
1	0. 035344	100. 0000	0	0	0	0
2	0. 059576	96. 85373	0. 406266	0. 029050	0. 983921	1. 727029
3	0. 079001	91. 19364	1. 028090	3. 212769	1. 119198	3. 446302
4	0. 102740	72. 50491	1. 843026	21. 44489	0. 671886	3. 535289
5	0. 127822	56. 33007	7. 750978	32. 39215	0. 554387	2. 972414
6	0. 154221	49. 12868	9. 399980	38. 58230	0. 418933	2. 470106
7	0. 180976	40. 21839	14. 74234	42. 67197	0. 370079	1. 997219
8	0. 215490	32. 14540	19. 19177	46. 44893	0. 347655	1. 866246
9	0. 239309	29. 30182	21. 90306	46. 97474	0. 283940	1. 536439
10	0. 257934	27. 30478	23. 14193	47. 75629	0. 244534	1. 552470
Cholesky Ordering：LNEX LNYD LNYF LNER VER01						

1981—1997 年菲律宾出口贸易方差分解

Period	S. E.	LNEX	LNYD	LNYF	LNER
1	0. 057449	100. 0000	0	0	0
2	0. 070157	96. 84347	0. 198198	2. 944424	0. 013908
3	0. 082533	88. 51968	0. 209824	8. 327741	2. 942757

续表

Period	S. E.	LN*EX*	LN*YD*	LN*YF*	LN*ER*
4	0. 099026	81. 06314	1. 561384	10. 76271	6. 612764
5	0. 123088	80. 04625	3. 448285	9. 910871	6. 594593
6	0. 139452	80. 69183	3. 850199	9. 537800	5. 920173
7	0. 156915	79. 13938	6. 108362	8. 150175	6. 602086
8	0. 174490	76. 40254	9. 752044	7. 220860	6. 624559
9	0. 192919	73. 52175	13. 11955	7. 311900	6. 046805
10	0. 207209	72. 32578	15. 15897	7. 177138	5. 338113
Cholesky Ordering：LNEX LNYD LNYF LNER					

1999—2008 年菲律宾出口贸易方差分解

Perid	S. E.	LN*EX*	LN*YD*	LN*YF*	LN*ER*
1	0. 037894	100. 0000	0	0	0
2	0. 062235	91. 22318	1. 075594	7. 400266	0. 300959
3	0. 077269	78. 71799	13. 50288	4. 874432	2. 904698
4	0. 088789	68. 97885	23. 28621	5. 265974	2. 468974
5	0. 098633	59. 10875	30. 91311	7. 508317	2. 469826
6	0. 105096	52. 89746	35. 08227	7. 510560	4. 509707
7	0. 110389	49. 17932	37. 98269	6. 808521	6. 029471
8	0. 116730	46. 88279	40. 89510	6. 113849	6. 108259
9	0. 122718	45. 95223	42. 29551	5. 714256	6. 038008
10	0. 127012	45. 12045	42. 06471	6. 022557	6. 792281
Cholesky Ordering：LNEX LNYD LNYF LNER					

新加坡出口贸易方差分解

Period	S. E.	LN*EX*	LN*YF*	LN*YD*	LN*ER*	*VER*01
1	0. 048911	100. 0000	0	0	0	0
2	0. 065675	98. 07464	0. 156708	0. 089321	1. 304723	0. 374605
3	0. 079068	93. 78430	0. 700140	0. 902375	4. 337414	0. 275773
4	0. 092481	85. 53744	4. 013434	1. 916408	7. 987285	0. 545438

续表

Period	S. E.	LNEX	LNYF	LNYD	LNER	VER01
5	0. 109101	81. 92459	3. 247492	3. 999819	10. 42406	0. 404038
6	0. 123548	78. 54936	2. 938609	3. 515919	13. 97656	1. 019550
7	0. 135181	76. 81425	2. 959145	2. 937210	16. 29231	0. 997085
8	0. 143844	74. 47779	3. 425592	2. 610724	18. 41350	1. 072400
9	0. 153902	73. 78459	3. 000109	2. 341841	19. 92164	0. 951820
10	0. 162330	73. 07949	2. 767285	2. 195889	21. 10022	0. 857120
Cholesky Ordering：LNEX LNYF LNYD LNER VER01						

印度尼西亚出口贸易方差分解

Period	S. E.	LNEX	LNYD	LNYF	LNER	LNVER01
1	0. 046170	100. 0000	0	0	0	0
2	0. 081957	91. 01717	0. 717149	2. 037867	0. 441345	5. 786465
3	0. 101454	76. 27056	5. 935539	4. 533750	0. 324112	12. 93604
4	0. 117991	61. 80059	14. 16751	8. 074030	0. 277354	15. 68052
5	0. 136174	56. 63119	16. 94059	9. 428186	0. 219190	16. 78085
6	0. 151925	52. 17131	17. 54475	9. 940381	0. 211078	20. 13248
7	0. 165143	45. 66861	19. 93448	10. 16235	0. 835447	23. 39912
8	0. 175190	42. 32481	20. 77030	10. 54442	1. 303253	25. 05721
9	0. 184976	41. 39624	20. 01857	10. 19480	1. 724478	26. 66591
10	0. 193370	40. 26939	19. 23090	9. 840371	2. 268769	28. 39057
Cholesky Ordering：LNEX LNYD LNYF LNER LNVER01						

泰国出口贸易方差分解

Period	S. E.	LNEX	LNYF	LNYD	LNER	VER01
1	0. 038078	100. 0000	0	0	0	0
2	0. 063475	84. 59569	8. 926720	2. 082702	4. 036391	0. 358502
3	0. 074985	80. 01862	6. 911300	2. 246324	10. 26959	0. 554158
4	0. 086768	76. 62973	5. 161799	5. 706425	11. 10297	1. 399077
5	0. 100567	73. 89870	4. 883118	5. 053653	15. 12059	1. 043941

续表

Period	S. E.	LN*EX*	LN*YF*	LN*YD*	LN*ER*	*VER*01
6	0. 113060	71. 56726	5. 169148	4. 007154	18. 41068	0. 845756
7	0. 122203	71. 01591	4. 770333	4. 712449	18. 76419	0. 737120
8	0. 131482	69. 08413	5. 006071	6. 919390	18. 30814	0. 682263
9	0. 139470	68. 84729	5. 103533	6. 737683	18. 68913	0. 622363
10	0. 146787	69. 20728	5. 027815	6. 455152	18. 64281	0. 666946
11	0. 153192	69. 21876	5. 022744	6. 684113	18. 36769	0. 706692
12	0. 159272	69. 14909	5. 009026	6. 893036	18. 21132	0. 737523
13	0. 165480	69. 39830	4. 901256	6. 665107	18. 27763	0. 757704
14	0. 171571	69. 56407	4. 865926	6. 438197	18. 36679	0. 765019
15	0. 177206	69. 58188	4. 827284	6. 423255	18. 41054	0. 757045
Cholesky Ordering：LN*EX* LN*YF* LN*YD* LN*ER* *VER*01						

索 引